여성과평화 창간호

한국여성평화연구원

당대

차례

창간사

21세기를 향하여 한국여성평화연구원은 젠더(gender) 관점의 평화 연구 지인 『여성과평화』를 창간하여 내놓는다.

'젠더'란 사회적·문화적으로 규정되는 성별분류 개념이며 생물학적으로 결정되는 성(性)과는 다르다. 그런데 이러한 '사회관계의 성차이'가 폭력의 표출과 사회의 대응에 커다란 영향력을 가지고 있다는 데 우리는 주목하려는 것이다.

평화문제에 있어서 아주 비근한 예로, 전쟁시에 포로를 죽이거나 고문하는 것은 분명한 전쟁범죄가 되어 군사재판에 회부되지만 여성에 대한 성폭력이나 성노예제(일본군 위안부)는 전쟁시의 부득이한 부산물로 경시되어 왔다.

전쟁의 세기였던 20세기가 가고 이제 평화를 염원하는 21세기가 오지만 국제적십자사의 집계에 의하면 아직도 50여 개 지역에서 국지전과 분쟁이 지속되고 있다. 그리고 분쟁지역인 보스니아나 동티모르나 알제리, 아프가니스탄 등지에서 여성들에 대한 집단강간 강제임신, 강압적 산아

제한정책, 성고문, 성노예제, 강제매춘, 성기절제 등 여성의 존엄을 짓밟고 생명을 위협하는 폭력은 현재도 자행되고 있다.

그뿐 아니라 평상시에도 인간 개개인의 '구조적 폭력의 내면화' 현상은 평화의 필수조건인 민주주의를 정착시키는 데 큰 걸림돌이 되고 있다. 구조적 폭력이 내면화되면 사람들은 자기는 며느리니까, 가난한 농민이니까, 여자니까 결정구조에 참여하지 못하는 것은 '당연하다'고 스스로 생각하게 되기 때문이다.

심리학이 말하는 이러한 '자기개념'으로 사회에서 주변화된 사람들을 중앙의 무대에 놓고 새로운 사회이론을 정립하려는 노력이 독일의 여성 사회학자들 마리아 미스, 크라우디아 폰 벨호프 등에 의해 제기되고 있다. 이들은 페미니즘과 에콜로지와 세계시스템론의 전망을 구사하며 여성의 종속을 재편하는 '자본주의적 가부장제'와 국가의 역할을 근본적으로 비판하고 과거의 사회이론에서 결여되었던 젠더 관점을 도입하여 새 패러다임을 제시하려는 것이다.

　20세기를 관통하여 일제 강점과 민족의 분단이라는 고통을 담지해 왔던 우리 한국 여성들도 남북정상회담의 6·15선언을 환영하면서 평화공존과 통일과정에서 여성과 주변에 대한 폭력이 축소되어 가는 사회의 가능성, 즉 참된 평화의 가능성을 희원한다.

　노르웨이의 평화학자인 아스비요른 아이데(Asbjorn Eide)는 "평화연구는 가능성의 추구다"라고 말하면서 possibilism이라는 신조어를 만들어냈다. 평화연구란 대안, 가능성과 동의어이기도 하다. 레이첼 카슨은 『침묵하는 봄』에서 대안적인 인간과 자연의 관계를, 슈마하는 『작은 것이 아름답다』에서 대안적인 경제의 방향을, 이반 일리이치는 『탈학교의 사회』에서 대안학교나 병원의 가능성을 제시하고 있다.

　과거에 많은 여성평화연구가들은 전쟁을 일삼았던 남성 중심 사회(가부장제 사회)를 여성 중심 사회로 전환하는 것이 평화를 위해서 불가결의 조건이라고 주장했다. 베티 리어든(Betty Reardon)의 『성차별과 전쟁시스템』이나 안 티크너(Ann J. Tickner)의 『국제관계에서의 젠더』도 이런 관점에서 대안사회를 지향하는 책이다.

이러한 맥락에서 한반도의 역사적 현실과 사회구조를 배경으로 우리 연구소도 평화를 위한 대안제시를 젠더의 관점에서 축적해 갈 것이며 이러한 방향제시는 한국여성들의 평화운동의 이념으로 자리하면서 이 땅에서 폭력과 빈곤을 감소시키는 일에 일조할 것이다.

이 창간호는 시작에 불과하다. 이 책은 독자들을 향해 열려 있다. 국내의 유일한 여성평화연구지인 이 책을 위해 많은 관심과 참여, 그리고 지원을 부탁드리고 싶다.

2000년 8월

한국여성평화연구원 이사장 김윤옥

『여성과평화』 창간호를 내며

여성이 낮은 목소리로나마 세상의 주인임을 선언하며 비가시적인 한계 (glass ceiling)를 깨뜨리려고 나서는 데 엄청난 시간이 걸렸다. 그것도 부족하여 거시 주제에 대한 세인들의 관심이 이미 멀어져 가고 있던 1990년대 후반에 소수의 여성들이 평화, 통일, 군축, 남북 여성교류와 같은 어마어마한(!) 문제를 틀어쥐고 연대의 깃발을 올리다니 이 얼마나 시대착오적인 발상인가. 그런데 세상은 꿈꾸는 어리석은 자에 의해 창조된다고 했다.

1997년 '평화를만드는여성회'가 만들어졌으나 회비로 운영되는 변변치 못한 살림으로 우리의 목소리를 낼 수 있는 장 하나도 갖지 못했다. 게으름과 예상치 못했던 데서 수시로 터지는 상황에 쫓기면서 열린 광장을 만드는 일은 숙원이 되었다. 그럼에도 시간이 차츰 지남에 따라 평화를만드는여성회가 뜻 맞는 여성들이 모일 수 있는 터전으로 자리잡아 갔다.

마침내 1999년 7월에는 산하 '한국여성평화연구원'(이사장 김윤옥, 원장 정현백)을 설립할 수 있는 역량이 모이게 되었다. 새로 설립된 연구원은 연구 및 기획·출판 역할의 산실로 위상을 설정하였다. 그 일환으로

1999년 5월에 이미 기획에 들어간 『여성과평화』를 연구원이 주도적으로 맡아 출간하는 데 합의하게 되었다.

기획설정, 원고 청탁 및 수집, 편집위원의 독서와 논평, 수정에 수정 그리고 출판의 결정까지 1년이 훌쩍 지나가 버렸다. 그런 과정에서 시의성을 잃은 아까운 원고들이 있다. 윤덕희(명지대 교수, 정치학)의 「코소보 전쟁의 역사적 배경과 국제정치적 의미」, 차인순(이화여대 여성학 박사과정)의 「세계여성평화회의(WCW)와 평화」, 정경란(평화를만드는여성회 정책국장)의 「헤이그 평화회의를 통해서 본 21세기 평화운동의 과제」 등의 옥고를 빼게 된 것은 편집진의 게으름과 글쓴이들에 대한 무책임으로 심각한 질책을 받아 마땅하다.

2000년 봄, 남북통일의 희년을 맞이하는 남북정상회담이 발표되면서 우리의 나태한 작업에도 가속이 붙기 시작했다. 마침내 세상에 나오게 된 『여성과평화』는 다음과 같이 구성되어 있다.

특집 일상 속의 반평화는 일상적이지만 일상적이지 않은 주제로 이루어져 있다. 특집은 획일적이고 폭력적인 학교문화, 성차별적인 식당문화, 폭력이 난무하는 군대문화, 매매춘과 무의식적 성희롱에 노출된 남성문화, 민방위, 형식주의와 비평화, 임산부에 불친절한 이중적 한국 문화, 안보와 폭력이 결합된 주한미군 범죄, 이혼의 고통과 재결합의 새로운 가족의 제시, 기지촌 여성의 아픔과 자립에의 의지라는 주제를 담고 있다. 당연시해 오던 '비평화의 일상화'를 타자의 거울을 통하여 살펴보고 평화를 만들어나가자는 기획의도가 밑바탕을 이루고 있다.

스크린을 통해 본 남과 북은 남한의 여성이 북한 영화를, 북한이탈 여성이 남한 드라마를 보면서 각각 느낀 점을 진솔하게 토로하며 남북의 차이 속에서 닮음을 찾아나가고 있다.

평화연구논단은 세 편의 연구논문으로 구성되어 있다. 권인숙의 「우리 삶 속의 군사주의」는 우리 사회에 무의식적 수준으로 내면화되어 있는 군사주의 문제를 이론적 고찰을 통해 접근하고 있는 시론적 글이다. 그리고 정현백의 「한국 여성통일운동의 현황과 과제」는 여성주의적 긴장을 놓지 않은 채 통일운동과 통일문제를 접근하고 있으며 바로 이와 같은 입장에서 여성통일운동이 풀어나가야 할 과제를 제시하고 있다. 김귀옥의 「현대 북한 대중매체를 통해서 본 북한의 여성」은 대중매체에 등장한 북한 여성 문제, 북한식 가부장제의 문제 등을 북한 사회가 처해 있는 주·객관적 정세와 관련지어 살펴보며 경제위기 속에서 여성 문제는 어떻게 위치지어지고 있는가를 규명하고 있다.

평화교육·평화운동은 고병헌의 「실천적 평화교육을 위한 철학적 기초」, 강정구의 「노근리의 해원을 넘어 베트남 학살의 참회로!」와 마리 피츠더프의 「역사를 바꾼다」, 세 편의 글을 싣고 있다. 세 편의 글이 담고 있는 내용은 서로 다르지만 모두 평화라는 화두를 철학적 관점, 제국주의 권력과 양민학살이라는 관점, 북아일랜드의 평화운동의 관점에서 이 땅에서 어떻게 평화를 실현할 수 있을까를 고민하고 있다.

그리고 좌담과 남북정상회담을 나름대로 독해하고 그 과제를 제시한 윤덕희의 「남북정상회담과 6·15공동선언의 의미와 과제」를 싣고 있다.

이번 창간호는 부족한 대로 편집진들이 '이 땅에서 더불어 함께 평화롭게 살기'라는 문제의식을 조율하고 공감을 이루어내고자 하는 노력의 성과물이다. 다음 호는 회원과 독자 여러분 앞에 더욱더 성실하고 체계적이면서 읽을 거리가 깊고도 풍성할 수 있도록 만들어나갈 것을 다짐해 본다.

남북정상회담을 지지하며 2000년 8월 15일

한국여성평화연구원 편집진

편집진 김귀옥(편집위원장), 강남식, 김현미, 박현선, 윤덕희, 이금순, 정현백 외

학교 내 획일성과 일상적 폭력

박승제 | 금천고등학교 교사

IMF가 몰아닥치기 직전, 선진국 진입을 눈앞에 두고 있다며 누구나 세계화를 부르짖던 때였다. 세계화란 말에 어울리게 서울의 모 중학교 3학년 교실에 희한한 학생 하나가 전학을 왔다. 헝가리 소년이었다. 아시아 계통의 마자르족이어서 동양적인 면모가 있으리라는 예상과는 달리, 그 학생은 금발에 파란 눈을 가진 전형적인 서양 소년이었다. 우리나라 회사에 엔지니어로 근무하게 된 아버지를 따라 온 가족이 왔으며, 아버지는 아들을 현지 일반학교에 보내길 원했고 비교적 열린 교육관을 가진 이 학교 교장이 그 학생을 받아들였던 것이다. 학교에서는 한글은 전혀 모르고 영어를 좀 할 수 있을 뿐인 이 학생을 영어교사 반에 배정했다.

다음날부터 이 반 교실 앞은 구경온 학생들로 장사진을 이루었다. 일부 여학생들은 집으로 초대도 하는 등 적극적인 관심을 보였다. 교사들은? 불편했다. 못 알아듣는다는 걸 알고 있었지만 수업중에 괜히 신경이 쓰였고, 점차 무뎌져 갔지만 그 학생에 대한 개별 지도는 엄두도 못 냈다. 시험도 문제였다. 그 학생을 위해 따로 출제하고 채점기준을 적어내야 했다.

한 달도 채 안 가 학생들의 호기심이 사라지면서 학급의 일부 학생들에게서 불만이 터져나왔다. 왜 그 학생에게는 교칙을 적용하지 않느냐는 것이었다. 사실 그 학생은 교복을 입지 않았고 앞머리 3센티 이내란 두발규정도 적용받지 않았다. 간혹 단체기합을 받을 때도 그 학생은 예외였다. 게다가 우리나라의 경제성장과 비교해 동유럽권의 빈곤을 한창 언론에서 강조할 때였기에 학생들 눈에 비친 그는 우리보다 가난한 이류 서양인이었다.

반면에 동유럽권이라지만 우리보다 훨씬 먼저 서구화된 사회에서 살았던 그 학생은 한국을 경외의 눈으로 보지 않았다. 서양인으로서의 우월감을 갖고 한국 학생들을 대했고 따라서 학급 학생들로부터 갈수록 고립되었다. 3박4일의 수학여행을 보내면서 그 아이의 아버지는 자기 아들의 특이한 음식에 대한 알레르기며 기타 신경을 써야 할 내용을 자세히 적어 담임에게 전했지만 50명이 넘는 학생을 통솔해야 할 교사는 그 학생에게 세세한 신경을 써줄 수 없었다. 결국 1학기도 못 채우고 그 학생은 국제학교로 전학을 갔다. 교사, 학생 아무도 섭섭해하지 않았다. 그 동안 몰랐던 '우리끼리'라는 게 그렇게 편할 수 없었다.

서구적인 것에 무조건 주눅이 들어 있던 옛 시절에 비하면, 학생들의 이런 당당한 태도엔 모종의 신선함이 있기도 하다. 하지만 그보다 더 심각하게 느껴지는 것은 우리 자신의 배타성, 아니 획일성이었다. '나는 나'를 부르짖으며 튀고 싶어하는 신세대인 요즈음 학생들에게서 이런 모습을 발견하는 것은 의외였다. 아니 잠깐만 생각하면 당연한 것이리라. 자신들의 학교생활 자체가 전혀 자신의 의지와 관계없이 이루어지고 있는데, 왜 그 학생은 예외여야 하는가에 대해 불만이 있을 수 있었다.

평준화가 실시되고부터 학교선택의 기회도 주어지지 않은 채 일방적으로 배정된 학교에 다니고 있는 게 지금의 대도시 중고등학생들이다. 그리고 대도시 학교들은 규모가 크다. 보통 한 학년이 10학급 이상이며 심지어 20학급인 학교도 있다. 따라서 학생들의 개성을 배려하기보다는 통제가 먼저고 학생들을 통제하기 가장 쉬운 방법이 두발과 복장 지도이다. 학생생활부 지도교사와 선도부 학생들의 교문지도는 오늘날도 대부분 학교에서 계속되고 있다. 복장이야 지정된 교복이고, 그렇다면 그나마 학생들이 융통성을 발휘할 수 있는 부분이 두발이다. 그런 까닭에 평준화 지역에서 고등학교에 배정될 때 학생들 사이에 좋은 학교, 나쁜 학교의 기준 중 하나가 두발에 대한 규제 여부이다.

"앞머리는 눈썹을 덮어서는 안 되며 옆머리가 귀를 덮어서도 안 되고 뒷머리는 옷깃에 닿아서도 안 된다. 파마, 염색, 고데를 해서는 안 되며 기름이나 무스를 바르는 사례도 금하며 삭발도 금지한다(스포츠형이 가장 바람직하다)."

꽤 괜찮은 학교다. 금지 사항이 많지만 결국은 어느 정도 길러도 좋다는 의미다. 그러면서 학생들은 키득거린다. 기름이라니? 고데가 뭐냐? 아마도 이 규정은 오래 전에 만들어져 별로 현실성이 없는 것이리라.

그렇다면 괜찮지 않은 학교는? "머리길이 3센티 이내 스포츠형," 그리고는 더 이상 아무 말이 없다. 그래도 학생들은 다 안다. 교문 앞에서 머리 위로 가위가 제 맘대로 왔다갔다하는 학교라는 걸. 그것을 피하는 최대의 방법은 교문지도 교사보다 먼저 등교하는 것 그리고 학교 내에서 쓸데없이 돌아다니지 않는 것이다.

머리에 대한 이런 식의 신경전은 교사·학생 모두에게 너무 소모적인 것 아닌가? 대부분의 교사나 학생들은 그렇다고 생각한다. 머리를 기르게 하면 머리에 신경 쓰느라고 학생들이 공부를 제대로 못한다고 여기는 교사는 극히 일부에 지나지 않는다. 마음에 들지 않게 깎은 짧은 머리에 신경이 쓰여서 될 공부도 안 된다는 게 요즈음 학생들의 항변이다.

하지만 더 본질적인 문제는 교과선택 등과 같은 교육내용이다.

고등학교에서부터는 어느 정도의 선택과목을 운영한다. 그러나 대부분 학교가 선택하는 것이지 학생 개인에게 선택을 맡기는 경우는 그리 많지 않다. 학생이 선택하는 경우가 제2외국어, 그것도 개설된 과목에 한해서이다. 결국은 선택과목의 내용은 교사의 수급과 관계가 있다. 최근에 와서 교사의 부전공을 장려하거나 순회교사와 기간제 교사의 활용 등을 통해 이 문제를 해결하려는 노력이 일고 있지만, 획일적인 체제에 익숙해 있는 현장교사들에게는 새로운 일거리로 여겨질 뿐이다.

올해 우리 집 둘째가 고등학교에 진학했다. 둘째는 동네 가까운 학교를 놔두고 굳이 한강다리 건너 공동학군에 속하는 모 사립고등학교를 선택하는 것이었다. 이유는 단 한 가지, 학교가 두발에 비교적 관대하다는 점이었다. 한 학년 8학급으로 서울의 고등학교치고는 규모가 작은 학교였다. 제2외국어 선택의 기회조차 없었다. 남자고등학교이므로 독일어만 가르치기 때문이었다.

그러나 입학한 다음날 받아온 신입생 길라잡이를 보고 역시 전통 있는 학교는 다르다는 생각을 갖게 되었다. 학교연혁, 교육과정과 학사일정 안내, 동아리 소개 및 교사들이 직접 쓴 자기소개서, 선배들이 말하는 학교를 사랑할 수밖에 없는 27가지 이유 그리고 도서관 이용안내로 이어지는 얇은 책자는 학부모인 나에게 학교에 대한 신뢰를 저절로 갖게 만들었다. 그렇다면 우리 아이는? 그저 그랬다. 그 책자를 보고도 별 반응이 없었다.

그 학교가 공동학군에 속해 있어서, 학생들의 선택을 받아야 하는 입장에 있기 때문에 그런 책자를 만들려는 노력을 한 것이리라 생각하면서도, 공립학교 교사인 나 자신의 학교생활을 반성하게 됐다. 학생들에게서 직접적인 반응이 있건 없건, 더구나 선택하지도 않은 학교이지만 그 학교에 대한 애정을 갖게 노력하는 것, 그것은 그 학교에 몸담고 있는 교사의 기본 업무가 아닌가.

외국영화를 볼 때마다 내가 감탄하는 것이 있다. 그들의 음식주문 방식이다. 허름한 집에서도 소금 조금 친 계란프라이에 바싹 익힌 베이컨 등 복잡한 주문이 이어진다. 인건비도 비쌀 텐데 그곳 음식점이라고 요리사가 많을 리 없을 터이다. 개인의 취향을 존중해 주는 여유가 있는 것이다. 그 여유는 분명히 생활의 여유에서 비롯되는 것이리라.

이제 우리도 그런 여유를 가질 때가 되지 않았을까. 그리고 그런 여유를 학교생활에서부터 일상화하는 게 필요하다. 올해부터 서울의 많은 고등학교에서 급식이 시작되었다. 대규모 학교에 식당도 없이 겨우 조리시설만 갖춘 채 급하게 실시하다 보니 갖가지 문제점이 지적되고 있긴 하지만 급식이 얼마나 많은 학부모와 학생들의 숙원사업이었는지 모른다. 지금은 똑같은 반찬과 국이 나오는 일괄급식 체제이지만, 한두 가지 반찬이라도 학생들이 선택할 수 있도록 개선시켜 가는 것을 지켜보고 싶다.

사실 사는 것 자체가 끊임없는 선택이다. 자신이 선택하고 그것에 대해 책임을 지고…. 학교에서 가르쳐야 할 기본 내용 중 하나가 바로 이 선택의 기회를 많이 주는 것 아닐까. 그것이 우리가 오래 안주해 온 획일성이란 학교 내의 일상적인 폭력을 깨뜨리는 첫번째 길이다.

서비스 문화에서의 성차별

김현미 | 연세대학교 사회학과 교수

나는 식당에 가서 옆자리를 힐끗힐끗 볼 때가 많다. 특히 반찬이 많이 딸려나오는 일식집이나 백반집에 가면 이 '증상'은 더 심해진다. 혹시 남자 손님들에 비해, 같은 돈을 주고도 똑같은 '서비스'를 제공받지 못할지도 모른다는 생각 때문이다. 가끔 유치하다는 생각이 들기도 하지만, 실제 차별적인 서비스를 목격한 경험이 많은 터라 '사회정의'란 이름으로 정당하게 요구하고 잘못을 지적해 주어야 한다는 사명감이 들 때도 있다.

내가 기대하는 서비스란 간단하다. 손님이 여성이든 남성이든 그와 상관없이 또한 그 사람의 외모와 분위기와 상관없이, 식당에서 제공하기로 약속한 것들을 공평하게 제공해 달라는 것이다. 예를 들어 남자 손님들은 한두 번만 와도 '단골'로 인정받고 호들갑스러운 인사치레와 함께 맞아들여지는 반면, 여자 손님들은 식당 종업원과 주인의 '냉대'에 그들의 신경을 되도록 건드리지 않아야 될 것 같은 생각이 들 때가 많다.

주문받는 것에서부터 음식을 차리고 치울 때의 태도가, 손님이 여성인지 남성인지 혹은 사회적 신분이 좀 괜찮아 보이는지에 따라 노골적으로 달라지기 일쑤이다. 지나치게 큰소리로 예의 없이 종업원을 부르는 사람도 눈살을 찌푸리게 하지만, 물이나 김치를 더 주문할 때도 주눅 든 목소리로 "죄송하지만, 여기 김치 좀 더 갖다 주시면 안 될까요? 갖다 주시면 감사하겠습니다" 등 온갖 겸손한 태도를 다 보여야 하는 경우도 뭔가 잘못되었다는 느낌을 받기에 충분하다. 눈에 띄게 드러나지는 않지만 아무튼 이런 식의 좋지 않은 느낌을 자주 받으면, 식당에 들어가 앉자마자 우리가 어떻게 받아들여지고 어떤 방식으로 취급될지 '감지'할 수 있다. 나는 일상적으로 경험하는 '식당'문화에서 한국 사회의 뿌리깊은 상/하의 개념, 우등/열등의 개념들을 목격한다.

우리 사회는 유달리 남성은 고객, 여성은 서비스 제공자라는 이분법적 인식이 확고하다. 즉 남성은 손님, 여성은 종업원인 경우가 가장 당연하고 자연스럽게 보인다. 식당은 손님이 음식을 먹고 돈을 지불하고 나가는 동안 그 손님의 요구에 재빠르고 공손하게 응답해야 하는 것이 기대되는 공공장소이다. 그럼에도 불구하고 너무 한다 싶을 정도로 공적인 장소에서의 기본적인 예의를 무시하는 사람들을 목격하게 된다. 남을 부리는 데 익숙한 사람은 음식을 제공받는 내내 마치 식당에 있는 동안 그곳 종업원의 인격 전체를 돈을 주고 다 사버린 것처럼 행동한다. 또 남에게 음식을 제공한다거나 심부름을 자주 하는 등의 '타인을 위한 서비스'에 익숙한 여성들은, 남에게 무엇을 요구하는 것에 익숙지 않아서인지 아니면 종업원들이 겪는 어려움을 이해해서인지 상대적으로 요구가 적은 편이다. 이것이 여성 손님이 남성 손님에 비해 질 좋은 서비스를 받지 못하는 이유가 될 수도 있겠다.

음식을 제공하는 일이 '여성적인' 일로 간주되면서 여성을 종업원으로 고용하는 경우가 많은 것도 사실이지만, 무엇보다도 남성은 고객, 여성은 서비스 제공자라는 인식은 남성과 여성의 위계질서를 그 기반으로 하고 있다. 이런 인식은 여성 종업원들 또한 남성 고객으로부터 부당한 대우를 받게 만든다. 내가 대화를 나눠본 한 식당의 여성 종업원은 주문을 받으러 가도 눈 한 번 안 맞추고 대꾸도 하지 않는 무례한 남성들을 자주 대한다고 한다. 대개 이런 사람들은 조금 있다 주문하겠다거나 약속한 사람이 오면 주문하겠다는 등의 말 한마디가 하기 싫어서 종업원들을 두세 번씩 다시 오게 만들며, 이렇게 함으로써 '손님'으로서의 자신의 권력을 한껏 드러내고 싶어한다. 또한 여성 종업원들은 나이가 적든 많든 '언니' '아가야' '야'로 불리며 어린아이나 하인 취급을 받는다. 특히 나이 어린 종업원에 대한 '반말'은 마치 식당의 공식언어처럼 되고 있다.

하지만 종업원들은 이런 '비인격적 경험'을 서비스 직업의 자연스런 구성물인 것처럼 받아들인다. 돈을 지불하고 자신의 욕구를 타인을 통해 해소하는 서비스산업은 상호간에 '적절한' 서비스 내용에 대한 이해가 다를 때, 인격적인 모독을 불러일으키게 된다. 예를 들어 여성 종업원들은 종종 음식을 갖다 주는 일 이외에 남성 손님의 감정을 한껏 띄워주어야 하는 '감정노동'을 하도록 기대된다. 또 대개의 남성 손님들은 몇 번 가지 않은 식당에서도 단골임을 내세우며 노골적으로 더 많은 것을 요구한다. 그들이 요구하는 서비스에는 단순히 공손하고 예의바른 행동과 말투, 부가적인 음식 이상의 것들이 포함될 때가 많은데, '여성적인' 애교와 이성적인 교류가 가져다 주는 흥분도 서비스의 주요한 일부분이 된다. 그래서 음식을 나르기에 몹시 불편할 것 같은 꼭 끼는 옷을 입게 하는 식당도 있다. 짧은 치마라든가 짙은 화장은 식당이라는 서비스업에서 일반적으로 기대되는 친절함 이상의 '과도함'이라고 할 수 있다.

최근 갈비집이나 한식집 앞에서 호객행위를 하는 여성 '도우미'들의 출현을 '눈을 끌기 위한' 전략이라 본다면, 그것이 누구를 겨냥하고 있는지는 분명해진다. 성희롱이랄 수 있는 농담을 재치 있게 받아들여야 하는 것도 식당사회의 문화적 규칙이 되고 있다. 이런 의미에서 서비스업의 여성들은 성희롱을 감내하는 것을 자신들의 업무의 한 부분으로 수용하게 된다. 그들이 이러한 수모를 감당하게 되면 어떤 남성 손님들은 금전적인 팁으로 보상한다. 그래서 이러한 수모가 일상적이고 반복적인 것이 되면 여성들은 이것을 서비스 노동의 당연한 부분으로 인정하면서 더 많은 여성적 친절함과 봉사를 통해 팁과 같은 형태로 더 많은 경제적인 보상을 받고 싶어한다.

혹자는 일터에서 지치고 생각할 것이 많은 남성들이 식당에 가서도 예의를 지켜야 하냐고 반문하겠지만, 중요한 것은 왜 일터라는 공식적인 공간에서의 태도와 식당이라는 또 다른 공적 공간에서의 태도나 행동이 달라도 된다고 생각하는가 하는 점이다.

한국 사회의 급격한 근대화 과정과 공적인 영역에의 남성 집중화 현상은 남성들에게 지나친 경쟁과 헌신을 요구했고, 이러한 과정에서 스트레스와 긴장을 해소하고 집단적 단결력을 확보한다는 의미에서 회식 등의 뒤풀이 문화가 발전하게 된다. 60년대 근대화 과정 이후 80년대까지 우리나라 여성들은 대부분 농촌과 공장, 회사라는 생산의 영역에 집중되어 있었지만, 경제구조가 변화하고 소비 중심의 서비스산업이 증가하면서 90년대 들어 서비스산업에서 여성, 특히 20대 여성의 참여율이 급격히 증가하고 있다. 즉 경제발전으로 인한 자본축적은 여성들을 '생산'의 영역인 공식 노동자의 지위에서 배제시키고 '소비'의 영역인 서비스산업에 집중하게 함으로써 소위 여성적 매력이나 '외모'가 취업을 결정하는 성차별적인 고용구조를 유지시키고 있는 것이다.

가족단위의 외식이 증가하고 여성들의 경제력도 높아지면서 식당의 '고객층'은 다원화되어 가고 있다. 그럼에도 불구하고 우리 사회에 깊이 내재된 서비스 문화의 성차별성은 '남성＝고객/여성＝서비스 제공자'라는 인식을 기반으로 해서 손님도, 종업원도 불쾌한 경험을 하게 만든다.

이러한 '남성＝서비스를 사는 자/여성＝서비스를 제공하는 자'라는 성 구별적 인식은 어떤 의미에서 우리 사회가 자원을 가진 남성들에게는 가정을 통해 얻어왔던 모든 것들을 서비스산업을 통해 얻어낼 수 있게 만들었다. 여성적 서비스와 남성의 자원이 교환되는 것이 당연한 것으로 받아들여지는 사회에서 여성에 대한 성희롱은 식당 종업원뿐만 아니라 일하는 여성의 일상적 경험이 되어버렸다.

또 한국 사회는 '서비스 정신'이 없는 사회라는 비판을 받아왔듯이, 서비스를 하는 일은 열등하고 자존심 상하는 일이라 여겨졌기 때문에 장기적인 전망이나 직업의식을 갖고 일하는 사람이 많지 않았던 것도 사실이다. 그렇다고 할지라도 고객의 무제한적 요구를 수용해야 하는 것처럼 종업원을 다루는 것은 공공적 시민의식이 결여되어 있거나 과도한 권위주의에 사로잡힌 것이라 하지 않을 수 없다.

시민사회의 기본적 가치인 평등주의는 '조금도 남에게 꿀리지 않겠다' 혹은 '어떤 일이 있어도 손해를 보지 않겠다'는 완고한 편협성과는 다르게 이해되어야 한다. 오히려 다른 사람과 나는 '다르다'라는 사실을 인정하고, 개개인의 인간적 가치를 아름답게 볼 수 있는 마음에 기반해야 한다. 타인을 돈을 매개로 사고팔 수 있는 도구적 가치로 바라보게 되면 그 사람의 총체적 자아를 볼 수 없게 되고, 폭력적인 언어나 행동을 사용하게 된다. 그 사람은 지금 나에게 음식을 갖다 주고 있지만, 그림 그리기를 좋아하고 선생님이 되고 싶은 꿈을 지닌 인간일 것이라고 상상해 보는 것도 작은 실천이 될 수 있을 것 같다.

군 조직의 비(非)평화

신용식 | 명지전문대학 강사

군은 무엇보다도 조직이다. 모든 조직은 생성되는 순간부터 목표를 가진다. 그리고 그 목표를 달성하기 위하여 최선을 다한다. 일련의 목표가 올바로 성취될 때 그 조직은 더욱 성장하고 발전하게 된다. 따라서 모든 조직체는 조직 구성원들의 권한을 확대시키기 위하여 지속적인 발전을 꾀하게 된다.

현대사회에서 군 조직의 목표는 침략적 의미보다는 균형과 안정을 유지하기 위한 차원에서 자국의 이익을 위해 활동하는 데 중점을 두고 있다. 즉 과거의 세계대전에서와 같이 대대적인 침략과 이를 저지하려는 연합세력의 방어라는 대립적 개념이 아니라 국지전(局地戰)적·대내적인 요인들에서 비롯한 상황들에서 자국의 평화와 안정 그리고 세계의 평화를 지키기 위해 일련의 활동을 수행하고 있다.

사전적(辭典的)인 개념에서 볼 때 평화는 "전쟁이 없이 세상이 평온한 상태"를 의미한다. 국민들이 무력으로부터 안심하고 자기 일에 전념할 수 있는 안정된 생활을 영위할 수 있는 삶을 뜻하는 것이다. 그러나 현 실정은 복잡다단하게 얽혀 있는 관계로 비평화적인 요인들이 비일비재하게 드러나고 있다고 볼 수 있다. 여기서는 군 조직의 비평화적 요소들을 필자의 개인적 경험과 사고, 또한 주변사람들의 면접을 통한 사례들을 간단히 종합하여 정리해 보고자 한다.

우선 충정교육을 들 수 있다. 현재 수도방위를 담당하고 대부분의 부대에서 충정교육이 이루어지고 있는데, 이는 시위진압을 위한 훈련이라 할 수 있다. 즉 수도권 내에서 과격한 시위가 발생했을 때 이를 해결하기 위해 조직된 행정자치부 소속의 전투경찰이 감당하기 어려운 상황이 발생하면, 수도방위 담당부대가 출동하여 시위진압의 일을 맡게 된다.

이것은 국민의 4대 의무 중 하나인 국방의 의무를 수행하는 병력과 이에 대한 일체의 경비를 국민의 세금으로 충당한다는 것에 인식의 초점을 맞추어 생각해 볼 수 있는데, 이들이 오히려 본래의 목표인 국토방위와 평화수호를 제쳐두고 국민들에게 무력을 행사한다는 점에서 상당한 모순이 있다. 이에 대한 구체적인 예로서 4·19의거와 광주민주화운동에 투입된 군인들의 행적을 들 수 있다. 그 당시 군인들이 국민들을 무차별 난사해 수많은 동량들이 쓰러져 갔는데, 이는 어떠한 구실도 명분으로 내세울 수 없는 사건이다. 오랜 세월이 지난 오늘에 이르러서도 그때의 고통이 치유되지 않을 만큼, 이것은 군 조직의 생존목표와 크게 어긋나는 일이다.

둘째, 얼차례가 있다. 이것은 군기강의 확립을 위해 어느 정도 필요하다고 볼 수는 있겠으나 그 정도가 지나친 경우가 비일비재하며, 특히 고참의 감정 섞인 차원에서 이것이 행해진다면 모순이 아닐 수 없다.

이 분야에 관한 연구가 어찌나 많았던지 얼차례의 종류도 상당히 다양하다. 부대의 특성에 따라 행해지는 얼차례의 종류는 가히 짐작키도 어렵다. 다시 말해 한 부대에서 행해지는 얼차례가 다른 부대에서는 찾아볼 수 없는 경우가 허다하다.

필자는 캐비닛 형태의 관물대가 있는 곳에서 군생활을 했는데, 필자가 근무한 부대에서 행해졌던 캐비닛 꼭대기에 손가락 하나를 얹고 다리를 뒤로 올리는 '오징어 말리기'나 예수가 십자가에 매달린 형태인 '예수' 따위는 다른 부대에서 찾아볼 수 없는 얼차례이다. 여기서 관물대라는 것은 개인에게 지급된 물품 등을 정리해 놓는 일종의 진열대와 같은 것이다. 또 유선통신부대에서는 전깃줄에 팔·다리를 걸쳐서 매달린다든가, 포대에서는 포신에 매달리기 등등 이루 말할 수 없다. 물론 공통적으로 이루어지는 것도 있다. 뒷짐지고 엎드려서 머리로 지탱하는 '원산폭격', 엎드려뻗쳐, 깍지끼고 엎드려뻗쳐, 깍지도 비틀어 끼고 엎드려뻗쳐, 옆사람과 깍지끼고 엎드려뻗쳐, 바닥과 침상 사이의 좁은 틈으로 들어가게 하는 '쥐잡기' 따위는 부대를 초월해서 공통적으로 이루어지는 얼차례이다.

셋째는 구타이다. 요즈음 군생활에서 구타가 많이 사라졌다고는 하지만 암암리에 이루어지고 있는 것이 사실이다. 때때로 구타행위가 적발되어 그에 상당한 대가를 치르는 군인이 발생하는 것이 이를 반증해 준다. 구타는 같은 인간으로서 그 개인에 대한 모욕적인 행위라고 할 수 있다.

넷째로, 무조건적인 상명하복이다. 군 조직은 다른 조직에 비해 일단 유사시에 일사불란한 응집된 힘을 요구하기 때문에, 상관의 명령에 부하는 절대적으로 복종해야 한다는 지론이 통용되고 있다. 사실 그래야만 군 조직의 특수성이 잘 유지될 수 있는 요소도 없지 않을 것이다.

그러나 불합리하고 비평화적인 사항에 대해서도 명령하고 복종해야 하는가는 상당한 의문의 여지가 있다. 예를 들어 명령을 받는 부하의 입장을 고려하지 않고 내리는 명령이 있다. 필자는 군 복무시절에 부당한 명령을 받아들이지 않음으로 해서 고통을 당했던 적이 있다. 행정병이었던 필자는 당시 일방적이고 부당한 명령이나 본래의 복무에 어긋난 사항을 지시하는 명령을 받았을 때 정당한 요구를 하였다가 혼이 났다. 또한 과일이 익어가는 계절에 야지행군(野地行軍) 훈련을 받을 때면 훈련 도중에 인솔자의 명령으로 특별 팀을 구성하여 과일을 따오기도 하는데, 군인들의 이런 행동으로 과일뿐 아니라 과실수까지 망가뜨려 민간인에게 커다란 피해를 주기도 한다.

다섯째로는 군대식 사고방식이다. "모든 가라(거짓)행정은 군대행정으로부터 나온다"는 말이 있듯이, 군대에는 거짓으로 일관된 행정처리가 많다. 가령 행정부문에서 겉으로 드러나는 문제만 없으면 검열에 무사히 통과되는 것은 기정사실인데, 진급평가서를 진급하는 계급에 맞추어 적당히 점수를 매겨 갖추어놓는다거나 서류상 물품 숫자와 실제 보유숫자만 맞으면 제대로 기능할 수 있는가를 상관하지 않는다는 점을 이용해 개수만 맞추어놓는 행태가 그 구체적인 사례이다. 또 내무반 동료의 개인지급품(주로 소모품)을, 그것이 나에게 없다고 해서 슬쩍 훔치는 행동도 예로 들 수 있는데, 이 경우 자기 것을 잃어버린 사병은 자기 돈으로 구입하지 않는 이상 똑같은 행동을 불사함으로써 악순환이 계속되기도 한다.

가장 문제 되는 것은 거의 모든 사병들이 생각하고 있는 것으로서 "거꾸로 매달아놓아도 국방부 시계는 돌아간다"는 의식이다. 이는 우리나라의 의무병제도로 인해 인생의 가장 중요한 젊은 시기에 군복무를 해야 한다는 현실 때문에 어떤 뚜렷한 목표의식을 가지기보다는 어쩔 수 없으니까 시간만 때우다가 군복무 의무의 짐을 벗어버리겠다는 생각이 지배적으로 작용하고 있다는 것을 의미하고 있다. 길다면 긴 군복무 기간 동안 이러한 사고방식을 갖고 생활하는 한, 이 기간은 생산적이기보다 무의미한 때로는 인생행로를 줄달음질하는 데 방해요소로 인식되기 쉽다.

이상과 같이 우리나라 군 조직의 비평화적인 현상 이외에도 국제관계에서 역시 군과 관련한 비평화적인 요소를 목격할 수 있다. 국제적으로는 세계의 평화를 지킨다는 이름 아래 전쟁이 발발한다.

　우선 이념에 의한 전쟁이 있는데, 베트남전쟁이 그 예이다. 한 번도 외세의 지배를 받아본 적이 없어, 외세의 지배가 아니라면 어느 이념의 체제 혹은 통일된 지배세력이 국가를 통치해도 상관없다는 베트남 국민들의 의사와는 관계없이 이른바 자유주의 체제에 속한 국가들이 연합세력을 형성해 무차별하게 양민까지 학살했다. 여기서는 그 수많은 양민들이 무엇을 위해 희생을 당해야 하는가가 문제가 될 수 있다.

　둘째, 국내에서 정치적인 갈등이 일어나면 정치지도자는 이에 대한 관심을 돌리기 위한 전략으로 전쟁을 일으킨다.

　셋째로, 경기를 활성화시키기 위해서 세계평화를 지킨다는 구실을 붙여 전쟁에 참가하여 수많은 양민들을 학살하기도 한다. 더욱이 1, 2차 세계대전은 지구의 평화를 위협하는 세력에 대항하여 많은 국가들이 연합군을 결성하여 싸웠지만, 오늘날에는 특정 국가의 일방적인 판단에 따라 전쟁이 발발한다. 페르시아만 전쟁, 이라크 침공 그리고 최근의 코소보 사태가 이 구체적인 예에 해당한다. 이렇게 함으로써 정치지도자는 국민의 눈을 외부로 돌리게 함으로써 정치적 지지도가 떨어진 국면을 만회하려고 시도하는가 하면, 이와 같은 상황으로 인해 군수물자 관련산업이 호황을 맞이하여 불경기에서 벗어나기도 한다.

　결국 국제적인 역학관계에서 보면, 강대국이 자국의 이익을 위해 평화유지군이라는 허울 아래 많은 생명의 존엄성을 파괴하는 것이라고도 할 수 있을 것이다. 특히 유고의 코소보 사태의 경우 나토군이 개입함으로써 세르비아계의 '인종청소론'을 자극하여 알바니아계 양민들이 더 많이 학살당하는, 혹 떼려다 혹 붙이는 결과를 낳았다. 이로써 더 과격한 대응이 불가피해지고 이에 따라 비평화적인 파괴행위를 동반하는 모순을 안게 된 것이다. 여기서는 '무엇을 위한 개입인가' 하는 의문이 들지 않을 수 없다.

　이상에서 살펴본 내용 외에도 군 조직에는 더 많은 비평화적 요소가 존재하겠지만, 여기서 말하는 사항들만이라도 없앨 수 있다면 군 조직은 상당히 합리적이며 평화수호의 선두주자로서의 역할을 훌륭히 해낼 수 있다고 본다. 물론 그럼에도 불구하고 군 조직 자체의 노력으로 해소할 수 있는 부분은 개선의 여지가 있겠으나 군통수권이 위정자에게 있는 만큼 군 조직 외부의 환경에서 오는 영향력을 무시할 수 없다는 것이 한계상황으로 지적되어야 할 것이다.

　따라서 어느 조직체 혹은 개인에 국한해서 평화수호의 정신을 강요하기보다는 국가를 구성하고 있는 모든 조직체가 총체적인 노력을 기울이는 것이 요구된다. 이러한 비평화적인 요소들을 단시일 내에 제거할 수는 없겠으나 점진적으로나마 쇄신될 수 있도록 최선을 다하고 또 그렇게 될 때 모든 국민이 보다 나은 삶을 영위할 수 있는 풍토가 자연스럽게 조성된다고 본다.

매매춘과 남성

익명의 남성

대학 신입생 시절의 MT 프로그램에는 늘 살아온 이야기를 하는 순서가 있었다. 속엣얘기를 낱낱이 까발리고 들음으로써 서로간의 이해를 돕는다는, 말하자면 '벽을 깨는' 자리였다. "내가 어렸을 때 엄마가 말했어요"로 시작하여 "껍데기를 벗고서" 마침내 대학생이 되기까지, 한 사람씩 돌아가며 구구절절 나름의 인생역정을 털어놓는 꽤나 진지한 의식의 하나였다. 하지만 모든 의식이란 게 그렇듯 사실은 조금 지루하기도 했는데, 그러다 보니 자연 고개를 처박고 딴 짓에 몰두하는 친구가 있는가 하면 어느새 꾸벅꾸벅 조는 사람들도 생기곤 했다. 똑같은 제복을 입고 학창시절을 보낸 세대답게 이 사람 저 사람의 얘기가 엇비슷하기도 했고, 술잔을 곁들인 자리다 보니 취기가 올랐기 때문이기도 했으리라.

그런데 그 지겨운 버팀의 시간 속에서도 간혹 둘러앉은 이들의 시선을 들어올리고 두 귀를 쫑긋 모으게 하는 섬광 같은 얘기가 있었다. 바로 '첫 경험'에 대한 고백이었다. 한 사람의 얘기가 끝나면 듣고 있던 이들이 질문을 하게끔 되어 있었는데, 첫 경험에 대한 질문은 누군가가 꼭, 반드시

하고야 마는 것 중의 하나였다. 아섭게도(?) 여학생들은 그런 질문을 받을 기회가 드물었지만, 남학생들에게는 피해 갈 수 없는 잔이었다.

그때 나는 사람들이 하는 얘기를 들으며 적잖이 놀라지 않을 수 없었는데, 우선 거의 대부분의 남학생들이 그 나이에 벌써 여자 경험이 있다는 것을 확인했기 때문이었다. 요즘 추세로 보면 "원, 별 구닥다리 장롱 같은 시답잖은 소리하네"라는 소릴 들을 게 틀림없지만, 그때만 해도 나는 '아니, 저 순딩이마저…!' 하는 탄성을 절로 내지를 수밖에 없었다. 또 한 가지는 그 남학생들이 첫 경험을 한 장소가 하나같이 사창가였다는 사실 때문이었다. 여자친구라든지 교회 누나라든지 등의 얘기가 나올 법도 하건만, 모두의 입에서 서울역, 청량리역… 기차역 이름만 흘러나오는 것이 아닌가.

하지만 내숭떨며 놀랄 일만도 아니었다. 내가 처음으로 여자와 같이 잠을 잔 곳도 바로 영등포역 부근이었으니….

그 시절, 나는 성경험을 어른 됨의 징표 가운데 하나로 여겼다. 남자라면 취하도록 술을 마시고 멋들어진 품으로 담배를 피며 여자와 섹스를 해본 이후라야 비로소 성인이 되는 것이라고 생각하고 있었다. 그러고 보면 나의 성경험은 다소 늦은 감이 없지 않았다. 술 처먹고 꼬장부린 게 벌써 몇 번이며 허공에 날려보낸 담뱃값은 또 얼마였던가. 게다가 그 즈음에 만난 고교동창들은 심심찮게 내 앞에서 손가락까지 꼽아가며 '무용담'을 늘어놓곤 했는데, 그런 얘기를 들을 때면 괜히 초조한 기분이 드는 걸 어쩔 수 없었다. 교복을 벗자마자 군대로 달려가는 바람에 자연스레 기회를 갖게 된 동창들이 부럽기도 했고, 나만 빼고 자기들끼리 몰려다니는 소행이 괘씸히 여겨지기도 했다. 허나 어쩌랴. 술이 그랬고 담배가 그랬듯이 홀로, 몸소 개척하는 수밖에.

그렇게 어른 됨을 향한 마지막 터널을 통과한다는 비장한 기분으로 치른 첫 경험이었지만, 뒤끝이 영 개운치 않았다. 술과 담배처럼, 처음 맛보는 것에 대한 호기심만으론 메울 수 없는 허전함이 따랐고, 술이나 담배의 쓴맛과는 또 다른 씁쓰레함이 내내 가시질 않았다. 무엇보다 내 경건한 의식의 '도구'가 술이나 담배 같은 무생물이 아니라는 사실이 몹시도 마음에 걸렸다. 잠시 잠깐 나와 살을 맞댄 그 여자의 눈빛이며 체취가 끈덕지게 내 뒤통수에 들러붙어서는 쉬이 떨어지질 않는 것이었다.

그러고 보면 어른 됨은 결코 가볍지만은 않은 고통을 수반하는 과정이었다. 그것은 사춘기를 거치는 동안 한없이 부풀어오른 하나의 열망을 이루는 것임과 동시에 그보다도 오랜 시간을 들여 키워온 하나의 가치를 포기해야만 하는 것이었다. 어쩌면 그것은 '도구화된 성'을 매개로 한 것인만큼 필연적인 건지도 모른다. 사람과 사람의 관계성을 망각해 버린 '거래' 속에 부드럽고 따뜻하며, 정서적인 일치감으로 충만한 사랑이 들어설 자리는 없었다. 눈먼 욕망으로만 이루어진 성이 그처럼 어색하고 수치스럽고 마치 아무렇게나 뽑아쓰고 버리는 휴지처럼 손쉽고 초라한 것인 건 너무도 당연한 일이었다.

그런데 제 버릇 개 못 준다고 그랬던가. 첫 경험 이후의 준엄한 자기비판이 무색하게, 나의 욕망의 순례는 그 뒤로도 이어졌다. 그러고도 아직 어른이 안 된 것인지…. 몇 번의 경험을 버무려서 얘기하자면 다음과 같다.

TV드라마에서 가끔 등장인물들이 룸살롱에서 술을 마시는 장면을 볼 때가 있다. 직장동료끼리 혹은 부서에서 회식을 하던 중 2차 또는 3차로 가는 곳으로 설정되어 있다. 얼큰히 취한 상태에서 들이붓듯 술을 마시고 비틀거리며 일그러진 목소리로 노래를 부르고 남자들 사이사이에 앉은 여자들이 교태를 부리며 술을 권하는 것까진 꽤나 리얼하다. 그런데 대부분 거기서 끝이다. 그 자리에 있던 주인공쯤 되는 인물이 아파트 승강기

를 타고 올라가는 모습 아니면 다음날 아침의 사무실 정경으로 넘어가 버
린다.

물론 룸살롱이란 곳에서 벌어지는 일을 처음부터 끝까지 보여주는 게
목적인 프로가 아니라면 그 정도에서 그치는 게 자연스럽다. 그 프로를
만든 사람들의 입장에서는 더 이상의 진척사항을 보여주는 건 불필요할
뿐더러, 시청자들의 정서에도 맞지 않고 또 굳이 보여주지 않아도 충분히
상상할 수 있는 일이라고 판단했을 수도 있기 때문이다.

그런데 나의 짓궂은 호기심은 쉽사리 다음 장면으로 넘어가지 못한다.
그냥 술만 먹고 끝난 것일까 하는 것에서 시작하여 어느 남자와 어느 여
자가 같이 잤을까, 심지어는 얼마를 화대로 주었을까 하는 데까지, 온갖
추측과 상상을 동원하게 되고 마는 것이다.

아마도 '알 만한 사람'들은 이게 결코 과하다거나 근거가 없는 생각이
아니라는 걸 알 것이다. 앞에서 얘기한 것과 똑같은 상황에 처해 본 적이
있는 나는 바로 그 '알 만한 사람' 속에 낄 수 있기에 하는 말이다. 그런 곳
에서는 술값이 괜히 비싼 게 아니었다. 달리 말하면 남자들이 턱없이 비
싼 술값을 감수하면서까지 그런 곳에 가서 술을 마시는 데는 다 이유가
있다는 것이다.

여자가 나오는 술집에서 술을 마신다고 해서 꼭 여자와 잠까지 같이
자야 하는 건 아니지 않느냐고 반박할 수도 있을 것이다. 맞는 말이다.
하지만 '남자들의 상식'으로는 여자가 나오는 술집에서 술을 마시는 데
동의하는 것은 곧 그곳의 여자와 잠까지도 자겠다, 최소한 잘 수 있다는
데 동의하는 것과 똑같다는 것 또한 사실이다.

'남자들의 상식'에 투철한 남자들은 술을 마시는 내내 티격태격 다투
다가도 일단 다음 단계를 위한 분위기 조성이 필요한 상황이 되면 한 순
간에 놀랍기 그지없는 동류의식을 발휘하기 시작한다. 간혹 '양심적인'

생각이 너무 많다거나 하는 이유로 쉽게 어울리지 못하는 사람이 있다면, 그는 어느새 지혜와 용기의 화신으로 둔갑해 버린 술의 도움을 빌릴 수도 있다. '왕따'를 각오하지 않는 이상은 '여기까지만!' 하며 몸을 빼기도 그리 쉬운 일이 아닌 것이다.

조금은 참회조인 나의 이 글에 대해 반감을 품을 남자들도 적지 않을 것이다. 실제로 나는 매매춘(賣買春)이 뭐가 나쁘냐고, 인간의 자연스런 욕망을 해소하기 위한 적절하고도 유효한 사회적 기제가 아니냐고 당당히 주장하는 남자들을 많이 보았다. 또한 마치 지고불변의 것인 양 '필요악'이라는 말을 되풀이하며 농치고 마는 남자들도 많이 보았다.

나는 그런 사람들에게 딱 한마디만 하고 싶다. 입장 바꿔 생각해 봐! 입장 바꿔 진지하게 생각해 보노라면, '인간의 자연스런 욕망'이란 게 사실은 남자의 욕망에 불과하다는 걸 깨닫게 될 것이고 그러면 매매춘이 '필요'한 것이라는 생각을 섣불리 하지는 못할 거라고 확신하기 때문이다. 그러고도 여전히 매매춘을 성장을 위한 의례로 당연시하거나 주흥의 연장 정도로 가벼이 여기는 사람이 있다면, 그는 구제불능의 돌탱이라고 손가락질 받더라도 입 꾹 다물고 가만히 있어야 할 것이다.

어쩌면 또, 너는 그렇게 잘 놀아놓고선 무슨 참회며 훈계조의 말을 하는 거냐고 몹시 불쾌해할 남자들이 있을지도 모르겠다. 음… 저지른 게 있으니 참회를 하는 거지!

말이 나온 김에 좀더 구체적으로 참회를 해보자. 이 글의 주제와 관련하여 내가 지금까지 저지른 죄가 얼마나 될까?

한번 현행법만으로 따져보자. 1996년 1월부터 그 효력이 발휘되기 시작한 개정 '윤락행위 등 방지법'에는 윤락행위를 한 자 또는 윤락행위의 상대자가 된 자는 1년 이하의 징역이나 300만원 이하의 벌금, 구류 또는 과태료에 처한다는 조항이 나와 있다.

내가 매 행위 때마다 법정 최고형을 받았다고 가정할 때, 나는 지금까지 징역 4년에 해당되는 범죄행위를 저질렀다. 거기다 개전의 정도 보이지 않고 네 번이나 연거푸 저지른 것에 대한 누진죄까지 적용된다면 아마도 5, 6년 어쩌면 10년 정도의 징역형을 선고받을지도 모를 일이다. 그럼에도 불구하고 내 주위에 수많은 남자들 중 '매춘'행위 때문에 처벌을 받은 사람은 없다.

문제는, 이것이 잘못을 인정하고 반성문 한 번 쓴다고 해서 끝날 일이 절대 아니라는 점이다. 어째서?

나는 횡단보도의 빨간 신호등 앞에서도 만일 저걸 위반했을 경우 과태료를 물지 않을까 하는 걱정을 한다. 미운 놈을 한 대 호되게 갈겨주고 싶어도 그놈이 고소를 하면 어쩌나 하는 생각에 참고 만다.

그런데, 그런데 말이다. 만일 내가 길을 걸어가는데 —그곳이 예전처럼 영등포역 앞이든 어디든 상관없이 —어 떤 여자가 돈으로 환산될 유혹을 한다면, 어떻게 할 것인가? 친구들이 혹은 이러저러한 관계를 맺고 있는 남자들이 여자가 나오는 술집을 가자고 한다면, 가서 '갈 데까지 가보자' 한다면, 나는 무슨 생각을 먼저 하게 될까? 나는 내 안에 그리고 그들 안에 도사린 '평등불감증'을 사정없이 질타하며 여자도 남자와 똑같은 하나의 인격체라고 강변할 수 있을까? 최소한, 저 여자가 네 여자친구라면, 저 여자가 당신 딸이라면 그래도 이런 식으로 마구 대하며 돈 몇 푼에 같이 자자고 할 수 있겠느냐며, 남자들의 파렴치함에 대들기라도 할 수 있을까?

이 세상 사람들을 딱 두 편으로 갈라놓는 것은 남자들의 이기주의이며 그것은 무서운 거다.

또 있다. 만일 내가 도둑질이나 강도짓을 하려 한다면, 내 친구들은 모두 온몸으로 막아서며 제지하려 할 것이다. 마찬가지로 친구들이 그런 행위를 하려 한다면 나 또한 필사적으로 막을 것이다. 그런데 내가 만일 '윤락행위의 상대자'가 되려 했을 때, 과연 그 친구들은 나를 말리려고 할까? 나는 또 어떨 것인가?

　이것 하나는 분명하다. '인간에 대한 존엄성'이 지금처럼 '남자의 욕망'에 종속될 때 매춘을 하는 남성들에게 어떤 변화도 기대할 수 없다는 것이다.

민방위 없는 세상
민방위 훈련의 낭비와 비합리성, 그 폭력성에 대하여

김영조 | 생활한복 '솔아솔아' 대표

학교에서 돌아온 후 얼마 지나지 않아 경보음이 큰소리로 길게 울렸다. 처음에는 무슨 소리인지 몰라 무서웠다. 가만히 생각해 보니 아까 선생님께서 민방위훈련을 할 것이라던 말씀이 떠올랐다. 민방위훈련은 언제쯤이면 하지 않게 될까? 사람이 사람을 해치는 것을 염려하고 그걸 막기 위하여 시간을 쓰고 돈을 쓰는… 그런 것을 하지 않게 되는 날은 언제일까? 라디오를 틀어보았더니 훈련을 알리는 아저씨의 목소리도 흥분해 있었다. 집에 혼자 있으니까 진짜 전쟁이 난 것 같다는 생각이 들 정도로 무서운 순간이었다. 내가 어른이 되었을 땐 북한이랑 서로 만나는 날을 기념하며 즐거운 음악을 전국적으로 틀어주는 날로 바뀌었으면 좋겠다. 그런 날을 만들기 위하여 꼭 대통령이 될 것이다. ─성기웅, 「엄마, 제 생각은요… 민방위 없는 세상 왔으면」, 『동아일보』 1998. 6. 22

초등학교 어린이가 쓴 글이다. 이 어린이의 생각처럼 민방위훈련이 없는 세상이면 얼마나 좋을까? 그러나 현실이 그렇지 못하여 훈련을 할 수밖에 없다면 모두가 공감하는 실효성 있는 훈련이 되어야 할 것이며, 처벌을 받지 않기 위해, 벌금이나 과태료를 내지 않기 위해 마지못해 받는 그런 훈련이어서는 안 된다. 그런데도 실제 나를 포함하여 민방위훈련을 받았거나 현재 받고 있는 사람의 대다수가 지겨운 훈련으로 생각하고 있다. 그렇게 될 수밖에 없는 이유는 다양한데, 이 글에서 몇 개의 사례를 지적하고 싶다.

민방위훈련이 시작된 지 25년이 지났지만 서울시민의 절반 이상은 "전시(戰時) 국민행동요령"을 제대로 알지 못하는 것으로 조사되었다고 한다. 서울시가 1997년 을지훈련을 계기로 서울에 거주하는 20세 이상 500명을 대상으로 전화여론조사를 실시한 결과, 응답자의 58.9%가 "전시 행동요령에 대해 들어보지 못했다"고 답했고, 경계 공습경보 때 행동요령을 모르는 시민이 43.9%나 됐으며, 공습시 대피할 곳을 잘 모르는 시민도 29.4%였다는 것이다. 이는 그 동안의 민방위훈련이 보여주기 위한 겉치레 행사에 불과했다는 것을 증명해 주고 있다. 무려 25년 동안의 민방위훈련이라면 교육받은 사람이 어마어마한 숫자일 텐데 어떻게 이런 결과가 나오는가?

우선 민방위훈련과 관련하여 직접 겪은 일을 토로하는 사람들의 얘기를 한번 들어보겠다.

며칠 전 동네게시판에 '3월 ○일 오전 7시까지 초등학교 운동장으로 민방위 복장 및 신분증 지참 전원 참석 바람'이라는 민방위비상소집 공고가 붙어 당일 집합장소로 향했다. 굉장히 많은 대원들이 모여 있었는데 거기에는 대원 및 대리참석자인 아주머니까지 누구의 확인절차도 없이 제각기 자필로 확인서명을 하고 있었다. 어떤 분이 교단에 서더니 "아침 일찍 교육에 참석하느라 수고 많다. 요즘 주변에 쓰레기가 너무 많다. 깨끗한 우리 동을 위하여 쓰레기를 아무데나 버리지 말고 청결하게 하자"고 말하더니 해산이라고 했다. 불과 1, 2분밖에 걸리지 않았다. 그 같은 민방위 소집훈련이 어떤 의미가 있을까 의문이 들었다. 오히려 1시간이 아까운 자영업자들의 시간만 빼앗는 것은 아닌지. 또 직장인들도 훈련을 핑계삼아 1, 2시간 늦게 직장에 출근하는 것 이외에 다른 의미가 또 있을까. 단지 실적 올리기의 소집훈련이 아닌 효과적인 소집훈련을 했으면 한다. ―박대기, 「민방위 소집훈련, 시간 빼앗는 겉치레」, 『동아일보』 1998. 3. 5

집안이 어려워 일본에 나가 일하고 있다. 한푼이라도 모금해 조국의 집으로 송금하려고 하다 보니 국내의 민방위훈련에 불참할 수밖에 없다. 아내는 동사무소 직원에게 "외국에서 취업중이어서 훈련에 나갈 수 없다"고 말하고 직원의 요구대로 출국통지서와 여권사본을 제출했다. 그러나 어떻게 된 일인지 20만원의 벌금통지서가 날아들었다. 동사무소에 물으니 서류를 제출하지 않았다고 하는데 어떻게 된 일인지 모르겠다. 돈이 아까워서가 아니라 행정이 이 정도로 엉망인가 해서 섭섭한 생각이 든다. 일본은 조그만 일만 있어도 관청의 직원들이 주민들에게 직접 전화를 걸어 상의한다. 이 정도는 안 되더라도 제출한 서류를 없다고 해서는 안 되는 것 아닌가. ―일본 후지의 조국형, 『한국일보』 독자투고란

또 무성의한 행정사례로 유치원생에게 민방위훈련 소집통지서를 보낸 일도 있었다고 한다. 수원시 팔달구 원천동사무소는 관내에 사는 ○군에게 민방위훈련에 참가하라는 소집통지서를 보냈는데 이 통지서에는 불참시 '30만원 이하의 과태료 처분'을 받는다고 '친절히' 안내하고 있었다. 그런데 ○군은 만 5세도 안 된 유치원생이었다.

이 통지서에 따르면 ○군은 만 2세 때에 이미 지역 민방위대원으로 편성되어 있었다. 동사무소에서는 과다한 업무 때문에 착오가 일어난 것이라고 해명했지만, ○군의 부모 말대로 사실 주민등록번호만 봐도 어린이

라는 것을 금방 알 수 있다. 현행 민방위법은 현역병, 경찰, 예비군을 제외한 20~50세의 남자를 민방위대원으로 편성토록 규정하고 있다.

또 하나, 민방위훈련을 받아본 사람이라면 누구나 다음의 글에 공감할 것이다.

1년에 두 번 있는 민방위대원 교육이 최근 교육내용을 현실에 맞게 조정하고 강사진을 재편하면서 응급처치 전문가나 에어로빅 강사를 초빙하는 등 실속 있는 교육이 되도록 애쓰는 흔적이 보인다. …이런 4시간 교육을 마치고 나면 '민방위대원 교육교재'라는 조그마한 책자를 한 부씩 배포한다. 지금까지 교육 때마다 매번 받은 기억이 있지만 한 번도 내용을 읽어본 적이 없고 집에도 보관해 두기 어려운 처치 곤란한 짐이었다. 그 내용은 …생활과 밀접한 내용을 다루려 하고 있지만 여전히 교육참가자들에겐 '찬밥' 신세다. 교육이 끝난 뒤 그 자리에 책을 그냥 두고 나가는 사람, 휴지통에 버리는 사람 등 모두들 귀찮게 여기는 모습이 역력했다. 그런데도 이런 교재를 계속 만들어 배포해야 한다면 재생용지를 사용해 제작 단가를 낮추고 환경보호에도 기여하려는 작은 정성이 필요하다. …교육장별로 최소 5만 명 이상의 인원을 교육한다니 교재 제작비용도 만만치 않을 것이다. 환경보호와 자원절약을 위해 재생용지를 사용하고 필요한 사람만 가져가도록 해야 할 것이다. —열린마당란의 이석희씨 글, 『중앙일보』 1999. 4. 27

뿐더러 자기 가족이나 심하게는 일당 받는 용역일꾼이 대리출석하는 것이 예사이고 용인되고 있는 형편이며, 오랜 시간 동안 국정(國政)에서부터 동정(洞政)에 이르기까지의 홍보를 듣고 있노라면 지겨워 차라리 잔소리 몇 마디하고 해산하지 하는 생각이 절로 든다.

또한 민방위 정기교육을 받노라면 화가 날 때가 한두 번이 아니다. 요즘은 그래도 좀 나아지긴 했지만, 폭력적인 이념교육(예전에는 오도되거나 왜곡된 정보를 이용하여 북한의 침략성이나 김정일 후계체제의 문제점 같은 것을 강의했다)이나 민방위와 전혀 관련이 없는 경제교육·국정홍보를 하는 강사가 나오고, 심지어는 헌혈로 교육훈련 이수를 대신하고 선거철에는 단체장들의 정견발표 내지 홍보의 장으로 돌변하는 교육장이 많다.

실로 민방위교육이 얼마나 비합리적이고 비이성적인지를 대변하는 사례가 아닐 수 없다. 교육중 대부분의 대원들은 졸거나 준비해 온 책·신문 등을 읽고 있으며, 민방위 관계자들이나 강사들도 피교육자의 이 같은 자세를 전혀 개의치 않는다. 이 또한 선택의 여지없이 실시되는 민방위교육의 폭력성이나 겉치레를 보여주는 것이 아닌가 생각된다.

어쩔 수 없이 민방위교육을 해야 하는 것이라면, 이제라도 제발 현실성 있고, 모든 피교육자와 국민이 공감할 수 있는 합리적인 것이 되어야 한다. 국민의 혈세가 낭비되지 않도록 또 폭력적인 모습이 생산되지 않는 그런 교육훈련이 되기를 진정으로 바란다. 나아가서 일상생활에 깊숙이 침투해 내면화되어 있는 군사문화·폭력문화가 해체되어 국민이 실로 평화를 지향할 수 있도록, 그것이 평화를 지키는 교육으로 바뀌기를 간절히 바란다.

임산모의 눈으로 본 우리 사회

김둘순

나는 2년 전에 딸아이를 출산하고 지금은 둘째아이를 임신중이다. 세세만 년 동안 인류의 역사가 이어져 올 수 있었던 것은 여성들의 임신과 출산 이 있었기 때문이다. 유전공학이 발달한 오늘날에는 복제양이 나오기도 하고 복제인간도 만들 수 있다지만, 임신과 출산은 분명 여성만이 할 수 있는 고유한 능력이고 경험이다.

임산모는 개인에 따라 정도의 차이는 있을지언정 임신 그 자체만으로 열 달 동안 정신적·육체적으로 인고의 시간을 보내야 한다. 임산모 여성 의 입장에 볼 때, 임신이라는 것은 그렇지 않은 상태에 비해서 불편하고 힘든 것은 사실이다. 하지만 주변 사회환경이 임산모들을 어떻게 대우하 느냐에 따라 그들은 힘을 얻기도 하고 그 반대일 수도 있다. 우리 사회는 어떤 모습일까?

노동력 상실자 혹은 부적격자로서의 임산모

여자가 결혼하여 남편과의 관계에서 자주적일 수 있으려면 경제적 자립을 해야 한다는 것이 평소 나의 지론이다. 그런데 내가 결혼 당시에 주로 하고 있었던 활동은 돈을 벌기보다는 더 써야 하는 경우가 많았으므로 별도의 경제활동을 해야 했다. 서른 넘은 기혼여성이 비교적 쉽게 찾을 수 있는 일이 중고등학생을 대상으로 하는 학원강사였다.

전화로 학원측에 간단한 인적 사항을 얘기했더니 학원에서 와보라고 해서 나는 멀리까지 차를 타고 갔다. 학원장은 직접면접을 하면서 여러 가지 사항에 대하여 묻더니, 잘해 보자며 이튿날부터 출근하라고 했다. 인사를 하고 돌아서 나오려는데, 학원장은 나를 불러세우고는 나에게 임신계획이 어떠한지를 물었다. 사실 그때 나는 임신 3개월이었다. 조금 있으면 배가 불러올 텐데 거짓말을 할 수도 없고 또 하고 싶지도 않아서 사실대로 말했다. 그랬더니 원장의 표정이 바뀌면서 "우리는 강사가 최고의 컨디션으로 최고의 강의를 해주기를 원합니다"면서 다음 기회에 보자고 했다.

임산모로서 겪은 첫 좌절이었다. 당시 나는 강의를 하기 위해 매주 하루는 인천에서 부산까지 오갔고 연구 프로젝트를 위해 서울을 오가면서도, 임신 때문에 일을 할 수 없다고 생각해 본 적은 없었다. '임산모는 역시 안 돼'라는 편견을 받지 않으려고 더 열심히 노력했으며 현장조사를 나갈 때도 불러오는 배를 내밀면서 여기저기 쫓아다녔다. 물론 이렇게 할 수 있었던 것은 임산모로서의 내 건강이 양호했기 때문이다. 임산모는 개인에 따라서 열 달 내내 누워서 절대안정을 취해야 하는 경우도 있다. 이런 면에서 볼 때 나는 행운아였다.

둘째아이를 임신했을 때도 나는 똑같은 벽을 경험했다. 둘째아이의 임신을 막 확인했을 무렵 평소에 내가 무척 하고 싶은 일에 사람을 모집한다는 공고가 났다. 그 동안 알고 지내던 선생님께서 뜻밖에도 추천까지 해준다고 하여 나는 들뜬 마음으로 서류를 준비했다. 임신한 사실을 선생님께 말씀드릴까 말까 갈등하다가 이를 알렸다. 선생님도 며칠 생각을 해 보자고 하시더니 출산을 하고 다음 기회에 하는 게 더 좋겠다고 하여 결국 포기해야 했다.

두 번씩 이런 일을 겪으면서 나는 뱃속에서 자라고 있는 죄없는 아이를 얼마나 원망했는지 모른다. '하필이면 너는 왜 이런 중요한 시점에 나를 찾아왔느냐'고. 마치 반갑지 않은 손님을 억지로 맞이해야 하는 어색함과 불편함으로 두번째 임신을 맞았다.

여성노동의 역사를 돌이켜보면, 요즘처럼 임산모가 노동력 상실자 또는 부적격자로 취급받은 적도 없었던 것 같다. 멀리 원시시대에도 여성들의 채집노동은 공동체의 생존을 위해서 필수적이었으며, 가깝게는 우리나라에서 농업이 경제의 상당 부분을 차지했던 60년대까지만 하더라도 여성의 농사일은 필수적이었다. 어떤 임산모는 논에서 모내기를 하다가 논두렁에서 아이를 낳기도 하고 밭에서 김을 매다가 아이를 낳는 경우도 허다했다고 한다. 그래서 60년대 이전에 태어난 사람들 가운데는 길에서 낳았다 하여 '길수, 길녀' 등과 같은 이름을 가진 이들도 제법 있다.

이처럼 출산 직전까지 농사일을 했을 뿐 아니라 임산모라고 하여 생산활동에서 배제된 적은 거의 없었다. 더군다나 노동능력이 없는 사람으로 취급받지도 않았다. 모성보호의 입장에서 볼 때, 이런 현상을 바람직하다고 할 수는 없을 것이다. 하지만 적어도 임산모를 '노동력 상실자 혹은 부적격자'로 취급하지는 않았으며 노동의 동반자로 인정했다는 사실은 되새겨볼 만한 일이 아닐까.

생명의 잉태: 축복인가, 불행인가

생명을 잉태하는 것, 그것은 분명 아이를 원하는 부부에게는 더할 수 없는 기쁨이고 축복이다. 하지만 집 울타리를 조금만 벗어나면 그 기쁨은 금세 사라진다. 마치 내가 못할 짓을 해서 사회공동체에 누를 끼치고 있는 것 같은 죄스러움을 느껴야 할 때가 종종 있다. 특히 대중교통이나 공중시설물을 이용할 때 임산모라면 누구나 이런 경험을 해보았을 것이다. 배부른 임산모가 차에 올라타면 앉아 있는 사람들은 거의 모두 표정과 시선 관리를 새롭게 한다. 제발 저 임산모가 내 앞에 멈춰서지 않기를 기도하는 표정이다.

내가 첫아이를 임신했을 때의 일이다. 배가 부른 몸으로 전철을 타서는 나도 모르게 무슨 심보(?)였는지 젊은 남자 앞에 서게 되었다. 갑자기 그 남자가 잽싸게 일어나서는 다른 곳으로 휙 가버리지 않는가. "여기 앉으세요"라는 말 한마디도 없이 차가운 바람만 남기고 다른 곳으로 옮겨간 그 남자를 보면서 나는 순간 너무나 당황했다. '아, 내가 저 젊은 남자한테 이 불룩한 배를 내밀면서 자리를 내놓으라고 시위를 하고 있었구나' 하는 생각이 들었다. 순간 주변사람들 보기에 민망스럽기도 하고 한편으로는, 왜 내가 이런 대접을 받아야 하는가 싶은 분한 마음이 들어 다음 정거장에서 내려버렸다. '자기는 엄마 뱃속에서 안 나오고 하늘에서 떨어졌나, 나중에 자기는 자식 안 낳을 건가….' 소리 없는 항변이 용기 없는 임산모의 입 안에서 맴돌고 있었다.

이런 일을 겪은 후부터는 꼭 해야 할 외출이 아니면 되도록 삼가게 됐다. 부득이 외출해야 할 경우에는 돈이 들더라도 택시를 타든가, 어쩔 수 없이 대중교통을 이용할 때는 문 앞에 서서 사람들의 시선이 닿지 않는 곳으로 배를 돌리고 있었다. 또 가능하면 이동시간을 넉넉히 잡아서 가다가 힘들면 중간에 내려서 앉아 쉬었다가 다시 차를 타는 식으로 했다. 이것은 시간도 많이 걸리고 몸은 힘들었지만 적어도 임산모인 나 자신과 내 아이를 비참하게 만들지는 않았다.

아무튼 그 일이 있고 시간이 조금 지나자, 그 남자의 행동에 과거의 내

모습이 담겨 있다는 생각이 들었다. 예전에는 나도 그 남자처럼 또 다른 누군가(임산모나 노인 등)에게 마음의 상처를 줬을지도 모른다. 사실 우리 사회는 남녀노소를 불문하고 일상생활에서 너무나 심신을 지치게 하는 문화 속에 살고 있는 것 같다. 학교나 일터, 심지어 가정에서도 나 아닌 다른 사람을 배려하고 보살필 수 있는 마음의 여유를 갖기가 너무나 어려운 게 현실이다. 그때의 젊은 남자도 전날 밤에 직장에서 야간근무를 했을지, 아니면 밤새도록 시험공부를 하고 학교에 가는 길이었는지도 모를 일이다.

한 친구는 남편을 따라 미국에 가게 되었는데, 그때 그 친구가 임신 5개월이어서 미국에 가서 아이를 낳았다. 그 친구는 임신이 이렇게 여러 사람을 즐겁게 하고 축복받은 일이라는 것을 미국에 가서 비로소 느꼈다고 했다. 길을 걸어가다 보면 알지도 못하는 사람들이 남녀노소를 불문하고 행복한 미소를 띠면서 다가와서는 "오, 아기를 가지셨군요. 축하합니다. 행복하시겠습니다" 등의 인사를 건넨다는 것이다. 그리고 공중화장실이나 혹은 차를 타려고 줄을 서 있으면 앞으로 가서 먼저 이용하라고 흔쾌히 권한다는 것이다. 이 친구는 자신의 임신이 자신뿐만 아니라 주변사람들까지도 기쁘게 한다는 사실에 외출이 즐겁고 행복했다고 한다.

이처럼 미국에서 임산모(혹은 타인)에 대한 친절과 개방적인 문화는 우리의 폐쇄적이고 여유 없는 생활문화와 좋은 대조를 이룬다. 하지만 이것은 비단 우리나라 사람의 품성이 미국 사람보다 곱지 않아서는 아닐 것이다. 그 동안 앞만 보고 급하게 달려온 우리의 '빨리빨리 문화'와 권력자들에게 오랫동안 시달려온 피해의식이 결국 타인을 경계하고 나만 생각하게 하는 폐쇄적인 문화로 이어지면서 이런 현상이 빚어진 게 아닐까 생각해 본다.

임산모를 괴롭히는 여러 가지 강박증: 아들강박증, 태교강박증…

우리나라의 아들선호 문화는 세계적으로도 그 유례를 찾아보기 힘들 정도로 뿌리 깊고 강고하다. 21세기의 벽두에 선 지금도 연간 수만 명의 여아들이 세상의 빛도 보지 못한 채 음지 속으로 사라지고 있다고 한다. 이런 일들은 우리 사회에서 너무나 일상적으로 벌어지고 있기 때문에 새삼 뉴스거리도 못 된다.

내가 첫아이를 임신했을 때 주변사람으로부터 가장 먼저 그리고 가장 많이 받은 질문은 무슨 꿈을 꾸었냐는 것이었다. 이렇고 저렇다고 대답하면, 사람들은 거의 다 아들 꿈이라는 둥 태몽은 거의 맞으니 축하한다고 말하곤 했다. 그 뒤로도 나의 부른 배 모양새를 보며 영락없이 아들이라면서 자기의 말은 틀린 적이 없노라는 말까지 하는 이들도 있었다.

내가 첫딸을 출산했을 때, 병원에서는 딸인지 아들인지, 정상아인지 아닌지 아무런 말을 해주지 않아서 짧은 시간이었지만 불안에 떨었다. 내가 딸을 낳은 것을 알고 많은 사람들이 대개 "괜찮다. 첫딸은 살림밑천이다. 둘째를 아들 낳으면 되지" 하는 위로를 했다.

지금 생각해 보면, 임산모에게 '아들 낳을 것 같다'고 말해 주는 것은 그 임산모를 즐겁게 해주기 위한 인사가 아니었나 싶다. 우리 사회가 워낙 아들을 선호하다 보니, 임산모면 으레 아들을 낳고 싶어할 것이라는 선입관을 가지고 말이다. 어쨌든 딸을 낳았을 때 '축하한다'는 말보다는 '괜찮다'는 위로조의 인사를 더 많이 받았다.

둘째아이를 임신한 지금 나는 첫아이 때보다 더 노골적으로 아들을 낳아야 된다는 압박을 받고 있다. 물론 그 주인공은 일차적으로는 가족이나 친지들이다. "첫애가 딸이니 이번에는 아들을 낳아라" "맏며느리이니 아들을 낳아야 되지 않겠느냐" 등. 심지어 가족 중에 어떤 이는 둘째 임신계획을 할 무렵 '아들 낳는 비법'에 대한 자료까지 구해서 갖다 주며 그대로 하라고 권했다. 고마워해야 할지, 미워해야 할지….

이 못지않게 임산모를 괴롭히고 혼란스럽게 만드는 것으로 또 '태교'에 대한 강박증이 우리 사회에는 있다. 특히 첫 임신인 경우는 모든 것이 새롭고 낯설기 때문에 임신과 관련한 책도 사보고 경험자로부터 이런저런 정보들을 귀담아듣게 된다. 그런데 서점에 있는 임신출산과 관련한 책들은 대부분 태교에 관한 것들이다. 유아교육학자, 의학자 등 전문가라는 사람들은 그럴싸한 연구결과들을 내세워 똑똑한 아이, 천재아이는 뱃속에서부터 만들어진다면서 태교의 중요성을 역설한다. 이런 책을 읽고 있노라면 마치 태교를 어떻게 하는가에 따라 천재를 만들 수도 둔재를 만들 수도 있는, 이것은 오로지 임산모인 엄마의 의지에 달려 있는 듯한 착각에 빠지게 된다.

더욱이 경험자들이 들려주는 태교에 대한 얘기들은 거역할 수 없는 그 무엇으로 다가온다. "임신기간 동안 음악을 늘 들었는데 아이가 태어나서 그 음악만 들려주면 잠도 잘 자고 울다가도 그친다." "윗몸 일으키기 운동을 매일 했는데 아이가 태어난 지 몇 달 안 돼서 윗몸 일으키기 자세를 취하더라." "동화책을 열심히 읽어줬는데 아이가 태어나서 책을 참 좋아하더라. 또 임신기간 내내 잘생긴 남자 탤런트 사진을 집 여기저기에 붙여놓고는 열심히 보면서 기도를 했더니 그 사람을 닮은 잘생긴 아들을 낳았다"… 믿을 수도 믿지 않을 수도 없는 경험담들이다.

아이가 태어나서 하는 행동이 태교와 어느 정도 인과관계가 있는지는 잘 모르겠다. 전혀 무관하다고 말할 수는 없을 것이다. 하지만 여기서 중요한 것은 임산모 여성의 상황을 고려하지 않은 태교의 지나친 강조이다. "임산모는 좋은 것만 보고 좋은 생각만 할 것이며, 화를 내서도 안 되고 매일 한 시간 정도는 좋은 음악을 듣고, 또 한 시간 정도는 뱃속의 아이에게 동화책을 읽어주고, 대화를 하며…."

　무슨 수학공식처럼 제시되는 이러한 태교법은 그렇게 하기 어려운 상황에 있는 임산모에게는 심리적으로 상당한 압박감으로 작용한다. 매일 직장에 나가야 하는 임산모는 시간적으로나 정신적으로 여유가 없기 때문에 자신이 임신했다는 사실을 순간순간 잊기도 한다. 그렇지 않은 경우라 하더라도 우리 사회가 갖고 있는 임산모에 대한 좋지 못한 편견은 임산모의 마음을 자주 우울하게 만들기도 한다.

　나도 첫아이를 임신했을 때 처음 한동안은 평소 별로 즐겨 듣지도 않던 음악을 듣기도 하고 화나는 일이 있어도 참고 고운 말만 쓰려고 노력했다. 열 달 정도 노력해서 좋은 품성을 가진 똑똑한 아이가 태어난다면 못할 것도 없다 싶었다. 하지만 나는 기계음을 들으면 머리가 아프기 때문에 음악을 듣는 것은 나에게 오히려 고통이었고, 다급하게 해결해야 될 산적한 일들은 태아에게 동화책을 읽어줄 수 있는 여유를 허용하지 않았다. 컴퓨터 전자파가 태아에게 매우 안 좋다고 하지만 어쩔 수 없이 잠자는 몇 시간을 빼고는 하루종일 컴퓨터 앞에 앉아 있기 일쑤였다.

　전문가들이 권하는 태교법을 따르지 않는 게 약간 불안하기는 했지만 그래도 내 식대로 하기로 마음먹었다. 내 식대로의 태교법이란 바로 '임산모인 내가 하고 싶은 것, 내 마음이 즐거울 수 있는 것'을 하며 시간을 보내는 것이었다. 임산모인 내가 즐거워야 뱃속의 아이도 즐거울 거라는 지극히 상식적인 생각에서였다. 그래서 나는 주위의 반대에도 불구하고 시간이 나면 틈틈이 좋아하는 등산을 하고 나의 일을 하면서 보냈다.

　태교에 있어서 '이것이 최고의 태교다. 이것이 저것보다 더 좋다, 나쁘다' 하는 것은 없다고 본다. 그저 임산모 자신의 생활여건에 맞게 그리고 임산모 스스로 즐거움을 느낄 수 있는 어떤 것이 있다면, 그것이 바로 가장 좋은 태교일 것이다. 첫아이를 임신했을 때 거의 출산 직전까지 일에 쫓기며 살면서 딱히 이렇다 할 태교라고 한 것이 없다. 하지만 지금 딸아

이는 노래가 나오면 신나게 잘 따라 부르고 춤도 추고 또 가끔은 그림책
도 보면서 건강하게 잘 자라고 있다.

둘째아이를 임신한 지금, 너무나 당연한 것이면서도 현실 속에서는 멀
게만 느껴지는 소망 하나를 빌어본다. '몸 속의 태아가 딸, 아들로 나뉘지
않고 그저 생명을 가진 소중한 한 인간으로서 기대되기를 그리고 그 아이
가 어떤 모습으로 태어나든 부모인 나 자신과 우리 사회가 진심으로 따뜻
하게 보듬어 안아주기를, 또한 생명을 잉태하는 몸을 가진 여성이 그로
인해 더 이상 차별받고 상처받는 일이 없는 그런 평화로운 사회가 되게
해주소서.'

안보와 폭력

주한미군과 우리 사회

정유진 | 전 주한미군범죄근절운동본부 사무국장

"하찮은 여자 하나 죽은 것 가지고 한미 우호관계에 금이 가서는 안 된다."
—1992년 동두천에서 미군에게 살해당한 윤○○씨 사건 직후 동두천시 공무원의 말

"지금 북한에서 잠수함도 내려오고, 말하자면 준전시 상황인데 미군범죄 가지고 부대 앞에서 시끄럽게 시위하는 것은 국가안보에 도움이 안 돼. 우리가 미군을 도와줘야 한다니까." —1996년 미군 살인사건 항의집회 신고서를 제출할 때 ○○ 경찰서 형사의 말

"자꾸 뭘 알려달라는 겁니까? 전화로 말할 수 없어요. 어허 그건 군사기밀이라니까." —1993년 미군 2명의 택시기사 강도사건에 대해 질문했을 때 파주 미군부대에서 근무하는 한국 경찰의 대답

"미군이 싫으면 북한에 가라, 북한에는 자유도 미군도 없다." —1998년 미군범죄 근절과 한미행정협정 개정을 촉구하는 금요집회를 하던 중 미군이 전한 편지

미군범죄 피해자 상담을 6년째 해오면서 상식으로 납득이 가지 않는 숱한 말들이 얼마나 자연스럽게 통용되고 있는지 절감할 수 있었다. 어느 일간지처럼 '말, 말, 말' 연쇄물을 만들어 책자로 엮고 싶을 때도 많았다. 구체적 진실에 눈멀게 하는 허위 이데올로기를 폭로하는 심정으로 말이다.

세상에는 본래 뜻과는 전혀 다르게, 어떤 특정 계층의 편의만을 위해 혹은 한쪽 측면만 지나치게 부각하여 결과적으로는 왜곡된 의미로 사용되는 말들이 많다. 그런 말들은 특정 집단의 이해관계에 따라 지속적으로 새롭게 만들어져 다양한 경로를 통하여 유포되기도 한다. 이것은 매우 조직적으로 이루어지기에 개인이 거부한다고 해서 금방 조정되기 어렵다. 아니, 그것의 문제를 인식하는 것조차 쉬운 일이 아니다.

평화유지군, 사회정화운동, 안전기획부, 공안대책, 자유민주주주의, 빨갱이, 자위대, 체제전복세력, 국가보안법, 유신(維新), 순결, 윤락(淪落), 미풍양속 등등. 이 밖에도 많은 사례를 들 수 있겠지만 분단이라는 깊은 늪에 빠져 있는 우리나라에서 미군범죄신고센터에서 일하는 내가 제기하고 싶은 단어는 안보, 즉 '안전보장'이다. 어느 시사잡지 만화에 이런 이야기가 실린 것을 본 적이 있다.

어떤 황당한 보디가드(주한미군)를 풍자한 만화였는데, 윗집에 사는 사람이 못내 의심스러워 경호원을 고용했더니 그 보디가드는 집안 귀중품을 밖으로 빼돌리고 주인집 안방을 차지한다. 그것도 모자라 고용주를 우습게 보고 폭력까지 행사한다. 심심하면 완력을 앞세워 고분고분 말 듣지 않으면 "가만두지 않겠다, 가진 돈 다 내놓으라"며 무기를 들이대고 협박을 일삼는다. 도대체 말이 되지 않는 오만방자한 보디가드를 계속 고용할 필요가 있느냐고 되묻는 그런 만화였다.

역사 교과서조차도, 반백년이 넘는 외국 군대의 주둔 근거를 명확하게 제시한 적은 없지만, 대체로 많은 사람들은 북한군의 남침을 막아주어 한반도 전쟁을 억제한다는 논리에 익숙해 있다. 더불어 '안보'라는 말은 세상의 그 무엇과도 바꿀 수 없는 가장 일차적 가치의 언어로 화석처럼 굳어져 있다. 이것에 의문이나 이견을 제기하면 사회적으로 '왕따'가 되기 십상이다. 안보의 주체는 누구인지, 무엇을 위한 안보인지, 안보의 알맹이는 과연 무엇인지 생각할 틈도 없이 우리는 '안보 이데올로기'에 짓눌려 살아왔다. 아니 '짓눌림'이라는 표현도 적절하지 않다. 그것은 이미 오래 전에 공기 속에서 숨을 쉬는 것처럼 자연스런 일이 되어버렸다.

정부통계에 따르면, 1967년부터 98년 7월까지 발생한 미군범죄는 4만 9774건이다. 경찰에 접수되지 못한 범죄까지 감안한다면 범죄건수는 더 많을 것이라는 것은 쉽게 짐작할 수 있다. 이 통계를 근거로 1945년 9월 8일 미군주둔 이후 현재까지 발생한 미군범죄는 약 10만 건으로 추정된다. 10만 건의 범죄가 있었다는 것은 10만 명 이상의 미군 범죄자와 한국인 피해자가 있었다는 말이다. 그들은 모두 어디로 갔는가? 가해자 처벌, 피해자 배상이라는 상식이 그들에게도 통했는가? 우리를 지켜주러 왔다는 외국 군대가 행사하는 폭력에 대하여 정부는 어떻게 대응했는가? 무엇을 기록했는가?

불행하게도 총살과 강간, 살인 등 강력범죄가 집중되었던 1945년 9월 8일부터 67년 '한미주둔군지위협정'이 발효되기 전까지의 범죄자료는 정부 차원의 기록조차 남아 있지 않다. 일본의 경우, 1945년 8월 30일 미군이 점령하여 그후 3개월 동안 일본 전국에서 강간당한 여성을 최소한 3700명으로 추정한다고 한다. 우리나라도 이와 크게 다르지 않을 것이라고 생각해 볼 뿐이다.

미군이 저지른 범죄에 대해 미국의 공식적인 사과가 한 번도 없었다는 것과 1998년 상반기 한국 정부의 미군범죄 재판권 행사율이 2.2%라는 사실은 미군범죄를 해석하는 한미 양국의 입장을 드러내는 일례이기도 하다. 정부는 늘 '안보'를 제1순위로 떠받들어 왔지만 정작 10만 명이 넘는 미군폭력 피해자들의 고통은 외면하였고 아무런 대책도 마련하지 않았다. 희생자를 돌보지 않는 무대책은 사람의 생명보다 국가안보가 우선이라는 해괴한 논리를 학습시켰고, 폭력의 은폐와 미군범죄 희생자를 타자화하는 것이 당연시되는 결과를 낳았다. 이러한 기제 안에 개인의 눈물은 갇혀버리고 전혀 공론화되지 못했다.

빨래터에서 미군에게 강간당한 후 총살당한 여성(1957 경기도 파주), 딸과 어머니가 한자리에서 강간당한 사건(1969 충남 서천), 미군이 조종하는 군견에 온몸을 물어뜯기고 폭행까지 당한 심씨(1962 경기도 평택), 미공군 폭격기의 오폭탄에 맞아 즉사한 만삭의 여인(1969 경기도 화성), 임신한 상태에서 미군들에게 윤간당한 후 끝내 의문의 죽음을 당한 이씨(1986 충북 제천), 미군에게 목이 잘려 숨진 이씨(1996 경기도 동두천)….

이루 헤아릴 수 없이 많은 이들이 국가안보만이 살길이라는 폭력적인 허구 속에서 '반미'는커녕 객관적 범죄사실마저 밝혀내지 못하고 흔적 없이 스러져 갔다. 범죄는 순간적으로 일어났지만 그 모멸적인 기억을 피해자와 유족들은 평생을 안고 살아왔다.

사회안보, 인간안보, 문화안보는 간데없고 국가가 독점한 군사안보만이 안보의 모든 것인 양 우리를 지배하고 있다. 미군 살인사건을 두고 IMF 이전에는 국가안보—남·북 대치상황에서 미군의 사소한 잘못은 덮어주어야 한다—운운하며 피해자의 목소리를 억누르고 IMF 이후에는 경제안보—돈을 꾸려면 미국에게 잘 보여야 한다—를 들먹이는 것이 우리의 현실이다. 그렇다면 사람의 안전이 온전히 보장되는 시기는 언제인가? 군대는 과연 우리를 지켜줄 수 있는가?

"양(量)은 본질적으로 기본 단위인 '하나'의 문제이다. 그런데 이 기본 단위인 '하나'가 담고 있는 질(質)의 문제를 제쳐놓기 때문에 '정신대' 여성 한 사람이 짊어졌어야 했던 민족의 운명, 가깝게는 '남한 모델'이 성립 되기까지 노동자 개개인이 치러야 했던 희생도 쉽게 잊을 수 있는 것이 다"는 송두율 선생의 지적은 우리에게 소중하다. 분단과 독재로 얼룩졌던 우리의 과거는 '이것 아니면 저것'이라는 식의 천박한 힘의 논리가 지배 했던 시간이었다. 획일주의는 '전체'를 강조하지만 '전체'를 구성하는 '개 인'의 요구를 쉽게 묵살한다. 개인이 고통 속에 있는데 국가는 건강할 수 있는가? 총과 칼로 무장한 외국 군대에 의존해 온 군사안보(military security)는 사람이 행복하고 편안하게 살 수 있는 인간안보(human security)로 전환되어야 한다. 잃어버린 '안전보장'은 복원되어야 한다.

미군범죄를 얘기할 때 빠뜨릴 수 없는 것이 또한 성(gender)의 관점이 다. 국가는 폭력을 당한 개인의 경험을 안보논리를 이용하여 철저하게 무 시해 왔는데 이 과정에서 가장 큰 희생양은 바로 여성이었다.

"사실 기지촌에 있는 여자들 말야, 그 여자들은 이미 그런 것 각오하고 거기 까지 간 것 아닌가? 범죄가 한두 건도 아니고 말야." –기지촌 매춘여성 살해사건 직후 경찰의 말

"우리도 초등학생이 미군한테 성폭행당했으면 오키나와처럼 시끄러웠을 거 예요. 그런데 매춘여성이 당하는 범죄가 많은 거잖아요. 그러니까 언론이 떠들 지 않는 거지요." –모 국회의원

"경찰에 신고하긴 했어요. 그렇지만 사건이 제대로 처리될지 모르겠어요. 못 믿겠어요. 저한테 뭐라는지 아세요? 저를 위아래로 훑어보면서 원래 처녀였냐 고 묻는 거예요. 그러더니 미군하고 왜 어울려다녔느냐, 거짓말하면 부녀보호 소에 보내겠다 협박까지 했어요. 온몸에 피멍이 들고 고막까지 터졌는데 제가 얼마나 맞았는지 들으려고 하지도 않았어요." –미군에게 폭행당한 피해자 증언

미군범죄에 관한 언설을 접하면서 가장 크게 부딪히는 벽이 '매춘여성, 소위 순결하지 않은 여성'에 대한 편견이다. 이중적 성윤리가 여성에게 '정조'를 요구하는 사회에서 성폭력 피해자는 평생 멍에를 짊어지게 되는데, 그 상처만큼 질긴 것이 '순결'하지 않은 여성에게 가해지는 뿌리깊은 차별이다. 앞의 인용에서처럼, 결국 그런 길로 접어든 여자들이 문제다, 자발적으로 매춘집단에 들어간 여성과 압도적 폭력의 '순수한' 희생자인 초등학생의 인권의 '값'은 당연히 다른 것 아닌가, 원래 처녀가 아니었다면 미군 폭력 따위가 뭘 그리 중요하냐 좋다고 어울리는 여자들이 더 문제이지 하는 식이다.

어두운 밤길을 혼자 다닌 여자, 짧은 치마와 짙은 화장을 한 여자, 기지촌에 제 발로 걸어 들어간 여자는 맞을 짓을 자초한 여자들이므로 보호받을 대상이 아니다라는 논리에 우리는 무뎌져 있다. 미군과 어울렸다는 것, 소위 처녀가 아니었다는 것은 언제나 피해자의 결정적 '결점'이 된다. 과연 이들은 우리 사회구성원이 맞는가? '양공주, 양색시'라 불리는 이들은 어떤 대접을 받고 있는가?

그들의 지위를 생각할 때 떠오르는 여성운동가의 말이 있다. "사실 여성들은 동물보다 못한 대접을 받고 있다. 다만 그렇게 못 느끼거나 애써 회피하고 있을 뿐이다. 포르노의 예를 들어보자. 아마 동물을 가지고 그런 이상한 포즈를 취하게 하고 몸을 뒤틀고 했다면 동물애호가협회에서 연일 시위를 벌이고 야단이었을 것이다. 그와 똑같은 행위가 여성에게 가해지고 있는데 이에 반대하는 목소리는 어떤가?"

미군범죄를 '기지촌에 제 발로 들어간 여자들의 문제'로 단순화하는 것은 폭력의 본질을 흐리게 할 뿐 아니라, 폭력의 작동에 어떠한 일상적 기제가 관련되면서 또 다른 폭력을 양산해 내는지 볼 수 없게 만든다. 요즘 매매춘 밀집지역에서는 필리핀·러시아 여성들을 어렵지 않게 만날 수 있다. 아무도 '순결하지도 않은 외국인 여성'을 보호해야 할 필요를 느끼지 못한다. 이는 자기들이 지켜주어야만 하는 순결한 여성과 그렇지 않은 여성들을 차별했던 바로 그 지점과 맞닿아 있다. 이중적 성윤리를 내세우는 가부장제의 시선은 힘없는 외국인 여성들을 타자화하는 차별의 잣대로 재등장하고 있다.

베트남전쟁을 그린 한 영화에서 귀대를 앞둔 미군병사들이 매춘하지 않는 여성을 돈주고 사려고 하는 장면을 본 적이 있다. 미국에 부인이 있기 때문에 성병에 걸린 확률이 높은 매춘여성을 살 수는 없고, 그렇지만 지긋지긋한 전쟁을 벗어나면서 고향에 가기 전에 '추억거리' 하나 정도는 만들어야 하기 때문에 '깨끗한' 베트남 여성을 사야 한다고 미군은 강변한다. 자기들의 누이나 어머니, 정숙한 부인을 그들은 '하룻밤의 추억거리'로 사려고 들지는 못할 것이다. 그러나 성차별주의나 인종주의 폭력은 이미 타자화된 약소국 베트남에서는 쉽게 자행되었다.

국내외를 넘나들며 외국인 노동자들을 학대하고 베트남과 우루과이 등지에서 현지 여성들을 쉽게 사고 여성의 임신과 함께 배신하는 한국 남성의 모습은 베트남전쟁 당시 미군들의 행위와 크게 다르지 않다. 제2차 세계대전이 끝난 후 일본을 점령한 미군들은 그들이 돈으로 사는 여성을 '노란색 변기(yellow stool)'라 불렀고 한국에서는 '색시'라는 말을 먼저 배운 것도 같은 맥락이다.

성차별주의와 인종주의의 폭력은 군사적 폭력과 별개의 것이 아니다. 그것은 서로 깊이 공생하고 있다. 따라서 미군범죄를 '순결하지 못한 여성집단의 문제 혹은 미군만 철수하면 사라질 문제'로 치부하는 것은 이와 같은 폭력의 사슬을 은폐할 뿐 아니라 우리 안에 존재하는 폭력을 객관적인 눈으로 볼 수 없게 만든다.

미군범죄 피해자들의 상처와 만나면서, 미군기지 환경오염 실태를 접하면서 우리 삶의 평화가 '국가안보'라는 허울 아래 얼마나 처참하게 깨어져 왔는지 수없이 확인할 수 있었다. 정형화된 사고의 틀은 성찰하고 비판하는 언설의 통로를 막아서고 있으며 약자를 끊임없이 타자화하는 사회적 습관은 구조적 폭력을 양산하는 기제가 되고 있다.

분단의 고통을 모두 헤아릴 수는 없겠지만, 미국에 경도된 반쪽짜리 사고와 거대한 권력에 굴종하는 과정에서 빚어지는 폭력의 학습은 우리 삶의 평화를 가로막는 가장 커다란 걸림돌이다. 누군가를 타자화하며 억압하는 문화가 존재하는 한, 참다운 해방과 평화는 정착할 수 없음을 우리는 겸허하게 인정해야 한다.

이혼 후 새로 만드는 우리 집

심금숙

1994년 여름은 지금 돌이켜보아도 상당히 참혹했던 시절이다. 그때 기억 나는 것으로는 소설가 박완서 선생의 아들이 교통사고를 당하여 유명을 달리했고 어느 글에서 소설가는 하늘이 부끄럽다고 했다. 나는 그 글을 읽으면서 그분의 말이 바로 내 심정을 대변하는 것이라고 느꼈다. 길거리 에서 모르는 사람들 틈에 끼여서도 공연히 몸둘 바를 모르고 가슴이 아프 고 평생 이런 느낌에 짓눌려 살게 되면 어찌하나 하는 생각도 했다. 이혼 전에 읽었던 그 많은 심리학 서적들도 실제적인 면에서는 별로 도움이 되 지 못했던 셈이다. 머릿속의 정리와 실제 생활에서 부딪히는 갈등의 처리 는 상당히 다르다는 것을 아프도록 느꼈다.

나는 지방대학을 나온 후 서울에서 대학원을 다녀 몇몇 친한 친구들말 고는 서울에 아는 사람들이 별로 없었다. 그나마 위로가 되었다면 곁에 살고 있던 동생들이었다. 당시 아이들이 아직 어려 내가 키우기로 했기 때문에 아이들에게 부모의 상황을 설명하고 이해시키고 또 아이들이 학 교생활을 해가면서 부딪힐 문제를 풀어가야 할 일들이 나를 가장 괴롭혔다. 하지만 그때만 해도 큰아이가 아직 유치원을 다니고 있었던 터라 내가 느끼는 불안은 그저 상상 속의 불안에 불과했다.

큰아이가 취학통지서를 받은 뒤부터는 상황이 달라졌다. 서류마다 부모에 대한 기록을 해야 했고 행복한 핵가족을 하나의 모델로 삼고 있는 교과서 때문에 아이는 늘 상처 입는 눈치였다. 나는 처음으로 한 개인의 사회화 과정이 어떻게 진행되는지를 눈여겨보았고, 뭔가를 잃어버린 사람들이 느껴야 하는 보이지 않는 차별에 주목하였다. '부모가 이혼한 집의 아이들은 이럴 것이다'는 고정관념을 내가 먼저 깰 수 없다면 상대방은 전혀 달라지지 않을 것이고 그 사이에 내 아이들은 끝없는 결핍과 열등감에 사로잡혀서 제대로 성장할 수 없을 것이라는 생각이 들었다. 사회에서 말하는 결손가정이라는 꼬리표를 내 아이들이 내면화해서 앞날이 불안정하거나 정신적으로 유약할 때 부모의 이혼을 핑계삼을 수도 있다고 생각하니, 찬물을 뒤집어쓴 것처럼 정신이 확 깨는 듯했다.

그때부터였을 것이다. 내 안에 침잠하여 고민만 할 수는 없다는 각오를 다지고는 나는 내 속의 문제를 털어놓고 이야기할 수 있는 대상을 찾아나섰다. 처음에는 말하는 것조차 어렵고 상대가 나를 어떻게 이해할 수 있겠는가 해서 끊임없이 주저하였다. 그러다가 결혼의 실패와 인생의 실패는 같은 것이 아님을 스스로의 삶으로 증명하는 사람들을 보게 되었고 나는 서서히 바뀌어갔다.

이 과정이 쉽고 누구나 가능하다고 단정할 수는 없다. 우선 나는 결혼생활을 했을 때도 생계를 혼자 힘으로 꾸렸으므로 당장 먹고 살 것을 걱정하지 않아도 된 것이 다행이었다. 그래서 여성의 경제력에 대해 많이 생각하게 되었고 더구나 딸을 키우는 내게는 이 문제가 상당히 현실적으로 다가올 수 있었다. 그 다음 문제는 가까운 사람들이 내게 보내는 연민의 감정을 제대로 소화하지 못하는 정서적인 면이다. 실제로 나는 진심으

로 나를 걱정해 주는 사람들에게 부끄러움이나 분노로 반응했다. 그래서
한동안 정신과의사를 찾아가 볼까도 생각했지만 그보다는 정신분석학에
관한 좋은 책을 찾아 읽으면서 스스로 치료하는 것이 낫겠다고 마음을 바
꾸었다. 여러 종류의 책을 읽으면서 특히 나 자신에 대해 많은 생각을 하
게 되었다. 마지막으로, '아이들의 정서적인 문제를 내가 어떤 식으로 반
응하며 함께 살아갈 것인가' 하는 가장 어렵고도 중요한 문제가 있다. 사
실 이 문제는 아이들이 장성할 때까지 늘 마음속에 부담으로 남아 있을
것이다.

이혼을 결정하기까지 나에게 가장 고통스러웠던 것은, 과연 아이들이
제대로 클 수 있을까, 혹여 아이들이 자라서 부모를 원망하면 어쩌나, 아
이들이 연애나 결혼에 대해 지레 겁먹고 인간관계에 자신감을 잃으면 어
쩌나, 부모의 이혼이 아이들의 결혼에 결정적인 흠이 될 수도 있지 않을
까 하는 것에 대한 공포였다. 지금 생각하면 웃음이 나오기도 하지만, 그
때는 이런 생각이 들 때면 몸에 통증을 느낄 정도로 몹시 고통스러웠다.
내가 건강하게 살면서 아이들을 다 클 때까지 키울 수 있을까 하는 걱정
도 나를 고통스럽게 한 것 중 하나였다.

하지만 이런저런 마음속의 갈등을 어떤 식으로든 삶에서 해결해야 하
는 시점이 왔고, 그후 나는 경제적인 보상보다는 아이들이 엄마의 일을
구체적으로 이해할 수 있고 또 아이들과 함께 시간을 보낼 수 있는 일로
전업하기로 했다. 일산으로 이사하고 사설 어린이도서관을 꾸렸다. 그러
나 별로 사교적이지 못한 성격 탓에 처음에는 이 공간을 어떻게 꾸려나가
야 할지 막막하기만 했다.

한 일년쯤 지나자 좋은 책이 많다는 소문이 나고 가끔 매스컴을 타기도
한 덕분에 공신력이 생겼다. 나는 사람들과의 관계를 단순히 책을 빌리고
빌려주는 관계 이상으로 발전시키고 싶었다. 그래서 어머니교실을 꾸렸

다. 전공을 살려 영어로 읽는 세계사, 에세이, 내가 개인적으로 관심을 갖고 있는 한국사 등을 개설하여 관심 있는 사람들과 함께 수업을 하기 시작했다.

이렇게 해서 사람들과 친밀해지자 개중에는 나의 사생활을 염려하며, 이렇게 바쁜데 남편이 뭐라고 하지 않느냐고 묻는 사람도 있었다. 이런 질문을 받으면 순간 당황하지만, 나는 난처한 순간을 모면하려고 거짓말을 하게 되면 그것이 또 다른 거짓을 낳는다는 생각이 들어 나의 상황을 솔직하게 털어놓는다. 물론 사람들의 반응은 가지가지였지만, 대개가 '전혀 몰랐다' '그런 환경에서 사는 아이들이라고는 상상도 못했다'는 식이다. 이것은 뒤집어 말하면 이혼한 집 아이들은 어딘지 모르게 표가 난다는 뜻인지라, 그런 말을 들으면 기분이 좋을 순 없지만 앞으로 수없이 부딪힐 문제의 시작이라고 편하게 생각하곤 했다. 사람이 자신이 모르는 일에 대해 어찌 편견이 없을까 싶고 또 내가 상처받지 않고 살면 된다고 마음먹으니까 오히려 그 동안 나를 괴롭혔던 실체도 없는 걱정에서 해방이 되는 느낌이기도 했다.

그러나 사람들의 궁금증은 여기서 끝나지 않는다. 오히려 더 많이 묻는다. 외롭지 않느냐, 다시 결혼할 생각은 없느냐, 아이들이 아빠를 그리워하지 않느냐, 이혼을 후회하지는 않느냐, 늙어서 아이들마저 떠나면 외로움을 어찌 견디려고 하느냐….

외로움에 대해서 이야기하자면, 감정이 통하지 않아 힘들었던 이혼 전 1년 동안 '뼈가 시리다'는 말이 무슨 뜻인지 이해했으므로 그때보다는 훨씬 덜 외롭고 재혼할 의사 또한 없다. 그리고 늙어서 겪는 외로움은 인간이면 누구나 피할 수 없는 것 아닌가. 또 아이들이 아버지와 만나는 것은 언제라도 환영하는 바이다. 그래서 나는 "아이들이 우리 가정과는 다른 형태의 가정도 많다는 것을 이해할 수 있게 그들의 일상 속에 즐거운 일이 있으면 함께 참여할 수 있도록 배려해 달라"고 담담하게 말한다.

내가 타인의 시선에서 내 삶을 보려는 어리석음에서 벗어나고 보니 이렇게 말하는 것이 그다지 어렵지 않다. 이제는 놀라고 수선스럽던 반응들이 가라앉고 자연스럽게 이야기할 수 있는 사람들이 늘어났다. 이혼을 그렇게 자연스럽게 대처하는 사람은 처음 보았다는 이도 있었다. 물론 이런 상태까지 오는 것이 쉬웠다고 말하면 거짓말이다. 수없이 많은 자문자답을 거쳐 내가 어떤 인생을 살고 싶은지, 나의 태도가 아이들에게 어떤 영향을 미칠지에 대해 고민했고, 나 자신에 대한 성찰을 통해 소극적인 나를 바꾸려는 피나는 노력을 했다.

이제 나는 상당히 자유롭게 살 수 있게 되었다. 사회가 규정하는 선을 넘어선 사람도, 그것을 선이라고 그래서 나는 그 선 안으로 들어갈 수 없는 실패자라고 자포자기하지 않는 한 그런 선이 갖는 허구성을 인식할 수 있게 된다. 그렇게 되면 사회의 편견 때문에 내 삶은 행복해질 수 없을 것이라는 고정관념에서 해방될 수 있다.

나는 그렇다고 해도, 아이들은 그럴 수 있을까? 자주 듣는 질문이다. 두 아이가 새 학년이 시작되면 가져오는 환경조사서에 나는 아이들의 상황을 간단히 언급하고 여느 아이들처럼 대해 달라고 부탁한다. 그리고 일기장에 자주 편지를 쓴다. 얼마간 시간이 흐르면 담임선생께서는 아이가 그런 상황임에도 불구하고 아주 잘 자라고 있다는 말을 하신다. 그러면 선생님도 '이혼한 부모를 가진 아이들은 잘못 자랄 것이라는 가정을 하면서 아이들을 바라보는가' 하는 생각에 섭섭하기도 하지만, 이 정도로 족하다고 자위한다.

아이들은 가끔 친구들이 아빠 이야기할 때 부럽다는 말을 한다. 그리고 친구들이 우리 엄마 아빠가 이혼했다는 것을 알고 혹시 친구 안 하겠다면 어쩌나 하는 불안감도 내비친다. 그럴 때면 나는 그런 것을 문제삼아서 친구 못하겠다는 아이는 좋은 친구가 아니니 걱정할 필요가 없다고, 만약 담임선생님이 그런 일로 너를 차별하시면 그런 선생님은 좋은 스승이 아니라고 말해 준다. 이것이 되풀이되자 마침내 아이들도 학교에서 느끼는 주눅드는 감정에서 많이 벗어나 이제는 자기들의 잘못으로 부모가 헤어진 것이 아니라고, 자신들은 엄마, 아빠를 다 사랑한다고 솔직히 이야기한다. 앞으로 많은 일들이 생기겠지만, 청소년기를 지나면서 아이들이 겪는 정체성의 혼란은 누구에게나 오는 것이고 유독 내 아이들만 그 시기를 피해 가야 하는 것도 아니라고 생각한다.

사실 우리 아이들을 가장 괴롭힌 문제는 왜 아빠가 자기들을 찾지 않는가 하는 것이었다. 나는 고심하다가 "실제로 불행한 사람은 너희들이 아니라 아빠이다. 왜냐하면 너희들의 성장하는 모습을 지켜보는 즐거움을 못 누리니까" 하고 말해 주었다. 아이들이 내가 한 말을 이해했는지는 몰라도 나는 실제로 그렇게 생각한다. 그리고 만약 내가 아이들을 키우지 않았더라면 나를 바로 세우려는 노력을 그토록 간절하고 다급한 심정으로 할 수 있었을까 싶다. 아이들이 없었더라면, 내가 아이들과 함께 살 수 있는 공간을 마련하려는 노력도, 지금 내가 만들어가는 도서관이라는 공간도 없었을 것이다. 또 내 아이들이 살아갈 사회에 대해서 무엇인가 달라져야 한다는 절박감도 없었을 것이니, 나는 옛날 모습 그대로 내 속으로 도피하여 책 속에 코를 박고 살고 있었을 것이다.

초등학교 교과서를 보면서 생각한다. 사회는 변하여 여러 가지 형태의 가족이 존재하는데, 교과서는 왜 그런 변화에 둔감한가. 다른 환경의 친구들을 이해할 수 있는 아이들로 키워야 하는 것 아닌가. 한 친구의 말이 생각난다. 그 친구는 중년이 되어 남편이 바깥일로 많이 바쁘고 옛날처럼 감정의 교류도 잘되지 않자, 예전에는 여성운동 같은 것을 하는 사람들을 경멸했으나 이제는 그러한 사람들이 노력해 바꾸어놓은 가족법이 너무도 소중하게 느껴진다고 했다. 내가 호주가 되어 호적을 바꾸고 나서, 내가 키우는데도 내 아이들이 나의 동거인으로 기록된 서류를 보니 호주제의 허구에 대해 다시 한 번 생각하게 된다. 키우는 엄마가 동거인에 불과한 상황은 바뀌어야 한다고. 결국 사회적인 문제가 바로 자기의 문제라는 인식이 있어야 우리는 제대로 사회 속의 나를 자각하고 사회가 바뀌는 일에 일조하게 되는 것이 아닐까?

지난 5년의 삶은 나의 생애중 가장 치열하고 열심히 산 세월이었다. 어느 날 이동원의 노래를 듣다가 정호승의 시를 만났다. "길이 끝나는 곳에서 길을 만드는 사람이 있다"고. 나는 몸이 떨리는 기분이었다. 그렇다, 내가 만드는 길이 비록 어설프더라도 나는 이제 길을 만드는 것이고 내 아이들과 내가 만드는 집에서는 많은 시행착오를 거치더라도 그 길을 남의 눈을 의식하거나 흉내내지 말고 만들어야겠다. 그리고 시기마다 유연하게 나를 바꿀 수 있는 힘을 길러야겠다.

5월만 되면 신문과 방송에서는 결손가정 아이들이 주로 비행 청소년이 된다는 기사를 내보내고 행복한 가정에 대해 이야기하지만, 가정이란 그냥 한번 만들어지면 그대로 있는 무생물이 아니다. 늘 새로운 문제에 직면하고 그것을 해결하는 과정에서 변하고 자라는 생명체가 아닌가. 오히려 긍정적인 모델을 제시하는 것이 언론이 할 역할 아닌가. 내 속에서 반발하는 나를 느낀다.

앞으로도 수없이 낯선 사람들을 만나면서 나는 긴장하게 될 것이고 나를 설명하는 일에 어려움을 겪을 수도 있겠지만, 자신에 대해서 긍정적인 화해를 하고 난 지금 그다지 고통을 느끼지는 않는다. 수많은 편견도 그것을 예민하게 느끼고 고통스러워할 때 독이 되는 것이지, 그것에 대해 상처받지 않을 수 있는 힘이 생기고 나면 이미 독이 될 수 없는 것이다.

이혼을 통해서 나는 사회의 아웃사이더가 된다는 것의 실체를 너무나 생생하게 경험했다. 그러나 아웃사이더의 경험은 인생에 대해 깊은 성찰을 가능하게 했고 인생에서는 잃는 것이 있으면 반드시 그것을 통해 얻는 것도 있다는 말이 진리라는 것도 알게 되었다. 또 한 가지, 내 쪽에서 진심으로 마음을 열면 상대방도 마음을 연다는 것을 알았다. 말처럼 쉽지 않지만 늘 쉬운 일만 있다면 사는 것이 얼마나 맹숭맹숭하겠는가.

"포기하면 그냥 죽겠다는 건가요?"

기지촌 여성들의 이야기

김현선 | 새움터 대표

"선생님, 연순언니(가명)가 죽었대요." 1999년 9월 7일 한국여성단체연합 정기이사회가 있던 날 회의장에 도착했더니 새움터에서 급한 연락이 왔다고 하기에 불안한 마음으로 전화를 하여 전해 들은 소식이었다. 나는 한동안 아무 말도 할 수가 없었다.

연순언니가 죽다니…. 실무자들과 여성회원들이 연순언니 집 앞에 몰려가서 언니의 시신을 지키고 있다고 했다. 나는 정신을 가다듬고 실무담당자에게, 여성회원들에게 모두 연락하여, 나와서 시신을 지키도록 할 것과 형사들의 행동을 세세하게 기록해 놓을 것, 검사가 오면 우리가 함께 현장검증을 들어가겠다고 요구할 것 등을 일러주었다. '기지촌 여성이 또 죽었고 우리는 또 막지 못했다'는 생각에 기가 막히고 눈물이 쏟아졌다. 눈물범벅이 되어서 동두천으로 향하는데, 그 길이 그렇게 멀 수가 없었다.

새움터에 가면 여전히 연순언니가 환하게 웃으면서 "밥은 먹고 다니냐" 하고 물을 것만 같았다. 연순언니는 요즘 무척 밝아지고 행복해했다. 아픈 데도 없고 즐겁게 생활하던 언니가 죽다니. 자연사가 아닌 것이 분명했다. 자살일 리도 없었다.

연순언니는 지난 2년 반 동안 '써전 코러'라고 불리는 미군과 동거했다. 그 사람이 의심스러웠고, 만약 미군이 관련되어 있다면 한국경찰과 미군 수사대가 사건을 은폐하려고 할 것이라는 생각이 들었다. 무슨 일이 있어도, 싸워서라도 현장검증에 들어가 우리 눈으로 봐야 한다고 다짐했다.

연순언니를 처음 만난 것은 1997년 6월이었다. '주한미군범죄근절을 위한 운동본부'로부터 동두천의 한 기지촌 여성이 미군에게 심하게 폭행을 당해 병원에 입원해 있는데 상담이 필요하다는 연락이 왔다. 전화를 받자마자 병원에 갔더니, 폭행을 당한 지 만 하루 만에 발견되었다는 언니는 얼굴에 온통 피멍이 들고 눈도 뜨지 못하는 처참한 모습으로 누워 있었다.

그때부터 우리의 만남이 시작되었고, 더 나은 삶을 살기 위한 우리의 눈물겨운 싸움이 시작되었다. 한국 정부와 미군부대를 상대로 1년 반 동안 국가배상 청구소송이 진행되었고, 1999년 2월에야 겨우 배상금을 받을 수 있었다. 그 동안 언니는 방 구할 돈이 없어 폭행을 당했던 바로 그 여관방에서 계속 생활하고 있었는데, 이 배상금으로 언니는 비로소 좀 나은 곳으로 이사를 할 수 있게 되었다. 우리는 무엇보다도 언니가 안전하게 생활할 수 있다는 것이 기뻤다. 함께 방을 구하고 가구를 사고 집을 꾸몄다.

1998년 8월에 새움터는 '기지촌여성 전업을 위한 공동작업장'을 개원했는데, 연순언니는 처음부터 이 작업장에서 일을 했고 지금까지 누구보다도 열심히 성실하게 일했다. 함께 일을 시작했던 한 언니가 힘들어했을 때에는 연순언니는 그녀의 손을 잡고 "우리가 함께 새움터 작업장 셔터를 올렸으니까 힘들어도 이 작업장이 문을 닫을 때까지 함께하면서 그때에도 셔터를 우리 손으로 내려주자"며 용기를 주었다. 그 말을 듣고 힘들어

하던 언니는 새로 다짐을 하는 것 같았다. 그런데 실은 그 말을 옆에서 듣고 있던 실무자들이 언니의 말에 큰 용기를 얻었던 것을 연순언니는 알았을까?

부모가 안 계시는 가정에서 동생들을 키우고 교육시키기 위해 평생을 바쳤다는 언니는 요즘 그 어느 때보다도 행복해했다. 자식이 없었던 언니는 조카들을 생각하면서 강아지를 친자식처럼 아끼며 키웠는데, 가끔 "내 딸(강아지)도 놀이방에서 봐달라"고 농담을 해서 함께 웃곤 했다. 혼자서 여관방에 외롭게 살아온 언니는 새움터 공동체의 생활을 무척 좋아했다. 수해가 나서 사람들이 새움터로 모두 대피해서 살 때도, 언니는 수해를 입지 않았는데도 매일 나와 음식을 하고 수해 입은 집들의 복구작업을 도왔다.

새움터 실무자들이 언니보다 나이가 어렸기 때문에 언니는 우리를 친동생처럼 돌보아주었다. 일에 쫓겨서 허둥대고 있으면 몸 상한다며 걱정해 주고 먹을 것을 챙겨주곤 했다. 언니의 그런 모습은 실무자들과 여성회원들에게 큰 힘이 되었다.

연순언니 집 앞에는 여성회원들이 모여 앉아 언니의 시신이 있는 방문과 형사들을 번갈아 노려보고 있었다. 그 모습이 너무 고맙고 딱해서 울컥 눈물이 나왔다. 이심전심이라고 서로 마주보는 우리들의 눈에는 눈물이 그렁그렁했다. 슬그머니 내 곁에 다가와서 등을 쓸어주는, 나이 많은 언니의 표정은 이렇게 말하고 있었다. '우리 나중에 울자. 지금은 저 인간들에게 얕보이지 말자. 우리 참고 싸우자.'

실무자들은 형사들과 실랑이를 벌이고 있었다. 검사는 현장검증과 부검에 우리가 참석하는 것을 허락했지만 형사들은 미군수사대가 오면 함께 들어가라며 막아섰다. 한국의 검사가 허락을 했는데 왜 미군수사대가 올 때까지 기다려야 하느냐며 항의했지만, 형사들은 막무가내였다.

미군수사대를 기다리면서 최근 며칠 동안의 언니의 상황을 종합해 보았다. 언니와 마지막으로 전화한 사람은 가장 가깝게 지내던 여성회원이었고(9월 5일 일요일 밤 8시경) 한 실무자가 언니집 문을 두드렸던 것이 9월 6일 아침 9시 반이니까, 일요일 밤부터 월요일 아침 사이에 언니가 돌아가신 것으로 추정되었다. 이런 사실과 동거하던 미군에 대한 정보―우리 모두 그 미군의 이름과 얼굴을 잘 알고 있었고, 연순언니의 휴대폰에 그 미군의 전화번호가 입력되어 있는 것이 확인되었다―를 형사들에게 알려주었다. 이런 일을 여러 번 겪어왔던 여성회원들은 그 미군을 범인으로 추측했으며, 더욱이 매일 퇴근하면 언니집을 찾던 그 미군이 언니의 시신을 먼저 발견했어야 정상인데 며칠 동안 한 번도 오지 않았다는 사실에 우리는 더욱 확신을 갖게 되었다.

그러나 형사들은 연순언니와 가장 가깝게 지내왔던 우리의 진술을 계속 무시했을 뿐만 아니라, 증거도 없이 함부로 얘기하다가 나중에 어떻게 책임질 거냐는 식으로 협박까지 했다. 사건을 조사해야 하는 형사들이 중요한 진술들을 무시하고 협박까지 하는 상황을 어떻게 받아들여야 할까? 위험을 무릅쓰고 두 명의 여성이 미군의 얼굴을 확인해 주겠다면서 한국 경찰을 따라 미군부대까지 따라갔지만, 무슨 이유에서인지 형사는 미군부대 내 사무실에서 컴퓨터 오락만 하며 시간을 때웠고, 여성들은 그냥 우두커니 앉아 있다가 나와야 했다.

마침내 미군수사대가 왔고 나와 강옥경 부대표 그리고 연순언니의 이복언니가 현장검증을 들어가겠다고 나섰다. 그러나 미군수사대는 이를 거부하였고, 한국 경찰은 우리를 막아섰다. 한국 검사가 허락을 했는데 미군수사대가 왜 거부하느냐고 항의를 했지만 한국 경찰은 몸으로 우리를 막았다. 우리가 우르르 몰려가, 도대체 당신네들이 한국 경찰이냐, 미국 경찰이냐며 거세게 항의하자 당황한 경찰과 미군수사대도 마지못해 허락할 수밖에 없었다.

방으로 들어가 보니, 방안은 온통 피범벅이고 엎드린 자세로 발견되었던 언니는 천장을 보는 자세로 돌려져 있었는데 그 모습이 너무나 처참했다. 우리는 억장이 무너지는 것 같은 마음을 간신히 추슬러 부들부들 떨면서 사진을 찍고 방안을 조사했다.

우리가 현장검증을 마치고 나오자 미군수사대가 들어갔다. 그런데 조금 전에 온몸으로 우리를 막고 팔을 비틀기까지 했던 한국 경찰은 무릎을 꿇고 미군수사대 사람에게 비닐신발을 씌워주는 게 아닌가. 긴 시간 동안의 미군수사대 현장검증이 끝나고 언니의 시신은 의정부의료원으로 옮겨졌다.

현장검증을 한 우리가 볼 때 언니가 돌아가신 현장의 상황은 이해되지 않는 점이 한두 가지가 아니었다. 평소 언니의 습관을 잘 알고 있던 우리에게는 이상한 점들이 많이 눈에 띄었다. 우리는 이 내용을 정리하여 통신을 통해 알리고 언론에 보도자료를 보냈다. 자원활동가들을 소집하고 대학에 연락을 하였다. 여름방학에 진행되었던 기지촌 활동을 통해 연순 언니를 잘 알고 있던 많은 학생들이 달려와 주었다.

의문점들을 정리해 보면 다음과 같다.

우선, 경찰은 현장조사를 통해 언니가 술에 취해 침대에서 떨어져 숨졌다고 '사고사'로 추정하였다. 그러나 침대의 높이가 50~70cm로 낮고, 발견 당시 팔과 다리를 부자연스럽게 구부리고 엎어져 있었던 점, 입과 코가 바닥에 붙어 있었던 점 등은 침대에서 떨어져 죽은 것이 아님을 말해주고 있다.

또 경찰은 언니가 평소에 술을 많이 마셨다는 점을 들어 '사고사'나 '질식사'로 추정하고 타살의 가능성을 배제한 채 수사에 임하고 있었다. 그러나 언니는 사망하기 바로 몇 개월 전에 새움터 실무자와 함께 국립의료원

에서 건강검진을 받았으나 아무런 질병도 확인되지 않았으며, 부검을 집
도한 국립수사연구소 법의학부장은 죽음에 이를 수 있는 심각한 질병의
흔적을 발견하지 못했다는 소견을 밝혔다.

셋째로, 언니가 사망하기 며칠 전인 9월 3일 저녁 기지촌 거리에서 미
군들로부터 심한 폭행을 당하였으나 이 당시에 입었을 것으로 추정되는
상처도 나타나지 않을 정도로 부패가 심했기 때문에, 사건 당일 폭행을
당했다고 하더라도 그 흔적은 발견하기 어려운 상태였다.

넷째로, 평소 언니는 현관문만 잠그고 방문을 잠그는 일이 없는데도 불
구하고 시신이 발견될 당시에는 방문과 현관문, 유리창문 등이 모두 잠겨
있었다. 언니집 현관문과 방문의 열쇠를 갖고 있는 사람은 언니와 동거중
이던 미군 중사뿐이었다.

그리고 의정부경찰서에서는 미군 용의자가 언니의 사망 추정시각인 일
요일 밤부터 월요일 새벽 사이에 모 클럽(사건현장에서 100미터밖에 안
되는 제일 가까운 클럽 중 하나이다)에서 술을 마시고 있었다며 알리바이
가 성립한다고 주장하기에 그 클럽이 새벽 2시까지만 영업한다는 사실을
들어 정확한 사실을 추궁하였다. 그러자 의정부경찰서는 말을 번복하여
그곳에서는 12시 30분까지 있었고 그후 클럽 두세 곳에서 술을 더 마셨다
고 하지만 용의자와 목격자의 증언이 일치하지 않는 부분이 있어서 계속
수사를 진행하고 있다고 했다. 이에 우리가 항의하면서 더욱 집요하게 질
문을 하자, 한국 경찰은 미군을 수사하는 데 한계가 있다면서 미군수사대
에서 수사결과에 대한 공문을 보내주어야 우리에게 답변해 줄 수 있다는
말만 되풀이했다.

최근 미군수사대에서 보내왔다는 공문내용을 형사가 알려준 바에 따르
면, 그 미군이 두 시간 정도의 알리바이가 증명되지 않는 것이 확인되었
다. 그런데 도저히 이해할 수 없는 것은 한국 경찰은 이 사실을 전하면서

도 그 미군은 절대 범인이 아니라고 계속 강조하는 것이었다.

뿐만 아니라 언니는 술을 마시면 소주만, 그것도 한 병을 넘지 못했는데 사건현장에는 밀러맥주 세 병이 놓여 있었다. 이것은 당시 누군가와 함께 있었다는 증거이다. 또 평소 집에 혼자 있을 때는 상의를 입지 않던 언니가 발견 당시 상의를 입고 있었다는 점 역시 누군가와 함께 있었으리라는 증거가 될 수 있다. 게다가 사건 당시 언니는 새움터 직업재활센터에서 받은 8월분 월급 50만 원에서 인출한 20여만 원과 수해보상금 60여만 원, 동거하던 미군이 9월 3일경 주었다는 생활비 250달러, 생활보호대상자 지원금 15만 원 등 많은 액수를 지니고 있었던 것으로 추정된다. 그러나 지금까지 이 돈의 행방을 찾지 못하고 있다. 사건현장에서는 미화 20달러와 만원짜리 지폐 몇 장만 발견되었고 통장에는 나머지 월급 30만 원가량만 남아 있었다. 이와 같은 정황이 있는데도 타살 가능성을 한사코 배제하는 경찰의 태도를 도저히 이해할 수가 없다.

1999년 1월에도 동두천에서는 신차금(40세)씨가 전깃줄로 목이 졸려 살해당한 채 발견되었다. 이때도 피살자의 방 벽에 립스틱으로 'whore'(창녀라는 뜻의 미국 속어)라고 씌어져 있었다는 사실과 몸에서 검출된 정액의 DNA 조사결과 염색체 구조가 외국인에게 많이 나타나는 형태인 점 등을 바탕으로 미군에 의한 살해 가능성을 강력히 주장하였으나 불평등한 한미관계, 미군측의 비협조적인 태도 그리고 한국 경찰의 수사상의 한계, 무관심한 한국 사회 때문에 의혹만을 남긴 채 지금까지 미궁에 빠져 있다.

지금까지 도대체 얼마나 많은 기지촌 여성들이 죽음을 당했는가? 자궁에 콜라병이 박힌 채 죽어간 윤금이씨, 면도칼로 목이 반쯤 잘려 살해당한 이기순씨, 목이 졸리고 불에 태워져서 처참하게 발견되었던 허주연씨… 억울하게 죽어간 기지촌 여성들의 주검 앞에서 우리는 다시는 이런 일이 반복되지 않게 하겠다고 맹세했지만 기지촌의 상황은 전혀 달라지지 않았다.

하지만 우리는 이번에도 연순언니의 죽음 앞에서 굳게 다짐했다. 또 다른 죽음이 없게 하겠다고. 현재 40여 개의 단체와 대학이 모여 이연순씨 사망사건 비상대책위원회를 꾸리고 다음과 같은 활동방향을 결정하였다. 첫째 이연순씨의 사인을 정확히 밝히기 위한 활동, 둘째 그 동안 미해결로 묻혀버렸던 기지촌 여성들의 사망사건을 재조사하게 할 수 있도록 압력을 가하는 활동, 셋째 다시는 기지촌 여성들이 이렇게 처참하게 살해당하는 사건이 반복되지 않도록 기지촌 여성들의 상황을 알리고 사회적 인식과 관련법을 바꾸고 한국과 미국 정부에 압력을 가하는 활동 등을 펼쳐나갈 것이다.

연순언니의 장례식을 마치고 동두천에 돌아온 날, 기지촌 거리를 걸어가는 우리에게 많은 기지촌 여성들이 다가와 자신들의 이야기를 들려주었다. 처음 본 한 여성은 두려움에 떨면서 우리에게 하소연했다. "선생님, 나는 미군을 상대하는 여자예요. 저도 몇 년 전에 죽을 뻔했어요. 돈이 많다고 하면서 방에 들어온 미군이 나한테 이상한 것을 시켰어요. 그래서 싫다고 했더니 갑자기 목을 조르고 저를 때렸어요. 저는 다행히 살았지만 하마터면 죽을 뻔했어요. 제가 사는 방의 뒷골목에서는 윤금이가 죽었고, 옆골목에서는 이기순이 죽었고 올해는 저쪽 골목에서 신 언니가 죽었어요. 너무나 무서워요. 이번에는 꼭 해결해 주세요."

새움터의 여성회원들이 이 사건을 해결하기 위해 앞으로 어떤 일을 해나갈 것인지 의논하는 회의를 열었다. 그 자리에서도 여성회원들은 하나같이 이것이 바로 우리의 문제라고 입을 모았다. "이건 연순언니만의 문제가 아니야. 솔직히 내일은 내가 죽을지도 모르는 거야. 이건 연순언니를 위해 싸우면서 우리 자신을 위해 싸우는 거라고." 이렇게 한 회원은 말했다.

연순언니의 죽음이 너무나 억울해서 그리고 바로 내가 내일 죽을지도 모르는 현실을 바꾸어보려고, 요즘 여러 기지촌 여성들은 언론홍보에 적극적으로 나서고 있다. 한 여성은 인터뷰를 하고 나서 위험을 느끼고 피신해 있기까지 하다. 포주로부터, 상가업주들로부터, 그외 기지촌과 관련되어 있는 세력들로부터 위협을 느끼면서도, 내일은 바로 내가 죽을지도 모르는 상황을 바꾸어보겠다고 나서는 여성들을 보면 너무 서럽고 눈물겨워서 목이 멘다.

언제 맞아죽을지 두려움에 떠는 너무나 외롭고 약한 우리들이 평화롭게 살아갈 수 있는 날은 언제쯤 올까? 우리를 둘러싸고 있는 무서운 폭력 속에서도 우리는 기지촌 한복판에 정말 조그마한 보금자리를 만들어내었다. 폭력을 몰아내고 안전하고 행복한 삶을 가꾸기 위해 서로 손을 맞잡고 노력하면서 우리는 정말 기쁘고 자랑스러웠다. 하지만 그렇게 함께 살았던 언니의 억울한 죽음마저도 우리는 막아내지 못했다. 평화로운 삶을 살아가고자 하는 우리의 바람이 얼마나 어려운 일인지 다시 한 번 느꼈지만, 한 기지촌 언니의 말처럼 "포기하면 그냥 죽겠다는 것이다."

오늘도 혹시 안 보이는 언니가 있는가 둘러보다가 떨리는 마음으로 전화를 한다. "언니 괜찮아요?" 우리는 이렇게 하루를 힘겹게 싸우며 살아내고 있는데, 평화로운 세상은 언제쯤 올 것인가!

화기애애한 분위기용 성희롱이라고요?

유지나 | 동국대 교수, 영화평론가

장면 1. 몇 년 전 이야기 혹은 P씨의 성희롱

대학원생들의 종강모임 자리. 이름만 대면 알 만한, 그래서 정년퇴직 후에도 학교명예를 빛낸 이이기에 당연히 명예교수가 된 P씨는 식사가 끝나고 본격적으로 술을 마시는 2차에 가면 굳이 여학생을 옆자리에 앉히려고 한다. 그리곤 옆에 앉은 여학생에게 술도 따르라고 하고 은근슬쩍 어깨나 팔 등 신체접촉을 시도한다.

혹시 P씨의 잔이 비었는데도 옆에 앉은 여학생이 다른 학생과 이야기를 하고 있으면 곧 농담 같은 투정이 날아온다. 너는 너무 눈치가 없다느니 젊은 남자만 좋아한다느니…. 그러면 그 여학생은 얼굴이 빨개져 마치 큰 실수를 한 듯이 P씨에게 곧 술을 따른다. 한 번 이렇게 농담조의 핀잔을 받으면 별로 사회경험이 없는 그 여학생은 P씨가 술김에 취한 척하며 신체접촉을 하더라도 내놓고 거부의사를 밝히지 못한다. 그걸 보는 다른 학생들도 뭐라고 하지 못한다.

P씨는 원래 그런 식으로 몇십 년 회식자리를 주도해 왔으며 그런 자신

의 매너가 분위기를 띄운다고까지 생각하는 것 같다. 게다가 학교에서 교수란 학생들이 함부로 대들지 못하는 상대라는 인식에다가 "저분이 원래 여자를 밝히는 것은 다 아는 사실이고, 저 정도는 애교로 봐주어야 한다"는 분위기까지 있어서 아무도 내놓고 P씨의 매너를, 요즘 말하는 성희롱으로 고발하거나 문제삼지 않았다.

장면 2. S양이 아는 남자의 모든 것

성교육을 제대로 받아본 적이 없는 S양. 남자란 늑대여서 조심해야 하고 특히 남자가 늑대로 변할 조건이 갖추어진 으슥한 밤길을 조심해야 한다는 것, 남자의 늑대성을 자극하지 않기 위해 너무 파인 옷을 입지 않아야 하며 앉을 때도 다리를 벌리지 말고 앉아야 한다는 것을 머리에 박일 정도로 들어온 것이, S양이 아는 남자의 공격적 성행위의 전부라고 해도 과언이 아니다.

 아니 또 있긴 하다. 이건 좀 남자 늑대론과 모순되는 측면이 있지만 대충 소개하면 이렇다. 남자의 마음에 드는 것, 좋은 남자의 아내가 되는 것이 인생의 성공인 만큼 남자 마음에 들기 위해 애써야 하는 법을 체득하고 실천해야 한다. 남자들은 발랑 까진 여자나 남자를 밝히는 여자보다 조신한 요조숙녀를 아내로 삼는 법. 따라서 웃을 때도 입을 손으로 가리고 웃고, 남자가 쳐다보면 다소곳이 눈을 내리깔아야 한다. 특히 남자를 이기려는 생각보다는 남자를 편하게 해주는 어머니 같은 넓고 깊은, 양보하고 참는 마음자세가 남자를 대하는 데 필요하다.

장면 3. 그런데 답답하고 혼동스럽고 억울해진 S양

(장면 2에서 보듯이) 어느 정도의 내숭을 동반한 조신한 태도를 견지하면서 평소에 주변 남자의 시선을 끌기 위해 은근히 노력해 온 S양이 대학원

에 들어왔다. 그런데 종강파티에서 P교수의 술 따르기 강요와 은근한 신체접촉을 당하며 좀 혼동스러워졌다. 처음에는 아마 자기가 그 교수 보기에 다른 여학생보다 마음에 들어 귀여워서 그러는 줄 알고 얼굴을 붉히며 참았다. 그런데 자꾸 그 노교수가 몸을 붙이며 접근하니까 좀 지저분한 생각도 들면서 자기가 헤퍼 보여서 그런가 싶기도 하면서, 겉으로 고고해 보이는 교수도 술만 조금 들어가면 똑같은 늑대남자가 되는구나 싶어서 한심스럽기도 했다.

　더욱이 대학을 나오고 대학원씩이나 들어온 자신이 논문이나 공부 문제가 아니라 고작 종강파티에서 당한 이런 상황 때문에 곤혹스럽다는 것도 매우 자존심이 상했다. 그런데 주위를 보니 다른 여학생이나 남학생 모두 P교수의 이런 태도에 맞서 자신을 도와줄 기미라곤 없어서 일단 꾹 참고 넘어가기로 했다.

장면 4. 2000년 대학원 종강파티

사회지도층의 성희롱이 연일 신문지상을 화려하게 수놓고 특히 도덕적으로 보이던 시민운동가 교수의 여학생 성희롱 사건이 세간의 화제가 된다. 교수와 여학생 사이의 팔베개는 뭐며 여학생이 미쳤다고 호텔을 잡고 교수를 기다리냐 J교수가 바보처럼 대처했다는 동정론도 있지만, 결과적으로 J교수가 성희롱을 범했다는 심증을 돌려놓기에는 역부족이다.

　그래서인지 2000년 대학원 종강파티에서 여학생 술 따르기를 강요하거나 옆에 앉은 여학생과의 신체접촉 따위를 시도하는 일은 보기 힘들어졌다. 그 대신 어디까지가 성희롱이냐는 문제가 화제가 된다. 여학생들은 상대의 거부의사에도 불구하고 시도한 성적인 언어·행동 등이 기준이라고 말하지만, 남학생들은 그건 너무 여성 중심적이고 포괄적이어서 애매하다고 불평을 한다. 한 젊은 남자 교수가 끼여든다. 이젠 여학생 얼굴도

정면으로 못 보겠다며 엄살을 떤다.

호시절 여학생 성희롱을 재미삼아 했던 노 명예교수 P씨는 이젠 학생들과 술 마실 재미가 없어졌다고, 하 수상해진 세상의 변화를 통탄한다. 이런 자리에서 여학생만 보면 성적인 수치심을 유발하는 농담을 재미삼아 했던 그는 갑자기 조용해진다. 도대체 여성과 화기애애한 이야기를 할 주제가 무엇인지 하나도 찾아낼 수 없는 가련한 P씨는 호시절이 다 갔음을 애통해한다.

장면 5. 2000년 한 회사의 회식자리

부서의 단합을 위해 오랜만에 회식자리가 마련됐다. 남자 부장, 남자 차장, 남자 과장, 여자 과장, 남자 평직원 세 명, 여자 평직원 두 명이 모였다. 자리배치를 하던 남자 과장은 습관대로 부장 옆에 가장 젊은 여직원 자리를 배정하다가, 멈칫한다. 이런 것도 "성희롱이라고 하면 안 되니까, 각자 마음대로 앉아요" 하면서 자리를 수습한다.

이번에도 화제는 성희롱의 잣대이다. 요즘은 여직원 대하기가 겁난다는 남직원들의 불평이 화제의 중심이 된다. 주로 듣고만 있던 여직원 중 S양이 나선다. "그럼 여직원을 성희롱적 태도가 아닌 매너로 대한다는 게 불가능하다는 말인가요?"

그녀의 질문에 갑자기 조용해진다. 잠시의 침묵 후 남자 과장이 대꾸를 한다. "그게 아니라, 여자가 남자를 잡으려고 이용할 수도 있으니 불평등하다는 거지. 회사 분위기가 화기애애하려면 이성간에 성적인 농담도 할 수 있고 그런 거지 뭐…. 요즘 여자들은 너무 거세서 무서워, 이러다간 여직원도 못 뽑을 것 같아." 다시 순간의 침묵.

이번엔 여자 과장 K가 나선다. "그러니까 그 동안 여직원을 대하던 매너를 바꾸시면 돼요. 음흉한 눈길로 여직원을 바라본다든가 여직원 몸매에 대해 이렇다저렇다 평가하는 말도 자제하시고요. 남직원처럼 똑같이 동료로 대하면서 인간적인 교류를 나누면 되잖아요." 여직원들은 박수를 치고 남자 부장과 차장은 놀란 눈으로 그녀를 본다. "아니 K과장은 언제부터 여성운동가가 됐어?" 하며 부장이 받는다. 부장을 비롯한 남자 직원들의 머리는 복잡해진다.

'여직원을 남직원과 같은 동료로 대하라'는 화두가 잘 풀리지 않는다. 한 번도 그래 본 적이 없으니까. 왜냐하면 이들은 호주제가 있는 남성 우월주의 국가에서 씩씩하고 뻔뻔하고 자랑스런 대한의 아저씨로 자라왔으니까.

장면 6. 줄줄이사탕식 성희롱사건 후에 오는 일상의 평화

성희롱은 요즘 갑자기 나타난 것이 아니다. 여자들이 자신의 몸의 주인임을 알게 된 인식의 변화, 성희롱·가정폭력 등 그 동안 사생활로만 치부되었던 일들이 법적 규제와 처벌을 받는 공적 영역으로 들어오면서 떠오른 영역이다. 여자가 칠칠치 못해서, 여자가 먼저 꼬리를 치니까, 여자가 맞을 짓을 했으니까… 등으로 대변되는 그간의 인식은 남성의 자제력과 인간성을 전혀 인정하지 않으면서 남녀관계의 경우 책임을 여자에게만 전가시키는 불편부당함에 근거한다. 그러다가 이제야 여성 인권이 있다는 것을 감지하면서 조금씩 교정되어 가는 중이다.

그래서 요즘 여자들은 자신이 당한 성희롱을 과거 여자들처럼 검열하지 않고 내놓고 말한다. J교수 사건이나 일상화된 성희롱을 목격한 이들은 이러다간 성희롱 사건이 줄줄이 사탕처럼 나올 것이라고 걱정한다.

그간 목격한 주변 상황을 다섯 장면으로 재구성한 G씨는 '성희롱 줄줄이 사탕론'을 두려워하는 사람들이 오히려 문제라고 생각한다. 차제에 그간 감춰두었던 성희롱 백태들이 공개되어 여성, 남성 모두에게 지침이 되는 한편 남성이 여성과 성희롱적이지 않은 대화로 인간관계를 즐기는 성숙한 인격자들이 되는 세상, 그런 평화로운 세상에서 숨쉬며 사는 것이 G씨의 희망이기 때문이다. 마지막으로 G씨의 한 마디. "아저씨들, 매너를 고치면 인격자가 되고 세상이 평화로워집니다."

스크린 속의 남과 북

어느 북한이탈 여성이 본 남한의 TV

조○○ | 북한이탈 여성

북한 영화 〈가족농구 선수단〉

지순희 | 평화를만드는여성회 회원

어느 북한이탈 여성이 본 남한의 TV

조〇〇 | 북한이탈 여성

남한으로 내려온 지 벌써 수년이 되어가는데도, 북한 출신의 여성이 본 남한의 TV에 대해서 쓰라니 갑자기 막막해진다. 이곳에 와서 처음에는 문화적 충격이 너무 커서, 어떻게 적응하고 살까 막막했는데 세월이 지나면서 점차 우리 같은 사람들도 남한 사회에서 살아갈 수 있다는 생각이 든다. 이렇게 생각한 이유 가운데 하나는 남한의 TV 때문이다.

TV뉴스에서 느끼는 생경함

처음에 가장 놀란 것은 바로 '뉴스 프로'였다. 왜 그렇게 뉴스는 매일매일 부정적인 것만 나오는지 이해가 되지 않았다. 살인, 강도, 강간, 인신매매, 10대 매춘, 부정부패… 정말 무서웠다. 우리가 북한 TV에서는 전혀 볼 수 없었던 것이었다. 고생고생해서 넘어온 남한 사회가 이렇게 범죄로 가득 찬 사회라니 너무 실망스럽고 밖에 나가기도 무서울 정도였다. 이것은 나의 느낌만이 아니라 북에서 온 사람들 모두가 공통적으로 느낀 것이다.

북한에서는 TV는 당의 선전도구로서 주민들을 교화시키는 기능을 가지고 있다. 그래서 남한처럼 사건보도에 중심을 두기보다는 주로 선전하고 교육하는 내용이다. 주민들은 그 내용을 보고 따라가면 되었다. 그렇기 때문에 남한 TV를 보고 사람들이 따라하면 이 사회는 어떻게 될 것인가, 두려워하고 걱정한 적이 많았고 지금도 이런 생각은 별로 변함이 없다. TV는 이왕이면 긍정적인 모습을 보여주었으면 좋겠다. 그래야 사람들이 보고 좋은 것을 배울 수 있을 테니까.

남한 뉴스에서 또 하나 실망스러운 것은 너무 작은 문제에만 집착하는 것 같은 느낌이다. 예를 들어 지난번 '옷사건 청문회'를 보니 너무 유치하다는 생각이 들었다. 그런 것은 TV에 나오지 않고 그들끼리 해결해도 될 문제 같았다. 사실 더 큰 문제가 많고 부정부패도 더 크게 하는 사람들이 많은 것 같은데 그런 문제는 별로 나오지 않고, 너무 유치한 것만 집중해서 나와서 별 도움이 되지 않는 것 같다.

사람을 중독시키는 오락프로들

사람들은 우리가 북한에서 왔으니 TV를 보면서 소외감과 위화감을 많이 느꼈을 것이라 생각한다. 맞는 말이다. 처음에는 너무나 이상하고 부정적인 느낌이 들었다. 쇼프로도 왜 그렇게 외국 노래나 이해도 말도 안 되는 것을 주절대는지 이해되지 않았다. 그런데 이곳에 살다 보니 특히 청소년기의 딸아이를 둔 부모의 입장에서 이해가 되기 시작했다.

남한 사회는 너무나 스트레스가 많은 사회다. 아이들이 부모와 학교에서 받는 스트레스는 심한데 그것을 발산할 장소가 없다. 그래서 그런 오락프로밖에 아이들이 의지할 곳이 없다는 생각이 든다. 문제는 아이들이 마치 가수들을 종교적으로 우상숭배하는 정도가 되는 점이다. 개인에 대한 우상숭배 때문이 전체 주민의 삶이 파탄에 잠긴 사회에서 넘어온 사람으로서 걱정되는 점이 한두 가지가 아니다. 그렇게 우상숭배 차원까지 가는 것은 아이들의 생각과 생활을 마비시키기 때문이다. 그런데 방송국과 언론이 이런 우상숭배를 조장하기까지 하는 듯하다. 아이들이 쇼와 오락 프로를 보면서 마치 중독되는 것 같아 걱정스럽다.

　이런 중독현상은 드라마에서도 마찬가지로 나타나는 것 같다. 특히 아침 드라마를 보면 세상이 온통 남녀의 삼각관계로 이루어져 있고 남녀의 부도덕한 관계가 마치 일반적 생활인 것처럼 여겨진다. 그리고 북한에서 온 남성들이 이구동성으로 남한 드라마에 나오는 여성들에 대해 하는 말이 있다. 왜 여성들이 그렇게 자기 중심적인 이기주의자이며 자유분방하냐는 것이다. 가령 여성들이 남성에게 적극적으로 자기 주장을 하고 프로포즈하는 것도 북한 출신 남성들에게는 이해가 안 되는 것이다. 나의 남편도 드라마를 보면서 그런 여주인공들의 모습이 나오면 흉을 보곤 한다. 그러나 나는 다르며, 드라마 속의 적극적 여성들의 모습이 부러워 그들을 두둔하면서 가끔 말싸움으로 번지기도 한다. 아무튼 북한 출신 남성들은 드라마 속의 여성들 모습을 전체 남한 여성들인 것처럼 이해하고 남한 여성들과는 연애하기도 두려워하고 무섭다고 한다.

남한에서 보는 북한 TV

북한에서 TV프로는 우리가 따라 배워야 할 모범으로 제시되었다. 영화도 TV를 통해서 자주 볼 수 있었는데, 그 내용을 언제나 산뜻한 것으로 주제는 주로 조국을 위해 헌신하고 희생하는 내용이다. 개인과 가족보다는 수령과 조국을 중심으로 하는 주제이고, 그 구체적 내용은 우리의 현실과는 동떨어진 것이고 차라리 우리가 보고 배워야 할 모델이다. 그 모델을 통해서 우리는 사회주의적 삶의 방식을 내면화시켜 왔다.

　〈남북의 창〉과 같은 북한 사회에 관한 프로는, 남한 사람들이 흔히 생각하듯이 북한 사회를 별로 왜곡해서 보여준다고 생각되지 않는다. 북한에서도 〈남북의 창〉에 나오는 그런 프로를 우리는 보아왔다. 그런데 문제는 그 내용들이 북한 사회의 현실을 전혀 담고 있지 않다는 것이다. 북한에서는 어린이들이 TV에 한 번 나가려면 약 1년 정도는 연습을 한다. 그렇게 훈련한 어린이들이 나와서 노래도 하고 연극도 하고 김일성·김정일 부자를 찬양하는 것이다. 그런 모습이 남한 TV에 그대로 나오는 것이다. 그러므로 북한 사회를 이해하기 위해서 〈남북의 창〉을 보는 것은 문제가 있다고 생각한다. 그 선전용 프로들에는 현재 북한 주민이 겪고 있는 경제적 상황이 전혀 반영되어 있지 않기 때문이다.

이상에서 간단하게나마 남한 TV를 보면서 느낀 점을 두서 없이 적어보았다. 이제는 남한 TV에 어느 정도 적응이 되어서 그렇게 문제점을 느끼지 못하고 볼 때가 많다. 그러나 여전히 뉴스 프로의 부정적 모습은 고쳐졌으면 좋겠다. TV가 가지는 사회적 기능을 볼 때 이왕이면 긍정적인 것을 통해서 우리가 배워나가고 그래서 좋은 사회를 만들어야 하기 때문이다.

북한 영화 〈가족농구 선수단〉

지순희 | 평화를만드는여성회 회원

'참 사람'의 모습

결혼을 하려는 여자에게 남자 쪽 아버지가 체육을 잘해야 며느리로 받아들이겠다는 조건을 내세운다는 것은 일견 얼마나 황당한 이야기인가. 내가 본 북한 영화 〈가족농구 선수단〉은 이러한 황당한 상황을 접한 여자가 그 황당함의 실체를 이해하면서 누구보다도 열렬한 가족농구 선수단 일원이 되어가는 과정을 그린 영화이다. 그 황당함의 실체는 다름아니라 "체육은 대중체육·생활체육이 되어야 한다"는 시아버지의 투철한 신념과 그 신념을 위하여 평생을 시골 고등학교 교사로 헌신적 삶을 살아온 시아버지의 '참 사람'다운 모습이다.

첫머리를 제외하면 이 영화는 전혀 황당한 이야기가 아니다. 이야기의 초점은 '체육이 대중화·생활화되어야 한다'는 관점에서 농구가 가장 적합한 운동임을 역설하는 데 있고, 하나의 신념을 고수하려는 진지함은 자기 개인의 이익을 희생할 수 있는 헌신적인 삶을 통해서만 성취된다는 것을 부드럽게 그러나 강렬하게 전하는 데 맞춰져 있다. 이 영화는 이러한 이야기를 전하고 싶은 간절한 욕망 외에는 그 어떤 영화적 요소에도 관심을 보이지 않는다. 다시 말해 영화만이 구사할 수 있는 화려한 영상이나 멋있는 음향효과 같은 것은 전혀 동원되지 않는다. 그저 차분히, 또렷이 해야 할 이야기를 이야기로써 전하고 있을 뿐이다.

그러므로 보통 우리가 하나의 영화를 '재미있다, 없다'로 간단히 판정하는 기준으로 볼 때, 나는 이 영화를 '재미있는' 영화로 다른 사람에게 권할 자신은 없다. 그러나 체육이 박찬호나 박세리 같은 스타급 일류 선수들에 대한 찬탄의 벽을 뛰어넘어 모든 보통사람들의 건전한 생활의 일부로 확산되어 건강한 신체를 가꾸는 일에 기여해야 한다는 생각을 평소 절실히 품고 있는 사람이라면, 이 영화를 '재미있게' 볼 수 있으리라는 게 나의 생각이다. 나 자신은 아직 체육을 생활화하지는 못했지만 늘 이런 생각을 갖고 있었으므로 이 영화를 재미있게 볼 수 있었다.

담백함에서 풍겨나는 잔잔한 재미

영화의 주인공 김설옥은 처음에는 시아버지의 말도 안 되는 결혼조건에 반발하지만, 그렇다고 사랑하는 사람과의 결혼을 포기할 수는 없어 할 수 없이 농구는 못해도 축구는 조금 할 줄 안다고 시아버지 윤상구에게 말한다. 윤상구는 운동을 전혀 못하면서도 권투선수였다고 거짓말하고 결혼한 셋째사위에게 속은 경험이 있어, 간단한 테스트를 하게 되고 설옥은 간신히 테스트를 통과하여 결혼승낙을 받는다. 체육을 가풍으로 하는 이 '체육집'은 아들 셋, 딸 셋인데 아침마다 온 가족이 달리기로 일과를 시작하고 일요일이면 아들-며느리 팀 대 딸-사위 팀으로 나뉘어 농구시합을 한다.

막내며느리 설옥은 혼자 농구를 잘 못하는 것이 자존심이 상해 어쨌든 농구를 좀 배워야겠다는 생각을 하게 되고, 초등학교 농구선수인 조카 선남이로부터 따로 농구를 배운다. 그리고 윤상구는 몇 년 전 대중체육 발전의 기본은 농구이니 온 가족이 떨쳐 일어나 농구를 배우자고 아들딸들에게 전했지만 아들딸들이 모두 거절하자 어린 손자 선남이만 데리고 열심히 가르쳐 그를 최고 농구선수로 키우게 된다. 그 헌신적 모습에 감동한 아들딸들이 결국 모두 농구를 배우게 되었고, 설옥이도 차츰 시아버지의 모습에 감동하여 더욱 열심히 농구를 배우며 마침내 '체육집' 며느리답게 살자고 결심하고 공이 닳도록 연습을 한다.

윤상구는 이제 은퇴할 시기가 멀지 않았으므로 막내아들, 즉 설옥의 남편이 자신의 자리를 물려받아 초등학교 교사자리를 지켜야 한다고 생각한다. 그러나 설옥의 남편은 전문 체육인이 되어 도체육단으로 진출하고싶어 도체육위원회의 간부인 설옥의 큰아버지의 도움을 받고 싶어한다. 하지만 설옥의 큰아버지도 아무도 하려 들지 않는 시골 교사의 자리를 지킨 윤상구야말로 남을 위해 한평생을 바친 '참 사람'으로서 많은 것을 이룬 사람이며 시골 교사의 자리를 박차고 나가 도체육위원회로 진출한 자신의 삶은 남은 것이 하나도 없는 허무한 삶임을 마침내 깨닫고, 설옥의 남편이 자신의 전철을 밟으려는 것에 반대한다.

그런데 이 가족농구 선수단의 명성이 알려져 도내 직장대항 농구대회에서 이 가족팀을 초청한다. 여자들이 선수로 끼여 있다고 다른 팀으로부터 '촌팀' '얼룩팀'이라고 조롱을 받지만 이 팀은 결승전까지 진출하게 된다. 결승전에서는 아슬아슬하게 2점차로 지던 중 마지막 종료 순간에 설옥이 온 힘을 다해 '먼 거리 투사(3점 슛)'를 성공시켜 1점차로 이기는 감격을 맛본다. 그리고 윤상구는 후대교육 사업과 대중농구 발전에 이바지한 공로를 인정받아 훈장을 받는다.

이 영화에서는 누구나 한 가지 좋아하는 체육종목이 있어야 하는데, 농구는 조선 사람 체질에 맞고 농구대만 있으면 누구나 할 수 있는 운동으로서 '만병통치약'이라고까지 칭송되고 있다. 이 영화에서 또 눈에 띄는 것은 전혀 운동을 못하는 셋째사위의 이야기이다. 그는 권투선수였다고 속이고 결혼을 했고 결혼 후에도 자기는 안마를 배워 다른 사람들을 안마나 해주겠다고 한다. 장인은 그래도 그가 외국 선수의 이름을 거론하는 것을 보고 은근히 그를 칭찬해 주면서 체육잡지를 보여주며 한 번 읽어보라고 부드럽게 권한다. 그는 장인이 주는 잡지를 보면서 차츰 농구이론에 대해 밝아졌으며, 마침내 도체육대회의 출전이 결정되었을 때 장인으로부터 가족농구 선수단의 지도원, 즉 코치로 임명받아 팀 전원에게 엄격한 훈련을 실시하는 지도원으로 변신한다.

소박한 영화의 진지함

나는 이 영화를 보면서 오랜만에 조용한 시골에서 순박한 사람들과 차분한 이야기를 나누는 듯한 신선한 느낌을 받았다. 사람들이 파리목숨만큼도 가치 없는 듯 무수히 무의미하게 죽어나가는 난폭한 영화들, 기기묘묘하게 설정된 상황에서 일상적으로 느끼는 것과는 전혀 다른 속도감으로 사건이 숨가쁘게 전개되는 영화들, 현란한 영상과 화려한 음악으로 이야기를 실종시키고 보고 나면 어떤 이야기였는지 머릿속에 남는 것이 전혀 없는 영화들이 판을 치는 것이 평소 영 맘에 들지 않던 터라, 영상과 음악이 새롭고 힘찬 느낌을 주지 못하지만 부드러운 인간관계와 일상적인 언어와 대화로 또렷이 이야기를 이끌어가는, 특별히 '영화'라는 장르를 의식하지 않게 하는 이 소박한 영화의 진지함이 갓 쌓이는 눈발을 바라볼 때처럼 깨끗하고 신선한 느낌으로 다가왔다.

이러한 느낌이 든 것은 어쩌면 '북한' 영화라는 이유만으로 이 영화를 꼬옥 껴안고 싶은 친근한 마음이 앞섰기 때문인지도 모르겠다. 어쨌든 영화에 대한 '객관적' 평가가 이 글의 목적이 아니다. 내가 충분히 옹호하고 변명하고 지지하고 싶을 만큼의 '진지함'이 이 영화 전체에 흐르고 있어, 나는 다른 영화를 보았을 때와는 달리 새로이 이런저런 생각을 하게 되었다.

어떤 사람이 영화를 만들어야 하는 것인가 하고 누가 묻는다면, 무엇인가 간절히 하고 싶은 이야기가 있는 사람이어야 한다고 대답하고 싶다. 간절히 하고 싶은 이야기를 영화로 만들어 영상과 음향 사이사이로 이야기를 풀어놓는 것은, 사실 언어적 서술이라는 것이 언제까지나 그 혼자서 도도히 뭉쳐 흐를 수 있는 것이 아니라 때로는 언어화되지 않는 음향이나 이미지 안으로 스며들어 흩어져 버리는가 하면 때로는 침묵의 공간으로 빠져 사라져 버리기도 하고 전혀 다른 느낌으로 이전되어 새로운 모습으로 나타나는 것이기도 하기 때문이리라. 그러므로 영상과 음향은 어떤 의미에서 이야기의 서사성을 조롱하고 구박하고 멸시하듯이 그 나름의 독특성으로 그것을 압도할 수도 있다.

그러나 영화가 결코 이야기의 진정성을, 언어적 서술의 진지함을 포기할 수 있는 것은 아니다. 오히려 명백히 그것으로부터 출발하고 있고 그것에 기반하여 영상과 음악을 펼치고 있다는 것을 자각해야 한다. 한껏 조롱하고 사라지게 하여도 어느 틈에 다시 이어지고 되살아나는 언어적 서술의 끈질김을 영화도 인정해야 한다. 영화의 복합적 예술성이 자랑하는 화려한 떨림 속에서 이야기의 서사성이 위축되고 약화되는 것이 아니라 오히려 서사적 지평의 한계를 넓혀나가는 긍정적 효과를 의식적으로 산출해야 한다.

내가 본 북한 영화는 우선 간절히 하고 싶은 이야기를 담고 있다. 그 이야기가 영상과 음악의 힘을 얻지 못하고 영화 특유의 예술성과 접속되어 있지는 못하지만, 그 이야기의 진지함에 맘껏 이끌려도 좋으리라.

체육이 대중화되고 생활화되어야 한다는 명제를 우리는 과연 어떻게 달리 실천할 수 있고 달리 영화화할 수 있을까. 이 물음에 대한 대답을 얻을 때까지 이 물음은 내게서 떠나지 않을 것 같다. 언젠가부터 내 마음속에 담겨져 있던 이 물음이 밖으로 끌어내어진다면, 그리하여 이 물음을 갖고 내가 다른 사람에게 다가가고 싶어진다면, 이는 틀림없이 북한 영화 〈가족농구 선수단〉이 내게 남겨준 선물이리라.

좌담 한국 여성평화운동

역사적 발자취 속에서 모색하는 향후 방향

참석자

김윤옥 | 한국여성평화연구원 이사장
이삼열 | 숭실대 철학과 교수
정병호 | 한양대 문화인류학과 교수
남인순 | 한국여성단체연합 사무총장

사회 및 정리

김현미 | 연세대 사회학과 교수

일시 : 1999년 5월 7일(금) 오후 4:30-8:00
장소 : 평화를만드는여성회 회의실

　사회(김현미).. 지금까지 한국 사회의 평화운동은 한국 사회의 특수성을 기반으로 하여 다양하게 전개되어 왔습니다. 이 자리에는 여성운동, 통일운동, 군축운동, 반핵운동 등에 오랫동안 참여하시고 운동가로서의 경험이 많으신 분들을 모셨습니다. 먼저 어떤 운동에 참여하고 계시며 어떤 계기로 참여하시게 되었는지, 개인적인 경험을 들어보는 것으로 시작하면 좋을 듯합니다.

　김윤옥.. 저는 페미니스트의 입장과 반군국주의 입장을 결합하여 통일운동과 평화운동을 전개하고 있습니다. 제가 평화운동을 맨 처음 경험한 것은 독일에 있을 때였어요. 마침 1975년부터 88년까지 유럽을 휩쓸었던 큰 평화운동을 경험했거든요. 거기서 친구가 된 여성들과 영국 그린햄 커먼 공군기지의 반핵시위에도 함께 참여했습니다. 이런 경험을 통해 우리나라는 같은 분단국가이면서도 평화운동이라는 개념이 전혀 없다는 것을 깨닫게 되었고, 돌아와서 기독교여성평화연구원(현재 한국여성평화연구원)을 세우면서 평화운동을 시작했습니다. 사실 평화운동을 통일운동과 결합시키려 한 데는 실향민으로서의 개인적인 경험이 계기가 되었다고 해야 할 것입니다. 어릴 때 가족과 함께 북의 고향을 떠나왔습니다. 특히 사춘기 시절에는 잃어버린 가족에 대한 그리움도 컸지만 무너져 가는 아버지, 그로 인해 상처 입는 어머니 모습을 늘 보아야 했습니다. 아버지는 외과의사였는데, 그 시절 내가 본 아버지는 그 많은 재산 다 잃고 무일푼이 돼서 거제도 미군포로수용소에 의사로 취직해서 다니다가 중풍에 걸려 매일 분노하고 좌절하는 모습이었죠. 분단이 한 가정을 얼마나 완벽하게 깨뜨려놓는지, 민족의 분단이라는 것이 얼마나 한국 사람들을 갈가리 찢어놓는지 경험한 셈이죠. 이런 경험 속에서 평화와 통일 문제를 바라보면서, 특히 여성들이 분단으로 고통받고 있는 것을 깨닫게 되었습니다. '잘 살아보세' 하던 60년대 박정희정권 시대에 여성들이 농촌에서 올라와

분단이 한 가정을 얼마나 완벽하게 깨뜨려놓는지, 민족의 분단이라는 것이 얼마나 한국 사람들을 갈가리 찢어놓는지 경험한 셈이죠. 이런 경험 속에서 평화와 통일 문제를 바라보면서, 특히 여성들이 분단으로 고통받고 있는 것을 깨닫게 되었습니다.

김윤옥

돈이 없으면 기생관광 하는 데나 공장에 들어가야 했던 것도 분단이 우리 사회의 여성을 억압하는 과정이었다는 의식이 계속 쌓였던 겁니다. 여성들의 고난이 우리 민족의 분단이라는 뿌리에서 온다는 것을 배웠죠. 1991년의 남북여성교류에 참가한 것도 통일과 평화 운동에서 커다란 경험이었습니다.

평화와 통일의 필연적 만남

사회.. 독일에서 주로 통일운동 경험을 하셨다고 보아야 할까요?

김윤옥.. 독일에서 지식인들은 통일을 반대했어요. 유럽에 다시 통일된 독일이 생기면 힘이 강해져서 과거의 나치 같은 악몽이 다시 살아날 것을 두려워하여 지식인들은 통일을 반대하는 입장이었습니다. 그리고 독일의 평화운동은 주로 반핵운동이었어요. 미국이 퍼싱 II 미사일을 독일 등 유럽에 배치하는 계획을 세웠을 때, 그린햄 커먼 공군기지에서는 여자들이 철조망에다 자기 몸을 걸어놓고 6년이나 버텼습니다. 나중에는 열다섯 명밖에 남지 않았지만요. 이런 반핵·평화 운동을 독일에서 경험했죠.

이삼열.. 저도 출발동기는 김윤옥 선생님과 비슷합니다. 제가 독일을 떠나려고 했던 80년대에 서구에서는 평화운동이 거세게 일어나고 있었습니다. 평화도 '운동'이 될 수 있다는 것을 그때 처음 느꼈죠. 물론 평화에 관한 연구나 교육은 익히 알고 있었지만, 하루에 30만 혹은 100만 명이 모여 데모할 정도의 운동으로 될 수 있다는 것은 처음이었습니다. 바로 이런 운동이 결국 동서 냉전체제를 누그러뜨리고 핵미사일을 줄이고 SALT II를 중단시키고 마침내 고르바초프의 페레스트로이카 정책에까지 영향을 미쳐 세계사를 바꿀 수 있다는 것을 깨닫게 된 것이지요. 대중들의 평화시위운동이 냉전구조를 변화시키는 그런 획기적인 역할을 하는 것을 보면서 많은 감동을 받았습니다.

귀국해서는 사회운동과 교회에 주로 관여했습니다. 당시는 재야운동이 민주화운동에서 통일운동으로 전환되어 나가는 과정이었습니다. 특히 광주사태를 경험하면서, 도저히 군사정권을 물리칠 수 없다는 생각과 군사정권은 '이적행위'라는 구실을 들이밀고 수백 명을 죽일 수 있다는 사실이 우리에게 굉장히 큰 충격을 주었죠. 유신독재를 철폐하는가 했더니 5공독재로 장기집권이 이어지는 것을 보면서 심한 허탈감과 절망감에 빠졌습니다. 한편으로 70년대의 민주화운동은 '선민주·후통일' 다시 말해 '통일 얘기하면 다치니까 안 된다'는 것이 주류를 이루었으나, 80년대 들어 상황이 이렇게 되다 보니 여러 가지 반성이 일어납니다. 적어도 민주화가 제대로 되려면 무엇보다도 분단이 극복되고 남북관계가 개선되어야 한다는 것이었습니다. 민주화를 위해서도 통일은 이루어져야 하고 그 통일은 평화적으로 진행되어야 한다는, 평화통일에 대한 관심이 무척 높아졌습니다. 제가 보기에는 서구의 평화운동과 한반도의 평화통일에 대한 관점은 80년대 우리의 필연적인 상황이 아니었나 싶습니다. 그후 우리는 1985년 무렵부터 YWCA나 YMCA, 교회, 크리스찬아카데미 등에서 평화운동에 대해 이야기하고 교회를 중심으로 평화통일운동을 하면서 남북대화를 구체적으로 이야기하기 시작했습니다. 즉 동서 냉전체계를 해빙시

킨 평화운동이 결국은 유럽의 평화운동을 일으킬 수 있었던 것처럼 남북
관계에서도 이런 평화운동을 통해서만이 대결이라든가 무력도발의 가능
성을 제거할 수 있으며 일단 평화공존 체제가 이루어져야만 통일의 길도
열린다는 해답을 얻게 되면서, 80년대 중반부터 한반도의 평화통일운동
은 활발하게 진행되었다고 할 수 있겠습니다.

80년대에 평화통일운동에 대한 논쟁이 있었지요. 초기에 특히 운동권
사람들 사이에서 평화운동이 '현상고정운동' 아니냐는 의문을 제기되었
죠. 우리 사회는 지금 당장 정의로운 사회변혁을 이룩해야 되는데 평화
운동은 서로 무력도 쓰지 말고 변화 없이 현상을 고정시키자는 것이므로
오히려 반동적인 게 아니냐는 것이었습니다. 또 한편에서는 결국 한반도
를 영구분단하자는 것 아니냐는 반론이 있었고요. 크게 이런 두 가지 반
론 때문에 평화운동과 통일운동을 접목시키는 것이 상당히 어려웠어요.
그래서 평화운동을 하는 사람은 통일을 지향하지 않는 것처럼 여겨지고
평화운동은 보수주의적이고 부르주아적인 운동으로 오해되었기 때문에,
이를 둘러싸고 상당히 논란이 많았습니다. 그때 제가 고심하면서 구호처
럼 내놓은 것이 '통일 없는 평화는 공허하고 평화 없는 통일은 맹목이
다'라는 것입니다. 칸트의 원리를 인용해서 생각해 본 것이었는데, 평화
라는 내용 없이 통일이라는 것은 사실 맹목적인 거 아니냐는 것이죠. 또

평화를 아무리 추구해도 한반도 통일이라는 목표를 갖지 않고 이런 분단 상태를 지속시키는 것은 공허한 평화에 불과하므로 실제로 지속될 수가 없죠. 저는 한반도에서 평화운동이 반드시 통일운동과 연결되어야 하고 그런 의미에서 한반도에서는 평화와 통일 운동은 함께해야 한다고 생각했습니다.

정병호., 이삼열 선생님과 김윤옥 선생님이 말씀하신 경험을 저는 다른 곳에서, 다른 각도로 겪었습니다. 80년대 초에 저는 미국에서 대학을 다니고 있었는데, 유럽에 있던 친구가 저에게 연락을 해서 반핵문제며 SS미사일, TNT, 퍼싱 II 등에 관해 국제적으로 연대하자는 얘기를 많이 했습니다. 저는 70년대 말에 야학을 하면서 철거촌에서 극한적인 생활을 하는 사람들과 빈민들을 접하고 무척 충격을 받았었죠. 그후 이와 관련된 몇 가지 일을 하다가 미국에 갔던 터라, 유럽의 핵미사일 문제나 국제적 연대의 필요성 같은 것이 공허한 얘기로 들렸습니다. 부끄럽지만 이 이야기를 하는 것은 평화운동을 하는 사람과 다른 절박한 문제를 갖고 있는 사람이 결국은 다 통하지만, '평화'운동에 대해 느끼는 감은 다를 수 있다는 것 때문입니다.

미국에서의 경험을 잠시 얘기하면, 처음 미국에 갔을 무렵인데 기숙사에 사이렌이 울리더라구요. 순간 세계대전이 일어났다고 생각했죠. 미국 중서부의 아주 조용한 대학촌 기숙사에서 사이렌이 울려 창 밖을 보니까 사람들이 걸어다니지 뭡니까. 민방위훈련도 우린 다 겪었잖아요. 다 태연하게 걸어다니고 차도 다니기에, 사람들이 비상사태가 터진 걸 모른다고 생각했죠. 저는 상황이 어떻게 되었는지 알아보려고 지하실로 뛰어내려가 그곳에 있는 사람에게 물어보았습니다. 그런데 가끔 회오리바람이 지나갈 때면 사이렌이 울린다지 뭡니까. 이 세상에 위기라고는 하늘에서 떨어지는 핵과 지구적 규모의 멸망 외에는, 공포라는 것이 없는 이런 사회

에서 과연 너무도 참담한 모순을 겪는 사람들의 문제가 절실한 과제로 다
가올까 하는 생각이 들었습니다.

저 스스로 이 문제에 대한 무지를 깨닫게 된 것은, 제가 우리 사회의 문
제에만 골몰하여 고민하고 있을 때 한두 사람이 미군기지 앞에서 데모하
고 해결책을 모색한 것이 결국 지구적 규모의 해빙을 만들어내는 것을 보
았을 때입니다. 서구에서의 평화운동이 80년대 몇몇 지식인들이 했던 손
잡기 운동 등을 통해 이렇게 냉전구도를 풀어나가는 힘이 되어주는 것을
보고, 이런 감수성을 가지지 못했던 제 자신이 얼마나 부끄러웠는지 모릅
니다. 우리의 특수한 역사적 조건과 현실 속에서 치열하게 느끼는 과제들
을 전지구적 규모의 평화라는 큰 덩어리 안으로 어우르는 것에 익숙해져
야 할 것 같습니다. 서로 공감할 수 있게 만드는 일이 한국사회의 평화운
동의 과제가 될 것이라고 봅니다.

사회.. 그런 의미에서 선생님께서 최근에 하고 계신 공동육아나 남북어
린이어깨동무를 평화운동과 어떻게 연결시키고 계십니까?

정병호.. 사실 공동육아운동을 평화운동으로 개념화한 지는 얼마 안 됩
니다. 성남시나 안양천변의 철거민촌에서 사회구조적인 폭력성을 봤고,
그에 대해 가라앉힐 수 없는 분노가 있었습니다. 그 분노는 계속 한국사
회가 변화해도 저소득계층에 대해서는 여전히 체계적인 억압이 이루어진
다는 것에 대한 것이었습니다. 요즘 공동육아 어린이집을 만들고 공동육
아운동을 하고 있는데, 이것은 '우리가 지향하는 생활의 모습을 한번 실
제로 만들어보자'는 취지입니다. 이제까지 제도적인 개선 요구도 해봤고
양육권법 제정 때도 요구해 봤는데, 우리 사회의 지배집단이나 정치적인
과정 자체가 원래 요구한 내용들을 왜곡하고 또 법은 법대로 있고 현실은
변하지 않기 때문에 계속해서 실망할 수밖에 없었습니다. 그래서 '작은
현장'에 있더라도 우리가 지향하는 삶의 모습을 그려보고 함께 만들어보

우리 사회에서 너무 희박해진 공동체성 때문에 왕따현상이라든가 폭력이 많이 나타나고 있는지라, 아이들이 차별과 불평등에 대해 감수성을 가져야 한다고 생각합니다. 그래서 일상적인 행동에서 감수성을 발전시키는 프로그램을 개발하려고 노력하고 있습니다.

정병호

자는 생각에서 사회적인 육아운동을 하게 된 것입니다.

이렇게 어린이 문제에 매달려 있으면서도, 북쪽 어린이들이 기아로 어려움을 겪는 것이 너무 안타깝고 그런 문제에 대해 제대로 대응하지 못하는 우리 자신이 무척 안타까웠습니다. 더 중요한 것은 북한의 그 아이들이 바로 '우리 애들'이고, 결국 '지금 우리가 함께 키워야 한다'는 개념을 제발 가져야 한다는 것이었지요. 내 아이, 네 아이라는 개념보다 우리 모두의 아이라는 개념으로 아이들을 키워보자는 생각을 현실화시켜 보려고 한 것이 '남북어린이어깨동무'입니다. 남북 교류나 통합이 이루어지면 남북한 어린이들이 함께 살아갈 것이고, 지금 함께 걱정해야 한다는 생각했습니다. 처음에 '남북어린이어깨동무' 운동을 한다고 하니까 "배고픈 아이들한테 무슨 짓이냐, 돈을 한푼 더 모아야지 무슨 어깨동무 같은 소리냐"는 얘기도 있었습니다. 경험에서 나온 얘긴데, 북쪽 어린이들의 참혹한 사진을 보이면 그 아이들을 그야말로 아프리카 아이들처럼 대상화시키는 경향이 있습니다. 아무리 동정심이나 인간적인 자선에서 돈 몇 푼을 더 걷는다 하더라도, 남쪽 아이들이 어렸을 때부터 북쪽 아이들에 대해 근거 없는 우월감과 부정적인 감정을 가지고 있으면 이것이 더 나쁜 씨앗이 될 것입니다. 그래서 일단 친구가 되는 것이 중요하고, '북쪽 친구가 지금 잠깐 어려우니까 도와주자' '어려운 짝꿍하고 도시락 나눠먹는 마

여성운동 자체는 체제에 도전하고 평등을 지향하는 평화운동이라고 봅니다. 즉 여성운동의 실천 자체가 평화운동이라는 것이지요.

남인순

음' 등의 이야기를 하면서 일단 북쪽 아이들을 가깝게 느끼게 하는 거죠. 북쪽 아이들이 하는 놀이를 가르쳐주거나 노래와 동화도 들려주고 자기 모습을 그려서 보내주는 일들을 시도했습니다. 얼굴그림을 보내 일단 나를 알리고 북쪽 어린이의 그림을 받아보는 운동을 펼치고 있습니다. 근래에 평화운동 혹은 일상생활의 평화운동이 '남북어린이어깨동무' 운동에서나 '공동육아'에서 굉장히 중요하다고 느끼고 있습니다. 우리 사회에서 너무 희박해진 공동체성 때문에 왕따현상이라든가 폭력이 많이 나타나고 있는지라, 아이들이 차별과 불평등에 대해 감수성을 가져야 한다고 생각합니다. 그래서 일상적인 행동에서 감수성을 발전시키는 프로그램을 개발하려고 노력하고 있습니다.

사회.. 정병호 선생님은 육아와 사회적 모성의 개념을 출발점으로 삼아 어린이를 중심으로 한 독특한 평화운동을 전개하고 있다고 보입니다. 남인순 선생님께서는 어떻게 평화운동에 참여하게 되셨는지요?

남인순.. 저는 처음에 노동운동부터 시작했는데, 학생운동 이후 노동운동을 하면서 주요 관심사는 민족문제였습니다. 그 당시에는 여러 가지 모순을 발견하는 시절을 겪어왔다고 할 수 있습니다만, 민족문제에 관심을 가지면서 민족의 생존문제와 연관 속에서 통일운동을 보게 되었습니다. 그런데 여성운동은 어떻게 보면 자기 생활 속에서의 분노라 할까, 이런 것들과 굉장히 많이 결부되어 운동을 전개하게 되지만, 통일문제는 추상적인 이념으로 접근했던 것 같아요. 민족문제를 해결하기 위해서는 통일이 필수적이다는 식의 접근을 한 것이지요. 한국여성단체연합(이하 여연)에 온 후 통일에 대한 관심이 오히려 둔화된 것 같아요. 통일문제를 늘 국제적 역학관계 속에서 구조적으로 접근하니까 대중적인 공감대가 없어지고, 또 저에게는 강하게 참여해야 한다는 절박감이 좀 약했던 것 같아요. 여성운동의 관점에서 어떻게 평화를 이루기 위한 여건을 형성해서 통일로 나가야 하는가라는 문제들이 잘 풀리지 않았습니다. 물론 여성운동 자체는 체제에 도전하고 평등을 지향하는 평화운동이라고 봅니다. 즉 여성운동의 실천 자체가 평화운동이라는 것이지요. 그러나 여연이 다른 통일운동단체들과 연대하면서 통일을 주도해 내는 어른들에 대해 실망하고 연대에 기반한 통일운동 자체에 회의를 품고 뒤로 물러서게 된 점도 있습니다.

사회.. 구체적으로 어떤 면에서 실망을 했는지요?

남인순.. 예를 들면 연대활동으로 했던 8·15 통일민족행사 같은 것입니다. 연대활동에서 누가 더 '주도권'을 가지고 행사를 진행할 것인가, 계속 통일행사를 해야 할 것인가 말 것인가 하는 문제로 많은 시간을 소모하는 것을 경험했습니다. 저희 '여연'은 당시 각 운동단체의 통일역량에 차이가 있으니까 상호 존중해 주자는 입장이었으나, 그쪽에서는 대북창구는 단일화되어야 하므로 대표성도 하나여야 한다고 계속 주장했습니다. 이런 문제로 의견이 좁혀지지 않아 통일행사가 용두사미가 되는 과정에서 남쪽의 통일역량 혹은 지도력의 부재에 대해 회의와 실망이 컸습니다. 이런 경험들을 통해, 여성운동이 오히려 통일운동에 적극적으로 나서야 한다는 생각을 했습니다. 왜냐하면 여성운동에서는 주도권이랄까 세력 다툼이 덜하다고 보았기 때문입니다. 하지만 여성운동 쪽에서 국제관계나 남북정세 분석을 끊임없이 해내고 여성의 관점에서 통일이슈를 발굴해 내지 못하는 아쉬움이 있습니다. 해야 할 영역이지만 단시일에 할 수 없고 준비가 필요하기 때문에, 이런 의지가 있는 사람들이 모여서 공부를 시작하면서 전반적 준비를 해야 될 것 같습니다.

사회.. 선생님들이 운동을 하신 때가 주로 80년대 이후인데, 사실 우리나라의 80년대 상황이야말로 군부독재가 가장 패권을 장악했던 시대였고 저항세력을 '체제전복 세력'으로 몰아붙이면서 폭력적인 탄압을 많이 했던 시기라 할 수 있습니다. 평화운동을 하시면서 어떤 어려움을 겪으셨는지에 대해서 말씀들 해주시죠. 평화운동을 하는 사람들은 폭력을 거부하지만 실제 우리나라에서 운동을 하다 보면 과격해질 수밖에 없잖아요. 또 우리나라에서 이른바 '운동가'에게 붙여지는 스테레오타입, 즉 운동가가 가장 폭력적이며 과격하다는 이미지 때문에 오히려 평화와 안녕을 해치는 사람으로 왜곡되는 것에 대해 개인적으로 갈등을 느끼시지 않았나요?

평화운동을 가로막는 요소들

이삼열.. 평화운동은 평화가 없는 반평화적인 구조 속에서는 항상 반체제운동일 수밖에 없습니다. 예수 자신이 '평화를 만들러 왔다'고 하면서 일생 평화를 외쳤지만, 결국은 평화를 교란하는 자로 십자가에 못박힘을 당한 것과 같은 맥락이지요. 특히 우리나라 같은 분단체제 속에서는 남과 북이 모두, 평화가 없고 대결과 공격과 적대의식과 전쟁준비만 있는 굉장히 반평화적인 사회지요. 남한에서 '평화통일'이라는 말만 해도 이적(利敵)이라고 매도되었습니다. 평화통일을 주장한 조봉암씨가 사형을 당한 건 유명한 얘기 아닙니까? 평화통일을 얘기했다고 해서 사형을 시키는 나라가 우리나라예요. 그러니까 얼마나 평화운동을 하기가 어려웠겠어요.

50년대에는 평화공존만 얘기해도 "공산주의자와 같이 살잔 말이냐" "너는 빨갱이 이데올로기를 가지고 있다"는 등 항상 색안경을 끼고 보았지요. 80년대에 전세계적으로 평화운동이 일어나고 이웃 일본에도 80년대 중반부터 이미 500여 개의 평화운동단체가 있었는데, 한국에서는 아무리 강연하고 외치고 다녀도 평화단체가 하나도 안 생기더라구요. 지금은 상황이 많이 달라졌습니다. 1980년 중반만 하더라도 상황이 험악했고 교회나 단체들에 가서 '평화운동'에 관한 얘기를 하면 다 색안경을 끼고 보았습니다. '평화'라는 말 뒤에 뭐가 있을까, 붉은 악마들의 어떤 음모가 들어 있는 그런 전략 같은 것 아닐까 하는 식으로 음험하게 생각하는 분위기가 있었죠. 사실 한반도에서 평화운동을 한다는 것이 그리 쉽지 않았습니다. 평화운동이 이렇게 늦게 나오게 된 이유가 다 있지요.

서구의 평화운동이나 동서 냉전체제가 해빙되어 가는 과정을 통해서 우리 민족이 평화운동을 할 수 있는 좋은 역사적인 기회가 마련되었다고 봅니다. 이런 역사적 의미를 포착한 사람들이 결국 평화운동을 하고 운동단체를 만들고 계몽적인 운동을 했죠.

김윤옥.. 반공주의라는 것 참 무서운 것이라고 느꼈어요. 1989년에 귀국해서 기독교여성평화연구원을 세우고 평화운동을 전개하면서, 우리 민족이 분단이 돼서 어쩌면 전쟁이 일어날지도 모른다는 위기의식, 그래서 평화를 이뤄야 한다는 얘기를 아무리 해도 이에 대해 거의 공감대가 형성되지 않더군요. 지금 이삼열 선생님이 말씀하신 것처럼 뒤에 뭐가 있을까, 혹시 사회주의자가 아닌가 하는 의심의 눈초리만 돌아왔습니다. 유럽의 여성평화운동은 1차대전이 시작되고 8개월 만에 약 1천여 명의 여성들이 헤이그에 모여 평화회의를 하면서 WILPF(평화와 자유를 위한 세계여성연맹)를 조직했어요. 적국들간에 일어난 전쟁, 그 사이에 여성들이 서 있었다는 것 아니겠습니까. 그 당시로서는 적국 하면 적대하는 민족들이었는데, 그 사이로 여성들이 평화를 외치면서 들어간다는 것은 반민족적 행위와 같을 것이었죠. 그런데 유럽의 여자들은 위기의식을 느끼고 국가를 초월해서 함께 뭉쳤습니다. 제가 여연 평화통일위원장을 하면서 느낀 것은 우리나라 여성들이 분단과 반평화와 한국의 모순된 상황의 연관성을 깨닫지 못할 뿐더러 상당히 무감각해져 있다는 것입니다. 여성들의 이런 무감각과 무의식 이면에는 깊이 뿌리내린 반공 이데올로기가 있고, 두려워 움직이게 못하는 국가보안법이 있죠. 또한 악성 자본주의 때문에 지나치게 경쟁적이고 자식과 가족만 생각하는 극도의 이기주의가 팽배해진 것 같아요. 100년 전 유럽의 여성들과는 달리, 우리는 여전히 전두환 군사정부 시대의 테두리도 벗어나지 못하고 있었던 것이지요. 여기서 커다란 좌절을 느끼기도 했습니다.

　정병호 아까 남인순 선생님께서 남쪽의 남성들과 통일운동을 하면서 '실망했다'고 하셨는데, 충분히 이해가 가는 부분입니다. 저도 한국사회에서 자란 남자로서 아주 뿌리깊게 박혀 있는 병을 잘 조절하지 못할 때가 있습니다. 한국 남자들은 권력과 지위를 얻기 위한 경쟁의식이 강해서, 아무리 이성으로 눌러도 때때로 본성처럼 튀어나와서 통제가 안 되거든요. 그래서 바로 이런 부분 때문에 저는 남성들이 평화운동 또는 자성을 필요로 하는 운동을 잘 못하는 일종의 핸디캡을 갖고 있다고 느낍니다. 동시에 한국사회에서 평화운동가의 이미지가 역설적으로 폭력적이라거나 저돌적 혹은 너무 경쟁적이라고 느껴지는 것은, 한국의 많은 사회운동이 그렇듯이 사실 평화운동도 중앙정치가 규정한 문제를 주로 이슈로 삼는다는 점 때문입니다. 즉 중앙권력을 지향하는 싸움, 다시 말해 내가 권력을 잡거나 정권을 쟁취하면 평화가 이루어진다라든지, 우리가 권력을 쟁취하면 민주화가 이루어진다는 생각들을 가진다는 것이지요. 중앙정치에서 권력을 잡아 투쟁에서 파생되는 모든 문제를 일괄 해결하겠다는, 그런 생각과 관련이 있지 않은가 생각합니다. 권력 지향적인 사람들이 평화통일운동을 했던 사례가 많아서 그런 것이 아닌가 싶습니다. 평화운동의 출발점에서부터 운동의 조직과 구성, 참여자들의 태도가 바뀌어야 될 것 같습니다.

남인순.. 당시 운동에 참여하신 분들이 아주 어려운 시기부터 운동하셨던 분들이고 또 시기가 엄혹했던 만큼 그렇게 다양하게 접근한다거나 혹은 상호공존 체제 지향 등을 천명하는 것이 무척 어려울 수도 있었으리라는 점에서 이해가 되기도 해요. 그러면서도 평화운동에 새로운 주체가 필요하다는 생각이 듭니다. 새로운 주체에 의한 새로운 방식의 운동, 그래서 저는 여성들이 그 주체를 만들어야 한다고 봅니다.

사회.. 여성이 어떤 면에서 평화운동의 새로운 주체가 되어야 한다고 생각하시는지요?

남인순.. 그 동안 여성이 사회적 약자의 입장에 있었기 때문에 '연대성'에 있어서 훨씬 뛰어난 것 같습니다. 차별을 받다 보면 차이에 대한 존중과 상호연대 의식이 더 많이 생기는데, 평화운동은 특히 이런 방식으로 가야 하는 것 아닌가 합니다. 여성의 체험이나 경험 등에서 나오는 것을 기반으로 하는 것이지요. 전체 통일운동권에서 늘 여성을 들러리로 세우는 것에 대해 문제제기를 했지만, 별로 수용되지 않았습니다. 그래서 기존의 패러다임으로는 평화운동이 제대로 전개될 수 없다고 생각했습니다.

김윤옥.. 세계적으로 봐도 아직까지도 평화운동단체 속에서 여성과 남성이 동등하게 평화적으로 공존하는 운동이 없습니다. 여전히 주도권은 남자들이 가지고 있고 여자들은 남성과 함께 하다가 결별하여 여성들끼리 운동을 전개해 왔어요. 저도 70년대의 민주화투쟁을 통해서 뼈아픈 경험을 했습니다. 민주화투쟁을 하면서 기독교 기관에서 목요기도회를 조직했는데, 다 남자 목사님들만 모여서 한 것으로 외부에 소개되었지요.

여성들이 기도회를 조직하고 준비하고 먹을 것을 마련하고 심지어 우리는 경찰까지 먹이곤 했습니다. 그후 인권운동사 책이 출판되었는데 우리들의 존재는 거의 드러나지 않았어요. 다 유명한 남성 목사님들 이름뿐이었어요. 그래서 인권운동을 하는 남자들도 전혀 여성인권과는 상관이 없다는 것을 뼈저리게 경험했습니다. 당시 우리는 정말 조직적으로 큰 역할을 했어요. 남성들은 하지도 않는 피폭자운동이 그 예인데, 일본서 돌아온 히로시마 피폭자들을 세브란스 병원에 입원시키고 기생관광 반대운동 등 구조적 폭력을 반대하는 평화운동을 벌였으나 역사책에는 이런 사실들이 전혀 적혀 있지 않았습니다. 주류가 남성 중심의 인권문제만을 중요하게 생각했던 것이지요. 그런 것을 보면서 정말 남성들과 같이 할 필요는 없다, 남자들만 쭉 앉아서 여자 하나 끼워놓는 식의 운동을 할 필요가 없다고 생각했어요. 여성들이 남성과는 다른 운동을 해야 한다고 깨닫게 된 것이지요.

사회.. 선생님들께서 지적하신 바와 같이 한국사회의 평화운동의 역사는 상당히 짧고, 운동방식이나 의사결정을 하는 데 있어서, 운동에 참여한 다양한 사람들을 어우르는 부분이 부족했다고 보입니다. 정병호 선생님께서도 지적하신 것처럼, 운동권에 있는 사람들도 너무 중앙의 권력을 의식하고 집착한 부분이 없지 않았고 그런 권력을 잡아 추구해 오던 목표들을 한꺼번에 관철시키면서 사태를 뒤집을 수 있다라는 일종의 '쿠데타 정서'라는 것이 없지 않았던 것 같습니다. 한국사회에 역사적으로 그런 고질적인 패권주의가 만연해 있었던 것이 평화운동을 하는 사람들에게까지도 영향을 준 것 같습니다. 역시 마찬가지라는 그런 문제제기를 한편으로 지적해 주셨습니다. 또한 여성들의 평화운동이 공식적인 역사나 운동사에 기록되지 않았던 것은, 여성들이 참여하지 않았기 때문이라기보다 여성들이 운동에 참여해도 여성들의 역할이라든가 공헌이 가시화되지 않아

여성들의 평화운동이 공식적인 역사나 운동사에 기록되지 않았던 것은, 여성들이 참여하지 않았기 때문이라기보다 여성들이 운동에 참여해도 여성들의 역할이라든가 공헌이 가시화되지 않아왔기 때문이지요.

김현미

왔기 때문이지요. 그러면서 계속 주도권과 지배권이 남성들에 의해 독점되면서 여성들은 운동에 헌신하지만 결국은 소외당하는 위치에 놓이게 되었다는 것 등, 이제까지 한국 사회운동과 평화운동의 문제점을 많이 지적하셨습니다. 또 한편으로는 선생님들께서 지적하셨다시피, 여성들이 일상에 뿌리박힌 가족 이기주의나 반공이데올로기에 따른 공포심 때문에 핵무기 반대, 군축운동과 같은 이슈에 대해 움직임을 보여주지 못했다고 할 수 있겠습니다.

여성운동이 두각을 나타내지 못했던 점들을 이렇게 지적하셨는데, 이삼열 선생님은 여성들과 운동을 해본 경험을 통해, 여성평화운동이 이렇게 부각되지 못하거나 대중적인 기반이 약할 수밖에 없는 이유를 어떻게 생각하십니까?

세계 평화운동사에서 여성의 역할

이삼열.. 평화운동을 누가 먼저 했느냐, 남성이냐 여성이냐 하는 것은 그렇게 큰 의미는 없다고 봅니다. 평화운동의 역사를 보면 분명히 여성들이 한 역할이 중요합니다. 우리나라도 지금이 초창기니까 그렇지 저는 장기적인 안목에서 볼 때 분명히 여성들의 공헌이 훨씬 많으리라고 생각하며, 먼저 역사적인 측면에서 우리가 좀 짚고 넘어가야 할 사실이 많다고 봅니다. 금년에 헤이그 평화회의가 100주년을 맞이하지 않습니까? 그래서 금년이 평화운동에서 획기적으로 중요한 해라고 할 수 있는데, 왜 그런가 하면 1899년에 헤이그에서 만국평화회의가 개최되기 전까지만 해도 평화운동은 시민운동 차원에서 되고 있었습니다. 그러나 일련의 전쟁을 목격하면서 NGO 가지고는 안 되겠다, 국가와 정부의 대표들이 모여서 평화회의를 하지 않으면 안 된다는 것을 깨닫고 한 10년간 노력한 결과로 만들어진 것이 만국평화회의입니다. 그러니까 1889년에 파리에서 평화회의(Peace Congress)가 열렸는데 그때 참여했던 사람들이 "이제는 정부대표들을 모아서 회의를 하자, 그래서 정부로 하여금 서약을 하게 해서 전쟁을 못하게 하고 국제간의 분쟁이 있으면 재판을 해서 해결할 수 있는 사법재판소를 만들게 하자"는 등의 안을 가지고 운동을 하였습니다. 바로 이 운동에서 중추적인 역할을 한 사람들이 여성들이었어요. 우리가 잘 아는 베르타 폰 슈트너라는 오스트리아 여성이 가장 앞장서서 많은 역할을 했고 그렇게 해서 마침내 1899년 헤이그에 42개국 정부대표가 모여서 첫 만국평화회의를 열었던 것입니다. 이것이 또한 UN의 시초가 되기도 했습니다. 기록을 보니까, 유럽 15개국에서 80여 차례나 대회를 열었고 참석자 모두가 여성들이었습니다. 이렇게 10년 동안 작업을 해서 마침내 여론을 형성하여 정부를 움직인 겁니다.

김윤옥.. 윌슨의 민족자결론도 원래는 여성들이 주장하던 것을 윌슨이 말한 것이지요.

이삼열.. 1918년에 1차대전이 종결되고 나서 파리평화회의에서 윌슨이 14개 조항을 낼 때, 민족자결주의라든가 국제분규를 사법재판소를 통해서 조정하자는 조항들은 대개 1890년대부터 여성들이 제기해 오던 구호에서 받아들인 거예요.

사회.. 투표권을 요구하고 참정권운동을 하던 제1차 페미니스트 물결이 일었던 그 맥락이네요.

이삼열.. 그 파리의 소식이 일제시대 동경유학생들에게도 전해졌고 3·1운동을 일으킨 여론이 조성된 것이나, 우리 민족의 독립운동도 결국 국제적인 여성평화운동에 빚을 지고 있는 셈입니다. 말하자면 민족자결주의가 나와서 1차대전 이후에 약소국들이 독립을 얻게 된다는 소식이 없었다면, 당시 우리 상황으로 3·1운동, 독립운동을 할 여력이 거의 없었다고 봐야 할 것입니다. 그런 맥락에서 평화운동에서의 여성들의 공헌은 높이 평가되어야 된다고 생각합니다. 한편 여성과 평화에 관해서는 많은 이론들이 있잖아요. 아이를 낳아본 여성들이 생명의 귀중함을 이해하는 것에서, 여성운동과 평화운동의 철학적인 토대가 같다는 생각이 듭니다. 2차대전 당시 여성들이 '우리 아이들은 전쟁터에 내보내지 말자'는 병역거부운동을 일으켰는데, 그건 감옥 갈 일이었어요. 또 실제로 감옥에 가기도 했고요. 그리고 심지어는 여성들이 '우리 간호사로 나가지 말자. 간호원사로 가서 부상당한 사람 고쳐주면 그들이 다시 총 들고 싸워서 남을 죽이니까'라는 생각으로 간호사봉사도 거부하는 운동을 했거든요. 왜냐면 결국 전쟁봉사의 일종이라고 보았기 때문이죠. 그렇게 철저했어요.

평화운동에서는, 이제는 국가간, 민족간의 전쟁이나 이데올로기 대립 같은 거시적인 갈등만이 문제가 아니라 어린이평화운동이나 여성평화운동, 가정에서의 평화 문제처럼 우리 문화 속에 나타나는 의식을 변경하는 것이 굉장히 중요하거든요. 오늘날의 평화연구가들은 사회구조의 반평화적인 것이 결국 가정이나 학교나 공장 등 하부세계 속에서의 반평화적이고 전투적인 그리고 폭력적인 구조와 깊숙이 연결되어 있다고 보거든요. 결국 우리의 평화운동은 구체적으로는 학교에서, 가정에서, 길거리에서 싸움하지 않고 정말 평화적으로 화해하면서 살 수 있는 공동체운동과 같이 나갈 수밖에 없어요. 이게 남북간의 평화와 밀접하게 관련이 되어 있고요. 학교, 거리 등 인간이 만나고 사는 모든 곳에서 평화가 필요한데 그것을 무시하고 갑자기 남북한의 평화가 이루어지나요. 여성들의 평화운동단체가 많이 생겨서 이 문제에 접근한다고 하면, 커다란 의미가 있다고 생각합니다.

사회.. 전반적으로 여성들이 주도하는 평화운동이 남성 중심적 평화운동과는 달리 평화적인 연대를 모색할 수 있는 이점이 있다고 하시는데, 실제 경험 이야기를 듣고 싶습니다. 김윤옥 선생님과 남인순 선생님께서 여성들의 운동이 정서적이라든지 전략적인 측면 등에서 어떤 구체적 차이가 나타났는지, 운동하시면서 느낀 점을 몇 가지 얘기해 주세요.

남인순.. 리더십에 있어서 남성 중심성 때문에 점점 운동에 회의를 느끼고 여성 독자노선을 걷게 되는데, 이는 남성들과의 연대에 너무 힘을 소모하는 것보다는 내부에 힘을 쏟자는 의미라고 할 수 있죠. 그러니까 통일운동은 혼자 할 수 있는 것이 아니지만, 현재의 과정에서는 여성 내부의 통일역량을 보다 강화하는 쪽으로 먼저 힘을 쏟고 우리가 성장해서 우리 힘을 갖고 연대를 해야 된다는 생각입니다. 남성들의 끼워주기 식의 연대에 참여해서는 뭔가 되기 어렵지 않은가 하는 것을 느낀 겁니다.

김윤옥.. 사실 한국 여성평화운동에 대해 평가하려면, 먼저 평화 개념을 생각해 보아야 할 것입니다. 우리가 '구조적 폭력'을 반대하는 운동을 평화운동이라고 하면 여성운동은 다 평화운동이거든요. 여연 등 여러 여성단체들이 모여서 '아시아의 평화와 여성의 역할' 한국실행위원회를 조직하여 남북의 여성들이 처음으로 남북을 방문하는 등 민간교류를 했습니다. 지난번에 현대의 정주영씨가 민간인으로서는 처음으로 판문점을 넘어갔다고 했는데, 그건 잘못된 보도입니다. 1991년 당시는 언론에서 굉장했었습니다만, 정주영씨가 소떼를 몰고 북쪽으로 가기 훨씬 전에 먼저 평양에 넘어간 건 우리 여성들이었어요. 여연구씨 등 북한 여성들이 평양에서 서울에 왔고 여기 여성대표가 평양에 가고. 민간 여성교류 그것도 큰 평화운동 아닌가요? 물론 이것을 운동단체의 이름으로 한 것은 아니었습니다. 또 여성평화운동론이라는 것은 없었지만 그런 역할을 한 사례는 많습니다. 구조적 폭력 반대운동은 베이징대회 이후 주로 여성들의 반폭력운동으로 나타나고 있는데, 이 역시 평화운동이거든요. 그렇게 규정하려면 약자인 여성들이 인권을 찾아서 움직이고 있는 모든 운동은 평화운동이라고 규정할 수 있죠. 그런데 우리가 '평화를만드는여성회'를 조직한 것은 이것을 좀더 전문화하려는 의도였습니다.

사회.. 새로운 평화운동의 패러다임을 모색해야 한다는 의미는, 단순히 기존의 운동들이 문제가 많기 때문에 새로운 패러다임을 모색하는 것이 아니라 현재 평화운동의 지형이 바뀌고 있다는 것과 관련이 있을 것 같습니다. 한 국가의 내부적 특수성 때문에 생기는 평화운동도 있지만, 이제는 점차 세계적인 연대, 국가경계를 넘어가는 연대의 필요성이 운동의 효과를 증진시키기 위해서 꼭 필요한 시점에 있다고 봅니다.

그런데 제가 선생님들 얘기를 들으면서 한 가지 의문이 드는 게 있습니다. 그 동안 민족문제가 한국의 통일운동과 군축운동의 가장 중심적인 축이었는데 반핵이나 군축 문제가 나오면 항상 갈등하는 부분이 있잖아요. 즉 한쪽에서 우리 민족의 생존권을 보호하기 위해서 반핵운동이 이루어져야 한다고 주장하고, 다른 쪽에서는 오히려 우리 민족의 보존을 위해서도 핵무기 개발은 필수적이다라고 주장하고 있습니다. 인도와 파키스탄의 경우만 하더라도 서로 적국의 위협 때문에 핵이 필요하다고 하지 않습니까? 우리 사회에서 통일운동을 펼쳐나가기 위해서는 기본적으로 민족이라는 것을 운동의 주체로 설정해야 함에도 불구하고, 항상 남한 주민의 안보와 평화를 위해서는 더 많은 군사력이 확보돼야 한다는 주장들이 동시에 나오는데 이런 문제들에 대해 어떻게 생각하십니까? 어떤 새로운 의식의 전환이 필요할까요?

평화운동의 새로운 패러다임 모색

이삼열.. 그 점은 80년대에 동서 갈등체제에서 유럽이 전개한 평화적 해결방식에서 많은 암시를 받을 수 있지 않을까 하는데, 독일 같은 나라는 끝까지 핵무기 개발을 안 했거든요. 사실 50년대 초에 나토를 만들 때 아데나워 정권에서 핵무장화를 둘러싸고 논쟁이 굉장히 많았습니다. 핵물리학자로 말하면 독일만큼 많은 데가 어디 있어요. 그런데 1957년에 오토 한, 닐스 보어 등 노벨상을 수상한 핵물리학자들 10여 명이 모여서 "핵무기 만드는 데 절대 협조하지 말자"라는 선언을 했는데, 여기에는 그만한 인식과 철학이 있었습니다. 핵무기는 쓸 수 없는 무기고 또 써서도 안 되고, 쓰게 되면 결국 양쪽이 다 망하게 된다는 거죠. 나토나 소련은 '핵무기는 쓰기 위해서가 아니라 핵억제(nuclear deterrence), 즉 핵무기를 가지고 저쪽이 공격을 못하도록 억제한다'는 명목하에 핵무기를 보유했지요. 그래서 한동안 핵무기는 쓰진 않지만 '보유'는 해야 된다는 것을 정당화하는 논리가 발전되었습니다. 이 같은 억지론으로 핵무기를 보유하다 보니까, 저쪽하고 이쪽이 어느 정도 균형을 이루면 그만둬야 되는데 한쪽에서 작은 것 하나 더 개발하면 다른 쪽에선 몇 배 더 개발하는 식이었죠. 그런 경쟁이 지난 3, 40년 동안 계속되었습니다. 결국 평화운동가들이 지적하는 것처럼 서로 적대적인 두 국가는 상대방보다 군사력이 조금이라도 우세해야만 균형이 이루어진다고 생각한 셈이죠. 계속 증강하고 경쟁하는 체제를 중단시키는 것, 즉 이 고리를 끊어야 합니다. 군사 균형이데올로기를 끊어야 하고, 핵무기는 쓰지 않고 보유만 하면 된다는 것이 하나의 이데올로기라는 것을 드러내야 합니다. 왜냐하면 인류 역사상 무기를 만들어놓고 쓰지 않은 역사는 없었고 언젠가는 쓰게 돼 있기 때문입니다. 그래서 반핵 평화운동을 하는 사람들이 이 같은 논리를 깨뜨려서 결국 SALT II회담도 성공시키고 감축해 가는 추세 아닙니까? 남북한의 군사력도 그래요. 북한의 육군이 한 100만 되어 우리 60만보다 훨씬 많지만, 우리는 공군력에서 훨씬 더 강한 무기를 가지고 있습니다. 그렇지만 항상 비교하며 우리가 열세인 것만 따지면서 자꾸만 증강시킵니다. 우리가 증강하면 저쪽도 증강하게 되죠. 결국 남북이 다 엄청난 군사비를 쓰면서 경제·사회복지 발전에 막대한 지장을 초래하고 있는 이게 다 반평화적인 구조 때문이고 군사문화 때문입니다.

사회.. 사실 우리나라에서는 군사부분과 관련해서는 '비밀'이 많고, 정보가 대중화되지 않아 군사력 증강에 대해 모르고 넘어가는 부분이 너무 많습니다.

김윤옥.. 21세기 여성평화운동의 비전과 새로운 패러다임은 반군사주의 문화와 페미니즘의 결합을 통해 모색될 것이라 생각합니다. 아이를 키우고 생명을 양육하는 데 대해 페미니스트들도 요즘은 긍정적으로 보잖아요. 이제 내 자식만이 아니라 지구의 모든 생명을 기른다는 양육의 사회화라고 할까, 그런 쪽으로 페미니스트들이 나가고 있거든요. 이러한 운동 속에서 여성평화운동이, 이삼열 선생님이 말씀하신 것처럼 권력 지향적이거나, 강자의 평화를 지향하는 국가주의적인 방향으로 나아가지는 않을 것이라는 거죠. 앞으로 21세기 패러다임은 이러한 여성평화운동의 철학을 가져가야 하지 않을까, 생각합니다. 저는 정대협 운동을 통해서 민족에 대해서 많이 생각하게 되는데, 우리의 민족주의는 약자의 자기보호적인 민족주의여야 의미가 있다고 봅니다. 정신대운동 속에는 제국주의, 군국주의, 민족주의, 민족차별, 여성차별, 천황제 문제 등 수많은 반평화적인 요소가 있어요. 정신대운동 자체가 하나의 각론으로서의 훌륭한 평화운동이거든요. 이 평화운동을 여성들이 10년 전부터 전개해 왔습니다. 그러므로 21세기니까 패러다임이 갑자기 새로워져야 한다고 기대하기보다는 이러한 운동이 자꾸 확산돼서 이 패러다임이 확장되는 것이 바람직하지 않을까요. 지금까지는 알려지지 않고 보여지지 않았기 때문에 이러한 평화운동이 드러나지 않고 저변확대가 안 됐지만 결국은 이것이 평화운동이라고 생각해요.

사회.. 평화운동의 새로운 패러다임 모색과 관련하여 중요한 것은 또한 평화교육의 필요성일 것입니다. 이제까지 주로 정치운동이라든가 피해자 중심의 운동 또는 구조적인 문제를 중심으로 평화운동이 많이 이루어졌다면, 이제는 반평화적인 요소들이 어떤 방식으로 일상의 문화 속에서 뿌리박혀 있는가 하는 데도 주의를 기울여야 한다고 생각합니다. '심리적인 가해'라는 것이, 구체적인 피해현장이 없고 보이지 않기 때문에 운동의 이슈가 될 수 없는 상황이었다면 이제 평화운동이 좀더 대중적으로 나가려면 이런 부분에 대해서도 주의를 기울여야 할 것 같습니다. 한국사회에 냉전체제와 군사문화 등 구조적인 문제에서 파생되는 반평화가 우리의 일상문화에 깊이 내재하면서 폭력에 대한 감수성은 점점 무디어져 가고 있다고 봅니다. 또한 자기의 삶과는 분리된 것처럼 보이는 정치운동에 대해서는 운동의 대중화가 이제는 잘 이루어지지 않는 것이 아닌가 하는 생각이 드는데요. 전에 선생님이 소수자의 감수성이 평화운동의 기반이 되어야 한다는 말씀도 하셨는데, 그것도 일상생활에서의 반평화적 요소에 대한 자각을 기반으로 그것을 평화적으로 바꿔나가는 노력이 이루어질 수 있다는 얘기인데, 여기서 평화교육의 필요성이라는 문제가 나올 수 있을 것 같은데요.

정병호.. 지금 딜레마는 우리 사회의 변화속도가 너무 빨라졌다는 겁니다. 어떤 문제를 보더라도 근대적인, 전근대적 그리고 포스트모던의 문제가 한꺼번에 결합되어 나타나고 있어요. 이기적 가족주의 등 사적인 영역에 함몰된 여성들의 경우에는 거대담론으로 얘기하는 민족이니 통일이니 하는 것, 세계평화까지 포함해서 이런 것들과 어떻게 연결을 해도 웬만해서는 움직여지지 않을 것 같거든요. 이와 더불어 일상생활의 평화문제를 조직화하는 것도 지극히 어려운 경우를 많이 봅니다. 육아, 특히 아주 어린아이를 가르칠 때부터 어머니들의 마음속에는 무한경쟁의 이데올로기가 강하고, 애정과 소유욕과 경쟁심 등 여러 가지 복합된 심정을 느끼거든요. 이 부분을 어떻게 공적인 훈련을 통해 변화시켜 내느냐가 중요한 일입니다. 공공성을 훈련받고 공공성을 경험하는 것 자체가 바로 여성들이 평화의 주제에 구체적으로 접근하는 계기가 될 것 같습니다. 상업적 지배문화가 일방적으로 여성들에게 내면화되어 있는 상황에서 이에 대한 대안으로 거대담론의 광의적인 이슈를 내건다고 해서 되는 것이 아니라 그 사람들이 일상적으로 어떻게든지 공공성에 대한 재미와 의미들을 느낄 수 있는 계기를 마련해 주는 것이 상당히 중요하다고 생각합니다.

  남인순.. 평화운동에서 군축이나 반핵 같은 것은 일상적인 감수성을 아무리 염두에 둔다 해도 여전히 구조적이고 지구적인 문제이기 때문에 전지구적 연대를 위한 서구의 경험을 배우는 것은 여전히 중요한 의미가 있다고 생각해요. 저는 평화운동의 영역이 전지구적인 것에서부터 개인의 일상적 삶까지 연결될 수 있는 운동이고 이러한 것들이 항상 복합적으로 강조되어야 한다고 생각합니다. 사람들이 일상의 영역에서의 운동이 굉장히 중요하고 감수성이 중요하다고 하는데, 한편으로 볼 때 구조적인 변화나 세계에서 무슨 일이 일어나고 있는가에 대한 무지가 감수성은 유지하면서도 한편으로는 반평화를 지속시키는 데 공헌하고 있거든요.

  정병호.. 그런 무지도 바로 반평화적인 것이라고 할 수 있죠. 사실 동아시아에서 우리가 현재 나가야 할 지향성은 국경을 넘어선 동아시아의 연대입니다. 우리는 대륙의 끝자락으로 한반도에서 살지만, 사실은 유럽과 같이 자유롭게 넘나드는 국경을 경험하지 못하고 고립된 섬으로 살아가고 있습니다. 이것을 극복하는 것이 우리 아이들의 세대까지 가면서 이루어야 할 평화운동의 성과라고 생각합니다. 그때가 되면 세계에서 가장 경제적으로 활발한 지역의 하나인 이 지역이 어찌 됐든지 우리 세대가 경험했던 장벽은 넘나들 수 있게 되리라는 기대를 상정하고 평화운동을 시작하는 거예요. 그것이 평화운동의 절대요소라고 봅니다. 국제연대는 일본과 중국, 홍콩, 러시아 그리고 조선족, 러시아의 한인들까지 포함하여, 우리의 폐쇄된 민족과 혈연 개념에서 벗어나 평화로운 동아시아, 우리가 지향하는 삶의 터전으로서의 동아시아, 자유롭게 교류하는 동아시아의 비전을 가지고 함께 연대하는 그런 맥락 안에서 봐야 할 것입니다. 민족의 통일이라는 주제를 결국 함께 교류하고 살아가는 삶의 터전으로 폭을 넓혀서 광역화로 풀어나가야 하지 않을까 하는 생각이 듭니다. 평화운동은 그런 비전을 제시할 필요가 있고 그 비전에서는 오히려 함께 사는 유럽의 사례를 받아들일 필요가 있을 것 같은데, 우리도 그럴 수 있는 지역이고 그럴 수 있는 모든 요소가 있다는 것을 좀더 드러내야 한다고 생각합니다.

사회.. 한국에서의 통일운동도 민족의 문제에 초점을 두는 것뿐만 아니라 이 통일운동을 통해서 동아시아의 전반적인 군축과 평화의 문제, 그리고 전세계적으로는 냉전체계가 갖고 있는 반평화적인 요소들에 대한 새로운 해결책으로 한국의 통일운동에 대한 비전을 제시하고, 평화운동의 영역을 확장시켜 주는 하나의 사례가 될 수 있다는 인식을 갖는 것도 굉장히 중요할 것 같습니다. 우리는 민족의 통일을 위해서 애쓴다고 하지만, 이를 단순히 우리만의 문제라기보다는 전체 지구적 연대 안에서 어떻게든 남북한의 통일문제가 평화운동의 주요 이슈로 설정될 수 있도록 이

운동의 의미를 부각시켜야 할 것 같습니다.

세계 속에서의 한반도 평화통일운동

정병호.. 통일운동의 보편화라고 할까요. 인류의 보편타당한 지향점을 가지고 서로 교류하고 커뮤니케이션 할 수 있어야겠죠. 일상적으로 남북한의 사람들은 현재 엄청난 군사문화, 폭력의 내면화, 억압, 갈등, 억울함 등, 전세계에서 가장 '핏대내는' 지역에 살고 있다고 표현을 하는데, 사실 악에 받쳐서 사는 거죠. 이런 조건에서 살아남은 사람들이 어떻게 동아시아의 평화와 연대라는 거시적인 꿈을 같이 나눌 수 있는 성숙한 커뮤니케이션의 주체가 될 수 있느냐 하는 거죠.

김윤옥.. 외국에서는 여성평화운동을 영성운동이나 신비주의과 결합시켜 하는 경우가 있습니다. 여성들이 가정에서 울분을 가지고 감정적 행동을 발산시키면서 그 관심을 공공영역으로 이전시키는 프로그램이 한 예이지요. 현재 경제문제가 평화를 위협하는 심각한 문제인데, 그런 문제에 대한 평화운동은 개개인이 대안운동을 하는 거라고 할 수 있습니다. 이러한 경제구조에서 가능한 대안운동의 정보를 주부들에게 가르쳐주는 것이지요. 예를 들면 스위스 바젤의 베어 뱅크나 독일의 할레라는 도시에서는 자기들 지역의 화폐를 만들고 '시간'을 이용하여 물물교환을 하거든요. 다섯 시간이 10마르크의 가치를 지니는데, 그렇게 해서 시간으로 되어 있는 지폐를 교환하면서 그 지역에서만 살고 미국 달러나 독일 마르크는 사용하지 않아요. 그 지역의 200명 가량의 여성들이 뭉쳐서 그 일을 시작하고 남성들도 카드회원이 되기 위해 몰려왔지요. 독일 할레에서는 10마르크만 내면 그걸 가지고 라디오나 TV도 고치고 대신 자기는 그곳에 가서 밥을 해주는 등 시간을 교환하며 살거든요, 그런 곳이 세계적으로 600곳이 있다고 합니다. 이런 운동은 한국에서도 막 시작단계인 것으로 알고 있습니다. 우리가 평화강좌를 할 때 이런 얘기를 나누고 지금 우리가 얼마나 상업주의에 이용당하고 있는가를 보여주는 것 등, 교육을 통해서 정보를 많이 제공하고 여성들이 많은 것을 새롭게 시작할 수 있도록 하는 것이 효과적이라 생각합니다.

정병호.. 교육의 문제를 말씀하셨는데, 교육이 만병통치약인 것 같으면서도 제도교육이나 학교교육 안에 평화교육 과목을 설치하는 것이 궁극적 해결책은 아니지 않습니까. 평화교육 교과서를 잘 만든다고 해결될 것도 아니고…. 결국 공식적인 제도교육에 별 기대를 못하고 결국은 비공식교육 쪽에다 기대를 하게 되면, 아무래도 사회적 영향력이 약하단 말이에요. 대중교육에 접근을 할 것인가 아니면 소수의 실험적인 삶의 지표를 보여줄 것인가를 전략적으로 생각해야 한다고 봅니다. 물론 어느 한쪽을 완전히 포기할 순 없겠지만요.

이삼열.. 서구 평화교육의 중심은 결국 갈등해소의 문제인데, 갈등을 해소하는 방식이 항상 갈등에는 갈등으로 상대하여 오히려 갈등을 격화시킴으로써 갈등을 해소할 수도 있다는 논리에 의한 것이거든요. 나도 힘을 길러 대항하면서 함부로 남이 나를 때릴 수 없게끔 힘의 대등한 관계를 유지할 때 갈등이 오히려 해소된다는 힘의 균형 이론(balance of power theory)도 나옵니다. 동아시아라면 동아시아가 가진 전통과 사상, 문화 속에서 독특한 것을 발견해 내야 한다고 생각해요. 평화운동을 비교해 보면서도 느끼는데 인도 같은 데 가면 인도의 평화교육을 위한 간디학교가 있잖아요. 거기서는 서구에서 하는 것과 방법론이 전혀 달라요. 그 사람들은 힌두문화 속에서 자라온 철학을 통해 문제를 다루고 있어요. 그런데 사실 가만히 보면 우리에게도 고유한 것이 있습니다. 우리는 갈등을 변증법적으로 투쟁해서 해결하는 방식이 아니라 항상 함께 아우르는 어떤 노력들,

말하자면 상생의 논리 같은 것이 있어 왔던 게 사실이거든요. 요즘 상생에 대해 많이 이야기하고 일본에서도 공생문화, 상생문화에 대해서도 논의되고 있는데, 정말 세계적인 평화 교육이나 운동에 우리의 고유한 전통으로 공헌할 수 있는 게 있다면 상생의 문화를 살려가는 것이라고 봅니다. 그런 건 또 미시적인 차원에서의 평화교육하고도 관계가 있다고 봅니다. 어린 이들에게 갈등을 해소하는 방식을 교육하는 데서부터, 우리가 늘 철학적으로 말하는 조화의 사상, 원효의 화쟁사상 같은 철학적 가치들이 우리의 생활방식 속에서 어떻게 구체적으로 나타날 수 있는지 교육자들이 연구하고 실험해야죠.

정병호.. 이렇게 빠른 근대화를 경험하고 단기간에 제정신 차리고 적응하는 게 쉽지 않은 것은 사실입니다. 일본의 여성운동 혹은 평화운동, 시민운동과 연결해서 볼 때 일본은 근대화의 시간이 우리보다 훨씬 길고 도시화도 훨씬 긴데, 그쪽에도 물론 추상적인 지역감정을 중앙정치의 자원으로 활용하는 사람이 있는지 몰라도 한국 같지는 않은 것 같아요. 우리의 경우 근대화로 인해서 기본적으로 '동네'가 없어졌다는 게 굉장히 중요하다고 생각해요. 광명에서 시민운동을 같이 하자고 그랬더니 "무슨 소리냐, 이 동네에서 말뚝박을 일 있냐. 내가 언제까지 경기도에 살겠느냐, 서울 가야 하는데" 하더군요. 반대로 일본에서는 장기적이고 지속적이면서 일상생활에서 여성들의 공공성을 높이는 주민운동을 많이 보았습니다. 그래서 주민, 지역, 이웃관계라는 것, 이런 이웃관계가 물리적 이웃이 아니라 네트워크라 하더라도 그런 유의 움직임들이 우리 사회에선 눈에 띄게 없어졌는데, 이것이 어떤 형태로든 다시 만들어지지 않는 한 항상성 있는 운동이라는 것이 어렵지 않겠는가 하는 생각이 늘 듭니다.

남인순.. 지금까지 얘기에서 보면, 여성운동의 과제라고 생각했던 문제들이 평화운동에서도 중요한 것 같아요. 진보적 여성운동에서는 94년부터 지역사업을 중요한 전략으로 상정했습니다. 그래서 여성운동을 하는 주 역량은 지역사회에 살고 있는 바로 주부들이라고 보았죠. 여성들이 지역사회에서의 여러 가지 생활의 문제, 생활가치의 문제, 생활환경에 대해서 개입해 들어가고 공적인 영역에 관심을 갖는 운동으로 가야 한다는 것인데, 한국여성민우회를 중심으로 그런 방향의 운동으로 많이 전환이 됐죠. 그 지역에 거점을 두면서 그 속에서 생활의 문제들을 중심으로 운동을 펼쳤어요.

지금까지 여성운동이 유지되어 온 패러다임 중에 가장 큰 것이 갈등 패러다임이었던 것 같아요. 남과 여의 갈등들을 부각시키면서 여성운동을 이슈화해 왔던 거죠. 그런데 최근에 나온 여성운동 자료들을 보면, 여성운동을 끌어왔던 패러다임에 대한 변화가 있어야 한다는 주장이 제기되고 있어요. 아직 정립되진 않았지만, 남녀라는 것을 탈피해서 여성운동의 패러다임 혹은 철학적 기반에 대해서 다시 전반적인 논의를 해야 할 시점이 되지 않았나 하는 생각이 듭니다. 새로운 비전이 서지 않으면 지역사회운동에 대해서도 소홀해지기 십상이기 때문입니다. 여성들이 너무 정책결정 과정에서 소외되고 여성이 어느 정도 진출을 해야만 한다는 생각으로, 여성의 '주류화'에 집중해 왔는데 그러다 보니까 1996년부터 97년까지 지역화 사업에 대한 부분이 상대적으로 축소되었습니다. 여성운동에서 지역화와 대중화라는 것이 중요한 전략이지만 실제로 여성들이 사회활동을 하는 데 제일 걸리는 문제는 육아문제인 것 같아요. 여성이 공적 영역으로 나오기 위해 아직도 해결되지 않는 문제 중에 가장 큰 문제가 여전히 육아문제, 즉 여성들의 욕구에 맞게 편하게 공적 구조가 되어 있지 않거든요. 이 문제를 해결하기 위해 여성들이 지역사회에서 공동으로 해결하는 형태로 서비스구조를 개선해 줄 것을 처음에는 국가에 요구를 하겠지만, 그것이 잘되지 않을 때 민간 차원의 서비스라도 구축해 가는 해결 방안을 찾아야 되지 않을까 합니다.

물론 평화교육도 중요하다고 봅니다. 요즘 민주시민교육에 관한 제도적인 확보방안에 대해서 고민하고 있는 중인데요, 반(半)공적 영역이라고 할까, 반민반관 같은 형태의 커리큘럼을 만들려고 합니다. 현재 여성에 대한 사회교육이 굉장히 많은데, 사실 이런 성인교육 프로그램의 여성평화교육 문제에서 자녀교육이 중요하다고 봅니다. 즉 여성들이 자녀교육에 관심이 많거든요. 자녀교육에 대한 여성들의 관심이 비록 자기 개인, 가족주의적인 측면에서 출발하긴 하지만 교육의 내용과 자녀교육 방식에다 자녀와의 갈등을 어떻게 해결하고 조정하는가 등의 프로그램들을 평화운동 차원에서 개발해야 되지 않을까 생각합니다. 그것이 여성 사회교육운동의 중요한 내용으로 선택되어 민주시민 교육이 활성화돼서 좀더 대중화를 꾀할 수 있는 구조가 되면 바람직한 여성평화교육이라고 할 수 있을 것 같은데요.

사회.. 여성이 주도하는 평화운동과 여성을 대상으로 하는 운동 사이에는 분명한 차이가 있을 것이라고 생각합니다. 부분별 운동에서 아이가 있는 여성들이 양육문제라든지 학교폭력 문제에 보다 적극적으로 나설 수 있는 부분은 분명히 있다고 봐요. 그런 운동은 자신의 경험적 조건과 밀접하게 연결되잖아요. 운동주체가 되는 것하고, 운동의 대상자 혹은 의식이 없어서 개혁해야 할 존재로 취급받는 것하고도 여성을 바라보는 인식에는 큰 차이가 있습니다. 한편으로 여성들은 의식이 있어도 권력이 없는 존재이기 때문에 자기의식을 체제변혁의 중요한 고리로 매개할 자원들을 많이 갖고 있지 못한 점도 인정해야 될 것이구요. 여성평화운동에서도 자칫 잘못하면 여성의 가족이기주의만을 강조하여 의식화할 대상으로 쉽게 설정하는 것은 아닐까요? 또 우리 사회의 평화를 저해하는 많은 문제, 즉 군사주의나 남성 중심주의를 얘기하고 나서 의식화할 대상으로 여성을 상정하는 것은 앞뒤가 잘 맞지 않는 점이 있는 것 같기도 한데요.

정병호.. 남성들은 공적 영역에서의 삶에 자신을 너무 일치시키고 있고, 여성들은 사적 영역 쪽으로 너무 많이 치우쳐 있다는 식의 이분화는 양쪽이 모두 극복해야 할 과제라는 생각이 들어요. 저는 아파트 부녀회가 평화운동의 중요한 기반이 될 가능성이 있다고 봅니다. 중앙에서 기획하고 그것을 수행하는 식이 아니기 때문이지요. 공동육아는 여성운동이지만 남성들도 동참시켜 부모들의 운동으로 만들어보려는 시도를 하고 있지요. 남성들이 공동육아에 관여하기 시작하면 일상생활의 모든 측면에서 자기들이 바라는 삶의 양식 같은 것을 아이들의 삶에 투여하지요. 공적인 영역에서 아이들을 키우면서 가치관들이 서로 대립하기도 하고 갈등을 풀어나가면서 어른들의 재사회화가 이루어진다고 보기 때문에, 그 과정을 교육적 과정이라고 생각했거든요.

사회.. 공공적 시민권이란 개념이 내가 이익을 봄으로써 다른 사람이 당할 피해라는 것에 민감해지면서 자기 안에 이미 타자의 경험을 수용할 수 있는 그런 식의 개인의 가치에 대한 재인식으로부터 출발한다고 생각하는데요.

평화운동의 핵심은 평화에 대한 의식화

남인순.. 정병호 선생님께서 아마도 관용에 대해 말하고 싶어서 공공성 얘기를 하신 게 아닌가 하는 생각이 드는데요. 제가 말씀드리려고 하는 것은 내면의 반평화적인 것을 분석해서 접근할 필요가 있지 않을까 하는 겁니다. 즉 개인에게 늘 불안이 존재하고 분단으로 인해 군사주의 문화가 상당히 퍼져 있고 늘 상호간의 갈등이 상당히 해소가 되지 않는 사회문화가 있음에도 불구하고, 우리는 너무 큰 정치·군사적 틀에서 보아왔습니다. 물론 이 역시 여성운동이 해야 하는 큰 과제라고는 생각하지만요. 따라서 양 방향에서의 구체적 접근이나 개발 모두 필요한 것 같습니다. 여성평화운동에서도 이 두 가지 방식이 함께 계속 개발되어 가야 하는데, 사실 두 가지가 다 인간에게 필요한 것임에도 불구하고 그것이 얼마나 실천 가능한가 하는 것이 운동에서 딜레마라고 생각해요.

　　이삼열.. 그건 운동의 성숙도 문제이지 이것이냐 저것이냐를 선택할 그런 것은 아닌 것 같고… 반성은 물론 해야 되겠지요. 파울로 프레리는, 평화운동의 핵심은 평화의 의식화라고 했어요. 과연 여성이 평화운동에 얼마나 참여할 수 있느냐, 기본적으로 얼마나 의식화되느냐, 그게 얼마만큼 나의 삶의 문제로, 내 아이의 문제로, 내 가족의 문제로 인식되느냐가 관건이라고 봅니다. 평화교육이 나의 생존과 나의 아이들의 장래와 정말 밀접한 관계가 있다는 것을 의식화시키고 교육하는 것이 중요한 과제이겠는데, 평화라는 개념이나 아이템이 너무나 많고 다양하니까 모든 것을 다 한꺼번에 할 수는 없겠지요. 기본적으로 여성운동은 평화운동의 핵심이고 여성운동은 평화운동이라고 봅니다. 그리고 페미니즘은 곧 평화주의를 내포하고 있는 거죠. 평화운동이 다 여성운동이라고 얘기할 수는 없지만 여성운동은 전적으로 평화운동인데, 권리를 쟁취하는 면에서도 그렇고 공생을 유지하는 면에서도 그렇고 자기 삶의 생존, 생명을 지키는 운동에서도 그렇고 모든 것이 다 평화와 일치한다는 거죠. 그런데 그 과정에서 여성들이 너무 눌려 있으니까, 현재의 체제와 갈등을 일으켜서 결국은 자기를 찾게 만들어야 하는 거죠. 우리 사회에서는 역지사지(易地思之), 즉 상대의 입장이 되어 이해하는 그런 교육을 시킬 수밖에 없다고 봅니다. 갈등을 승화시키면서 조화를 찾아가는 논리, 이건 평화운동의 목표 가운데 하나지요. 그렇다고 해서 어떤 갈등구조나 평등운동을 포기하자는 것은 아니고, 이것을 모두 아우르는 운동방식으로 나가야 합니다. 모든 운동은 다 역사적 발전단계에 따라서 전략과 목표가 달랐으니까 그런 방향으로 성숙화시키자는 거죠.

김윤옥.. 요즘 특히 상생과 조화라는 말을 많이 사용하는데, 저는 한국 여성들은 여전히 좀더 예리한 비판정신으로 평화의식을 기르는 가운데 상생의식으로 넘어가야 한다고 봅니다. 즉 비판교육을 더 강화함으로써 비판의식을 길러야 한다는 것이지요.

정병호.. 우리의 일상생활, 주변에서, 지역에서 다양하고 각각의 생활에 맞는 주제를 통해 만남을 가져야 하고 그 안에서 공동체성과 공공성을 훈련하는 계기를 마련해야 된다는 것인데, 그러나 이런 것들이 그 집단의 이기주의 혹은 일상사에 함몰되지 않도록 거시적인 비전을 늘 제시하면서 연대나 단합으로 나가야 된다고 봅니다. 서로가 유기적으로 연결되지 않고서는 사실 일상적인 어떤 조직도 금방 다시 왜곡된 생활문화에 함몰되기 쉽거든요. 오히려 일상적인 지역의 만남을 더 건강하게 만들기 위해서도 거시적인 차원에서의 비전이나 비판의식, 의식화, 갈등 등이 필요하다고 생각합니다. 그리고 여성운동이 전적으로 이 문제를 제기해 왔다고 평가합니다. 제가 이해하기에는 여성의 감수성이 아니고서는 이런 문제들은 풀릴 수 없다고 봅니다. 중앙 중심과 권력 중심적 남성에게서는 도대체 이루어질 수 없는 일이지요.

사회.. 오늘 좌담회를 통해 평화운동의 기반은 평화를 갈망하는 사람들의 수가 많아져야 한다는 소박하지만 진정한 결론을 얻은 것 같습니다. 남성을 포함한 한국인들 모두가 경쟁으로 가득 찬 사회에서 인간소외를 경험하고 너무 살기 힘들어진 상황까지 왔다고 생각해요. 자기 삶의 평화라는 것을 추구하는 사람들이 많이 나타나야 하고 그러기 위해서는 한국 사회의 구조적 모순들이 변화되어야 하겠지요. 우리 사회의 급격한 경제 성장이라든가 군사주의 같은 것이 지금까지 비정상적이고 말도 안 되는 폭력들을 '정상'이라 규정하고 합리화했다고 봅니다. 그것들에 저항하는 평화주의자들을 사회적으로 도태시켜온 사회였기 때문에, 한국사회의 평화운동은 반평화적인 요소들에 대해 목소리를 내는 것에 대한 두려움에서 벗어나는 것으로부터 시작되어야 할 것 같습니다. 여성 운동은 일상적인 경험의 억압성을 드러내는 일을 해왔고, 이것이 평화운동과 접목되면서 반핵, 반전과 같은 큰 이슈와 일상을 연결하는 새로운 평화운동의 패러다임을 보여줄 수 있을 것으로 기대됩니다. 일상적인 삶의 변화를 추구하는 운동들이 많이 확산되는 것, 최소한 그것들이 공공적으로 의미 있는 일, 사회적으로 가치 있는 일로 평가받기 위해 많은 노력들이 이루어질 것이라 기대합니다. 인식의 전환이 이루어지기 위해서는 많은 시간과 노력이 필요하다고 봅니다. 여성평화운동은 어떤 면에서는 구체적이고 빠른 결과물을 기대할 수 없는 조금은 성찰적이면서 장기적인 비전을 갖는 운동이라고 할 수 있겠지요. 오늘 장시간 자신의 경험과 비전을 나눠주신 참석자 모든 분께 감사드리며, 여성평화운동에 대한 좌담회를 끝마치겠습니다.

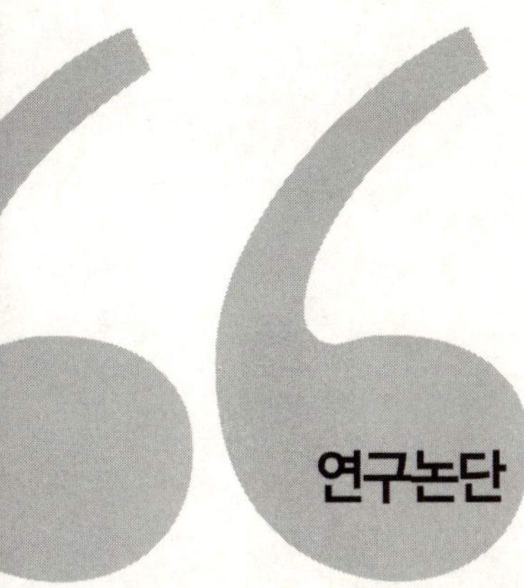

우리 삶 속의 군사주의

권인숙 | 하버드대학교 한국연구소 Post-doc. fellow

한국 여성통일운동의 현황과 과제

정현백 | 성균관대학교 역사학과 교수

현대 북한 대중매체를 통해서 본 북한여성

김귀옥 | 서울대학교 사회발전연구소 상근연구원

우리 삶 속의 군사주의

여성과 군사주의의 관계를 중심으로

권인숙 | 하버드대학교 한국연구소 Post-doc. fellow

1. 머리말

1997년 봄에 나는 '여성과 군사화'라는 강의를 들었는데, 그 강의에서 수강생 각자가 군사화되었다고 판단되는 여성들을 찾아서 인터뷰하는 과제물이 있었다. 대개는 군인가족을 인터뷰 대상으로 삼았다. 그후 각자의 인터뷰 결과를 토론하는 자리에서 수강생들은 대개 비슷한 내용의 어려움을 토로했다.

인터뷰 대상이 군인의 부인이나 딸이든, 자식 여럿을 군인으로 둔(혹은 두었던) 어머니든, 혹은 죽고 죽이는 군사적·폭력적 갈등이 거의 일상화되어 있는 이스라엘 접경지대에 사는 팔레스타인 여성이든, 하나같이 자신들이 군사화되었다는 전제에 대해 반발하거나 부정했다는 것이다. 그리고 이들은 군대나 군사문제와 관련해서 자신의 과거나 현재를 쉽게 풀어내지 못했다. 내가 인터뷰한 여성은 아버지가 해병대 장교였는데, 그녀 역시 자신의 삶을 군대와 관련해서 쉽게 이야기하지를 못했다.

　이와 비슷한 반응은 1998년 여름에 내가 한국에서 80년대에 학생운동에 참여했던 20여 명의 여성을 대상으로 군사주의에 대한 의식조사를 했을 때도 나타났다. 군사주의(militarism)와 군사문제 등에 대한 의식을 알아보려고 한다는 나의 취지를 밝혔을 때, 대부분이 그것이 자신들과 무슨 관계가 있냐는 식의 반응을 보였다.

　여성과 군사화의 관련성에 대한 이런 식의 부인이나 무관심 혹은 무의식은 일견 당연해 보인다. 남자들과 달리 여자들은 일반적으로 군대에 가지 않고 비상시에 직접적으로 국방의 책임을 지지 않기 때문이다. 더구나 모성의 주체임을 강조하면서 근본적으로 여성을 전쟁이나 군사주의와는 거리를 둔 존재로 규정하는 시각도 상당히 넓게 퍼져 있다(Ruddick 1998; 1993; 1990; Warren and Cady, 1994).

　그러나 군사화 과정을 단순히 군대 내부에 국한되어 일어나는 것이 아니라 전사회적인 것으로 이해하려고 할 때, 이런 무관심 혹은 분리의식은 다른 각도에서의 분석할 거리를 제공한다.

　한 사회는 성별에 따라 일정하게 영역이 구분되어 있고 또 바람직하다고 기대되고 요구되는 여성성/남성성의 구분 및 상호관계 속에서 움직여나가며, 군사화 과정도 이런 사회구성의 맥락 속에 함께 자리잡고 있다. 그렇기 때문에 당연하게만 보이는 이 관련없음이나 여성의 존재적 거리두기의 철학이 오히려 여성의 군사주의와의 관련성과 군사화된 사회에서 여성의 역할이 드러나는 것을 가리고 있을 수 있다. 다시 말해 이런 가시적인 관련없음은 군사화가 진행되면서 성차별적인 분업, 영역규정 그리고 기존의 가부장적인 남성성을 유지·강화시키면서 억압적인 여성성을 재생산하는 실체에 대한 문제제기를 원천적으로 어렵게 하는 걸림돌이 되기도 한다.

　한편 한국의 경우 남자들에게도 '군사주의'나 '군사화'는 일상적으로 쉽게 이해되는 개념이 아니다. 사실 군사주의라는 말은 현실적으로 거의 쓰이지 않고 있다. 한국의 남성 정치평론가를 만나서 이야기했을 때도 군사주의라는 단어를 무척 낯설어했다. 다른 지식인층 남자들도 마찬가지였다. 또한 내가 인터뷰했던 여성들 모두가 군사주의라는 말을 들어보거나 써본 적이 없다고 대답했다. militarism를 한국어로 표현할 수 있는 또 하나의 단어인 '군국주의'에 대해서는, 모두들 히틀러 혹은 2차대전 시기의 일본을 떠올리면서 현재 한국 현실을 설명하는 데 적합하지 않은 낡은 개념으로 본다고 반응했다.

군사주의와 관련되어서 가장 광범위하게 쓰이는 말은 군사문화였다. 군인들의 문화가 사회지배적인 통치문화(홍두승, 1996; 변화순, 1995)와 접목되고 확산된 것을 지칭하는 군사문화는 군사정권 아래서 오랜 세월을 보낸 한국 사회의 다양한 문화적 현상을 설명할 수 있는 상당히 유효한 개념이다. 그러나 군대문화의 시민사회로의 접목이라는 한정적 의미를 깔고 있는 군사문화는, 사람들에게 내면화되어 있는 이념이나 가치체계를 설명하는 데는 많은 한계를 지닌다. 즉 북한을 극단적으로 적대화시키고, 이 집단에 대한 적개심과 공포심 그리고 반복되는 전쟁 가능성을 통한 긴장감 조성, 국가방어의 신성화, 미군주둔에 대한 대중들의 일반적인 지지, 국민개병제, 30여 년의 군사정권 지배를 가능케 했던 토대들, 광범하게 퍼져 있는 다양한 이념과 가치체계, 세부화된 문화 등을 포괄하면서 총체적으로 진행되었던 한 사회의 군사화 과정을 군사문화라는, 이미 한정된 의미로 사용되고 있는 개념으로 설명해 낼 수 있겠느냐는 것이다.

이와 같은 문제의식을 바탕으로, 이 글에서는 여성과 군사주의의 밀접한 관련성과 그런 관련 속에서 여성 차별적 현실이 유지되는 맥락을 살펴보고자 한다. 그리고 한국처럼 군사적 긴장도가 높고 군사정권이 오래 지배한 나라에서 군사문화라는 개념 이외에 군사화나 군사주의적 지배를 설명할 만한 카테고리 혹은 개념이 성립되지 않았는지 그 이유도 함께 알아보면서, 아울러 이 같은 문제의식 속에서 일부 여성들의 군사문제에 대한 인식 또한 밝혀보고자 한다.

2. 여성과 군사주의에 대한 여러 생각들

1900년 초 이전부터 미국과 영국에서는 페미니즘의 영향을 받은 활동가와 학자들이 전쟁발발이 여성들에게 미치는 영향과 전쟁에서의 여성의 역할을 밝히려고 노력해 왔다.[1] 그러나 페미니스트들 사이에서 여성과 군사주의에 대한 구조적인 설명을 꾀하는 연구는 상대적으로 최근에 시작되었다. 루딕 등은, 자녀양육 등을 실천하게 되는 여성들은 본질적으로 전쟁이나 군사주의와 거리를 두게 된다는 논리를 전개함으로써 여성을 평화운동의 주체로서 자리매김했다. 미국에서 일어났던 '평화를 위한 여성파업(Women Strike for Peace, WSP)'[2]은 실제로 모성이라는 공통점을

---

1) 리딩톤에 의하면, 퀘이커교의 전통을 이어받은 영국과 미국의 여성평화운동은 1816년부터 시작되었다. 19세기 중반 이후에 영국의 몇몇 참정권 페미니스트들은 여성의 참정권을 평화문제와 연결시켜서 생각하기 시작했다. 이런 미국과 영국 여성들의 평화운동에 대한 활발한 참가는 계속 이어진다(Liddington, 1989). 또 제1차 세계대전을 전후에서 엠마 골드만, 제인 애덤스, 릴리언 월드, 그키스탈 이스트만 등은 여성의 참정권과 동등한 정치적 대변은 평화로운 세계를 만들기 위한 필수조건이다고 선언했다(Zeiger, 1996). 이후 운동의 맥은 미국 여성의 평화를 위한 파업(1961)과 영국의 그린햄 컴언 운동(1982~89) 등으로 이어진다. 여성과 전쟁의 관계를 알리는 또 다른 특별한 저서는 버지니아 울프의 *Three Guineas*(1938)이다.

2) 평화를 위한 여성파업(1961~70)은 1961년 11월 1일 미국의 중산층 백인여성들 수천 명이 평화를 위한 전국적인 시위를 벌이면서 시작되었다. 다양한 정치적 배경을 가진 여성들이 모성이라는 공통점을 내세우며 반핵·반전 운동을 활발하게 펼쳤다. 그러나 60

기반으로 했으며, 영국에서 핵미사일 기지 건설에 반대해서 일어났던 그린햄 컴온 운동(Greenham Common)[3]은 여성만의 평화운동이었다. 또 환경주의적 페미니스트들은 여성-본성-평화의 관계를 강조하고(Warren and Cady, 1994), 길리건은 관계 중심적인 여성의 자아형성 과정을 보여줌으로써 여성은 평화 그 자체나 평화적 해결방법을 선호한다고 주장하였다(Gilligan, 1982).

그러나 남성과 다른 여성의 본성이나 실천에 대한 강조는 결과적으로 남성성/여성성의 본질적 분리를 기초로 해서 전래되어 온 성별역할을 지지하는 결과를 낳는다. 가부장적인 군사화의 기본 맥락을 반복하게 만든다는, 풀기 힘든 어려움에 빠지는 것이다(Kaplan, 1994; Peach, 1994). 탈역사적인 이 관점으로는, 여성이 군사적인 활동을 하는 것은 잘못된 것이라는 지적 외에는 여성이 구체적·역사적으로뿐 아니라 지금의 다양한 현실 속에서 애국적인 군인으로, 간호사로, 어머니로, 노동자로, 상징으로 그리고 대중으로서 적극적 혹은 무의식적으로 전쟁이나 폭력성을 띤 민족적 저항 혹은 군대에 참여해 왔고 앞으로도 참여하리라는 것을 설명할 수 없다.

이와 전혀 다른 방향에서 일부 페미니스트들은 여성의 군대참여나 게릴라운동의 전사로서의 참여를 여성이 남성과의 동등함을 얻어나가는 중요한 도구로 보기도 한다(Feinmanm, 1998; Stiehm, 1996; Hervert, 1994).

년대 말 70년대 초 들어서 모성을 강조하는 이들의 활동은 급진적 페미니스트들로부터 강한 비판을 받기도 했다(Swerdlow, 1993).

3) 영국 그린햄에서 8년여에 걸쳐서 진행되었던 여성들만의 핵미사일 기지 반대운동(1982 ~89)은 직접 기지 주변에 캠프를 설치하고 그곳에서 숙식을 하면서 다양한 반전 이미지 등과 행동방식을 보여줌으로써 그 운동의 지속성과 함께 많은 화제를 낳았고, 이후 여성평화운동의 하나의 상징이 되었다(Cook and Kirk, 1983).

이 관점에서는, 동등한 군대참여를 통해서 쟁취된 성적 평등은 사회의 민주화를 앞당길 수 있다고 본다. 실제 여성의 군대참여는 아직도 논란이 되고 있는 주제이다. 여성의 군대참여는 자유주의 여성주의자들의 주장에서 많이 제기된 바 있는, 동등권을 얻고 고정된 성별 역할분담이나 남성성/여성성의 틀을 해체하기 위한 대안으로서 남자와 똑같은 능력과 실천을 보여주자는 맥락에서 현실적으로는 상당한 설득력을 얻고 있다. 그러나 이 관점은 남성을 기준으로 남성화된 사회질서에 응하면서 남성과 같아지려고 한다는 논리상의 허점을 지니고 있으며, 한 사회의 군사화에 적극적으로 협조하는 것이라는 비판을 평화운동에서의 여성주체를 강조하는 페미니스트들에게서 받아왔다.

그럼에도 불구하고 현실에서, 국가가 운영하는 군대에의 여성참여는 증가추세에 있으며 니카라과 · 남아프리카공화국 · 우간다 · 북아일랜드 등지의 수많은 저항운동의 군대조직에 여성들이 참여해 왔다.[4] 미국의 경우 1997년 현재 군대 내 여성의 비율이 13.5%나 되며(Enloe, 2000), 이스라엘에서는 여성도 징병대상이 되고 있다. 한국에서도 여성 사관후보생 시험이 22대 1의 경쟁률을 보이기도 했다(『한국일보』, 1998. 2. 23).

이런 현상이 여성의 취업기회 확산과 더불어 나타난 (육체적 강함이나 국가안보나 폭력적 저항운동의 주체가 됨으로써 형성된) 지배적인 남성성에 대한 도전이든 아니면 군사주의나 지배적인 남성성의 확산의 일환이든, 군대가 여성으로부터 완전히 분리된 조직이 될 현실적 가능성은 아

---

4) 한국전쟁 당시 남부군에 여성전사가 상당히 있었다는 사실은 많은 증언을 통해서 전해지고 있다. 또한 니카라과 산디니스타 운동에서 여성들의 게릴라운동에의 참여는 유명하다(Randall, 1994; 1981). 그외에도 남아프리카공화국(Cock, 1993)이나 필리핀 또는 우간다 등의 많은 아프리카 민족이나 국가들에서 여성들의 무장전사로서의 활동은 일반적이다.

주 낮다. 즉 여성의 군대참여를 둘러싼 논쟁은, 각각의 입장이 여성의 현실을 부분적이고 파편적으로 반영하고 있음으로 해서 이에 따른 일정한 설득력과 허점을 동시에 지닌 채 평행선을 이루고 있다. 따라서 현실적으로 유의미한 논쟁이 진행되기 힘들다고 볼 수 있다.

또한 여성의 군대참여를 찬성 혹은 반대 식의 논쟁으로 끌고 나가는 것은, 여성들이 다른 형태로 군대라는 조직의 활동에 참여하고 그 존재를 지지하는 역할, 즉 군인의 부인이나 가족으로서 혹은 군인을 대상으로 한 매춘여성으로서, 군사화된 사회에서의 한 성원으로서 성별분업에 참가하고 있다는 사실을 보지 못하게 할 수 있다. 결국 여성 군인의 존재는 군대조직에의 보다 가시적이고 적극적인 형태의 참여이고 군사화된 실재로 보아야 할 것이다.

이런 두 가지 흐름과는 다른 방향에서 일부 페미니스트들은 군대조직의 형성과 유지, 한 사회의 군사화 과정이 성별 분업화된 역할과 특정의 남성성/여성성의 사회적 형성에 얼마나 깊이 의존하면서 진행되고 있는가에 관심을 쏟고 있다(Enloe, 1988; 1993; Elshtain, 1987).

버지니아 울프는 *Three Guineas*(1938)에서 한 사회가 어떻게 성별화된 카테고리로 완벽하게 나누어져 있으며, 여성과 남성이 다른 방식으로 그러나 전쟁을 만들어내고 진행시키는 구조에 얼마나 깊숙이 얽혀 있는지를 탁월하게 설명하고 있다. 울프의 시각을 확장시키면서 일부 페미니스트들은 전체 구조를 성별화된 맥락에서 풀어보는 것이 여성이 군사주의를 이해하는 관건이 된다고 주장한다. 캐서린 문은 미군기지 축소를 막기 위해 진행되었던 70년대 한국 정부 주도의 미군기지 정화운동(매춘여성들의 성병문제와 개별관리를 위한 운동)을 예로 들면서 미군기지 주변의 매춘여성들은 미군들이 그 남성성을 잃지 않고 병사로서 활동할 수 있게 하는 디딤돌로서의 역할뿐만 아니라 한미 안보문제의 중요한 대상이 됨으로써 결국 비공식대사로서의 활동을 했다는 점을 그려내기도 했다(Moon, 1997). 또 신디아 인로는 이 성별화된 관련성을 한 사회 내에서뿐 아니라 국제관계에서 본격적으로 읽어내고 있다. 그는 전세계에 퍼져 있는 군사기지들이 어떻게 주변의 매춘부나 군인의 여자친구 혹은 아내, 평화운동가, 여군 들이 가부장적인 군사주의적 질서 속에 편제되어서 해내는 가치와 역할의 실천에 기대고 있으며, 또 이들의 역할이 상호 배타적이면서도 윤활하게 이루어지는 것이 군사기지를 성공적으로 유지하게 하는 중요한 기초인지를 상세하게 설명하고 있다(Enloe, 1989).

3. 누가 군사주의자인가

공공연한 군사주의자를 만나기는 쉽지 않다. 군사주의는 전쟁을 정상적이고 바람직한 사회적 활동으로 보이게 하는 가치관의 체계로서 또는 전쟁이나 전쟁준비와 관련한 사회적 실천이나 태도들의 총합으로서 이해되어 왔다(Mann, 1988). 사실 전쟁이나 갈등을 불러일으키는 이데올로기로 보이는 이 부정적인 느낌의 군사주의는, 사람들이 공개적으로 믿고 내면화하고 따르는 신념들의 일정한 합의 형태를 띠기도 하는 이데올로기로 간주하는 것이 부적당해 보인다.

실제로 자신은 전쟁을 찬성하고 전쟁준비를 옹호하는 가치를 가지고 있으며 이를 실천하고 있다고 믿는 사람은 그리 많지 않을 것이다. 세계 여러 곳에서 군사분쟁이 일어나고 있으며 미국이 이런 분쟁에 거의 매번 개입하고 많은 경우 군사적 개입으로 확대되지만, 이것이 많은 사람들에게 내재해 있는 군사주의 때문이라는 것을 규명하려는 노력 또한 많지 않다. 그보다는 지배야욕에 불타는 소수 권력층이나 군수업자들의 음모로 해석하는 것이 더 설득력 있어 보인다. 이와 같은 맥락에서는, 대부분의 사람들은 어쩔 수 없이 그런 음모의 흐름 속에 말려들었거나 잘못된 민족주의나 인종주의의 광기의 결과로서 이런 분쟁을 겪게 되는 순박한 희생자로 비쳐진다. 무력분쟁은 끊임없이 일어나고 있지만, 평화를 가치의 우위에 놓고 있으며 전쟁폐해를 익히 겪어서 아는 지금에 이르러서도 이런 분쟁이 사람들의 군사주의적 신념체계에 뿌리를 두고 일어나고 있다고 생각하는 사람은 그리 많지 않을 것이다.

그렇다면 오랫동안 민주주의 질서를 지켜왔다는 미국에서 이라크에 미사일 공격을 할 때마다 60% 이상의 국민들이 무조건 지지를 보내는 것은 어떤 이유에서일까? 많은 민족분쟁이나 종교적 분쟁이 군사적 대결로 치닫는 이유는 무엇일까? 엄청난 내전을 거친 끝에 독립한 알제리에서 아직도 내분을 집단적 폭력으로 해결하려는 이유는 무엇일까? 내전을 겪은 이후의 남아프리카공화국에 총기문화가 크게 번창해서 하루에 19명이나 총에 맞아죽는 이유는 또 무엇일까(Cock, 1997)?

군사주의(militarism)의 일면적 규정, 즉 군사조직 존립의 정당성을 인정하고 그 조직과 그 조직성원들에게 힘을 부여하면서 전쟁과 전쟁준비만을 정당화하기 위해 단편적으로 존재하는 이데올로기라는 규정은 상당히 제한적이다. 이 규정만으로는 한 사회 내에서 또는 국제적으로 일어나는 군사적·집단적 폭력에 대한 전사회적인 실천이나 지지를 설명해 내기 힘들다.

언제든지 군사적 대결로 치달을 수 있는 흐름과 동력이 내면화되어 있는 가치체계와 일상생활에서의 실천 없이 군사주의는 하루아침에 생겨날 수 없다. 군사주의는 바로 그 내재된 가치체계와 일상적 실천 속에 자리잡은 이념을 의미한다. 콕은 현대의 민족이나 우방들 또는 집단의 이익을 도모한다는 명분하에 갈등의 해결을 위하여 집단적 폭력(Cock, 1993)을 사용하고 그것을 정당화하는 이념의 줄기가 군사주의라고 규정한다. 그리고 인로는 이런 집단적 폭력을 가능케 하는 집단이 유지되고 힘을 얻기 위하여 필요한, 이른바 전사로서의 남자다움 그리고 그런 남자다움을 보조·보완하는 여자다움의 사회적 형성과 함께 이런 집단의 유지·보존을 위한 훈련과 단일적 위계질서, 역할분업들을 자연스럽게 보이도록 하는 여러 제도적·신념적 장치들을 포함하는 개념으로 이해하고 있다.

이런 관점에서는 반(反)군사주의자와 군사주의자의 경계선이 많이 허물어진다. 민족국가를 중심으로 형성된 현재 세계질서에서 군사주의를 설득시키고 대변하는 다른 표현들—국가안보, 국가보위, 민족간의 힘의 균형 등—이나 제국주의적 억압 혹은 민족 내부의 갈등과정에서 나타나는 게릴라운동, 억압받는 사람들을 위한 정의 등의 이름으로 행해지는 집단적인 폭력과 무장화는 쉽게 그 필요성과 정당성을 부인할 수 있는 문제가 아니다. 즉 사람들이 군사주의라고 표현된 그 무엇을 싫어하고 군사주의자가 되고 싶어하든 그렇지 않든, 군사주의는 아직도 광범위하게 우리의 가치와 실천 속에 존재하는 영향력 있는 이데올로기이다. 많은 사람들이 현대의 민족국가 중심의 체계에서 그리고 억압하는 자와 억압받는 자의 갈등 속에서, 그 밖에 정당화될 수 있는 여러 상황 속에서 믿고 의지하는 이데올로기인 것이다.

군사주의자를 만나기 쉽지 않고 일상생활 속에서의 가치나 실천이 군사주의와 연결되어서 해석되지 않는 또 다른 이유는, 일반적으로 군사주의는 민족주의나 가부장제와 많은 공통점을 지니고 있으며 또 가부장제나 민족주의 속에 자리잡은 그런 특징들을 강화·보강해 주는 신념체계라고도 볼 수 있기 때문이다.

모든 민족주의와 가부장제가 항상 군사주의를 동반하는 것은 아니지만, 현대에서 민족주의나 가부장제와의 긴밀한 관계없이 군사주의만 따로 존재하기란 거의 불가능하다. 집단적 폭력의 정당화는 나의 집단을 다른 집단과 구분하고 그 다른 집단을 적의 이미지로 만들어내지 않고는 이루어지지 않는다. 이런 면에서 민족주의의 기본 속성, 즉 우리 민족의 이익과 보존, 번영을 배타적으로 최우선시하면서 이를 위한 그 어떤 실천도 미화되고 내부의 단결을 위하여 주변 국가나 민족을 경계하고 적대시하는 민족주의는 민족국가 단위의 군사주의에서 없어서는 안 될 속성이다. 물론 민족주의, 특히 제3세계 민족주의의 정당성을 전면적으로 부정하는 것은 아니다. 다만 그 정당성의 여부를 떠나 민족주의라는 틀은 아주 쉽게 군사주의를 내포할 수 있음을 지적하는 것이다.

변화순은 한국의 현대문화를 단적으로 가부장적 군사문화라고 통칭하였다(변화순, 1995). 위계질서를 강조하고 상명하복의 질서가 강한 유교적 문화와 군대문화의 결합이 사회에 끼친 영향을 논하면서, 여성 역할의 끊임없는 보조 서열화도 그 하나의 특징으로 든다. 가부장제와 군사주의의 특성 하나는 가부장제에서의 역할과 군사주의에 관련된 역할이 여성에게는 특히 큰 차이 없이 겹친다는 점이다.

이런 특성이 여성과 군사주의의 관련성을 드러나지 않게 한다. 예를 들어 군인부인의 경우, 이들이 군대와 관련해서 하는 역할과 가부장제에서 형성된 성별분업화된 여성의 역할이 별 차이가 없다. 그렇기 때문에 군대라는 조직이 군인부인들의 노동과 협조에 어떻게 기대어서 유지·운영되는가는 제대로 인식되지 못해 왔다. 해리슨과 랠리버트는 캐나다의 군인부인들을 연구하면서 군대조직과 군인부인들의 대가 없는 노동의 관련성을 보여주었다. 집안일이나 자녀양육 등, 부인들의 협조 없이 기혼 남성 군인들의 삶이 정상적으로 유지되기는 거의 힘들다. 군인들의 잦은 이동에서도 부인들이 거의 전적으로 이사를 도맡아 하고 자녀들이 새로운 환경에 적응할 수 있게 하는 등 대가 없는 노동을 하지 않는다면, 기혼 남성 군인들은 정상적인 집무수행을 하기가 쉽지 않을 것이다. 부인들은 남편

의 부재 여부를 떠나 늘 집안을 책임지고 가족을 유지해 나가는 역할을
하게 된다. 밤낮이나 계절의 구별 없이 전투 준비상황을 중심으로 한 신
속하고도 원활한 명령집행을 생명으로 하는 군대조직에서 이들 부인들의
협조가 없을 경우, 군대조직이 정상적인 기능을 할 수 있을 거라고 보기
는 힘들다. 또한 남성 군인들은 잦은 이동과 비상, 타지훈련 등으로 가족
내에서 어른성원으로서의 안정적인 역할을 하기가 불가능하기 때문에,
그 부인들은 직업을 가지기가 힘들다. 이러한 취업 불능의 조건은 오히려
군인부인들이 항상 군대의 값싼 예비군적인 역할을 하면서, 각종 군대행
사에 무임노동의 대상으로 차출되게 한다(Harrison and Laliberte, 1994).
　우리나라도 캐나다의 경우와 크게 다르지 않다.[5] 그중 홍두승의 연구결
과는 젠더적 관점이 크게 고려되지는 않았지만, 해리슨 등의 연구와 거의
일치하는 면을 보인다. 홍두승은 군인가족의 특수성을 다섯 가지로 요약
하고 있다.

　(1) 지역적 이동이 빈번하다. (2) 격오지(隔奧地)에 고립되어 근무할 가능성
이 많으며, 따라서 가족이나 친척들과 떨어져 생활하게 되는 경우가 많다. (3)
남편 또는 아버지 부재현상을 빈번하게 경험하고 있다. (4) 직장(군)과 가족이
철저하게 분리되어 있지 않다. (5) 사회적 기회의 박탈과 경제적 결핍을 경험
하고 있다. (홍두승, 1996, 227쪽)

　이처럼 군대조직과 관련된 군인부인들의 끊임없는 무임노동은, 많은

---

5) 한국에서 군인가족에 대한 연구는 아주 드물다. 특히 페미니스트 관점에서의 군인가족
　에 대한 연구는 찾아보기가 더욱 쉽지 않았다(없었다). 관련된 연구들은 한국국방연구
　원의 직업군인복지관련보고서(정선구 외, 1989; 1990)와 오세호의 석사학위논문
　(1984), 홍두승(1996)의 군인가족의 고립과 적응에 관한 것 등이다.

나라들에서 도전을 받지 않고 별 문제의식 없이 지속되어 왔다. 해리슨과 랠리버트는, 가부장적인 성별 노동분업 속에서 당연한 듯이 형성된 자연스러움이 군대조직에 대한 군인부인들의 협조와 무임노동 제공을 가능하게 만들었다고 분석한다. 군인부인의 경우에서 주목되는 부분은, 자연스럽게 비치는 가부장적인 성별분업이 어떻게 한 나라의 군대조직을 지지·유지하는 데 이용되고 사실은 필수 불가결한 부분으로 자리잡게 하는가 하는 점이다. 여성과 국가안보의 가려진 긴밀한 관련성을 들여다볼 수 있는 좋은 경우라고 생각한다.

가부장적인 남성성/여성성은 군사주의의 뼈대를 이루고 있는 남성성/여성성과 큰 차이가 없다. 그러나 군사화 과정은 폭력적이고 전투력의 향상을 중심 목표로 해서 훈련된 남성성을 옹호하며 가부장적인 남성성에 폭력적인 면을 더하면서 동시에 기존의 가부장적인 남성성을 강화시킨다. 인로는, 모든 군인들이 전투에 참가하는 것은 아니지만 전투력을 배양시키기 위해 기대되는 군인의 자질은 군대에서 요구하는 남성성의 근간을 이루며 군사화된 사회의 남성성의 기준이 된다고 본다(Enloe, 1983). 또 콕은 전쟁과 상관없이 군대는 거칠고 주도적이고 공격적이며 경쟁적이고 객관적이고 지배하려 들고 성취하려 하며 감정적인 것을 배제하는 전사에게 요구되는 남성상을 요구하고 이를 키워내는, 이 같은 성질이 군사화된 많은 사회에서 사실상 남성상의 기준이 된다고 본다(Cock, 1993).

남성성은 성별화된 사회에서 여성성의 상대어이다. 물론 한 사회에서 이상적인 남성성은 계속 변화한다. 베트남 파병시 유행했던 '새까맣고 용감한 김상사' 스타일의 남성이 언제나 지배적인 남성상이지도 않고, 남성성의 여러 복합적인 면을 대변하지도 않는다. 그러나 아직 우리 사회에서는 "남자는 군대를 갔다 와야지 사람이 된다"는 전제를 상당수 사람이 포기하지 않고 있다. 제2의 학교로서의 기능이 상당히 인정되고 있는 편이다. 조성숙은 군대를 다녀온 사람들에 관한 연구를 정리하면서 군대의 영향을 다음 세 가지로 정리하고 있다.

첫째 군대는 보통남성들을 초인적인 인내력과 강인함을 지닌 군인으로 기르기 위해 부단히 남성 우월의식을 불어넣고, 둘째 계급사회인 군대는 '힘'의 논리로 상하관계가 유지됨으로써 권력 지향성을 키우게 되며, 셋째 고된 훈련과 군대생활의 긴장을 해소하는 방편으로 성을 오락화함으로써 여성을 성적 존재로 비하하는 성 편견을 갖게 된다. (조성숙, 1997, 159쪽)

남자는 강해야 하고 가족 부양자로서의 책임감을 가져야 하며 힘의 논리에 적응하여 성공해야 한다는 것 등은 가부장적인 남성상 속에서 계속 유지·보존되어 온 성질이지만, 한국에서는 군대경험을 통해서 집단적으로 강하게 재교육되는 기본적인 남성성이다. 여전히 높은 성폭력 발생비율[6]이나 비대하게 성장한 유흥산업·매춘업과, 남성들의 이런 집단적인 군대경험과 그 속에서 형성된 남성성의 상관관계에 대한 연구를 검토해 보지 못했지만, 상식적으로 상당한 관련성을 가질 것으로 보인다. 특히 여성성에 대한 이분법적인 규정 —매춘여성과 순결한 여성 등— 의 비교와 대립 속에서 한쪽 여성의 극단적인 성의 상품화와, 다른 쪽 여성집단의 성도덕에 의한 집중적인 규제는 남성들의 군대경험 속에서 양성된 가부장적이면서 여성이라는 성을 상품화·대상화하는 데 익숙해진 남성성과 무관하지 않을 것이다.

---

6) 임순영이 제시한 한 통계에 따르면, 1990년 현재 우리나라는 세계 3위의 강간범죄 발생 건수를 기록하는데 신고율 2.2%를 감안한다면 우리나라의 강간범죄 발생건수는 거의 경이적인 수치에 달한다고 한다(임순영, 1995).

4. 일상성과 군사화: 그 헤게모니적 실재

군사주의가 개인이나 조직, 사회운동 그리고 전체 사회의 형성에 끼치는 영향과 과정을 설명하는 데 군사화는 핵심 개념이다. 즉 군사화는 이념 또는 가치체계로서의 군사주의의 일상화·사회화를 일컫는 개념이다. 군사화는 전쟁이 벌어지지 않은 상황에서 군사주의의 영향에 대해 관심을 갖고 이를 설명하기 위해서 새롭게 만들어져 가는 개념이다. 특히 성별화된 군사주의의의 영향을 해석해 내려는 페미니스트들이 관심을 갖고 있는 개념이기도 하다(Enloe, 1983; 1993; Moon, 1998; Chenoy, 1998).

로스는 군사화를 군사력 강화 측면에서만 설명하고 있는데(Ross, 1987), 군사력 강화라는 단일한 관점은 군사주의에서 여성의 존재 및 군사주의와 여성의 관계를 밝히기 어려운 문제점을 가질 뿐 아니라 군대나 군사력 강화와 직접적인 관계가 드러나지 않는, 그렇지만 그 속에 삶이 어떤 형태로든 편입되어 있는 사람들을 철저히 타자화시키는 논리이기도 하다. 군사주의와 군사화의 관련성에 관해서, 길리스는 군사화가 군사주의보다 유용한 개념이라고 주장한다(Gillis, 1989). 군사주의는 탈역사적이면서 추상적이고 보편적인 이념 수준의 개념규정에 머무는 데 비해, 군사화는 더 구체적으로 역사적인 사회화 과정을 설명할 수 있는 개념이라는 것이다.

그러나 군사주의와 군사화는 상호 긴밀하게 연결되어 있는 개념이다. 또한 군사주의는 단순히 보편적인 세계관이나 이데올로기가 아니다. 실제로 군사주의는 늘 민족주의나 가부장제 또는 다른 이데올로기들과 엮인 형태로 나타남으로써 한 사회 또는 국제관계에서 구체적이면서 역사적인 상황성을 띤다. 군사화는 사회적 과정이고, 군사주의는 세계관이라고 이분법적으로 주장하는 것(Chenoy, 1998) 역시 실제적인 사회적 실천 속에서 군사화와 군사주의 사이의 변화하는 역사적인 상호성과 역동성을 무시하는 결과를 낳을 수 있다.

사회화 과정으로서 군사화를 강조할 때 함께 살펴보아야 할 것은, 어떤 의식상태에서 각 개인 혹은 집단이 군사화 과정을 겪으며 또 군사화를 가치로서 받아들이거나 그 실천에 참여하게 되느냐 하는 점이다. 만약 의식적인 군사주의자가 그리 많지 않다면, 군사화 과정에 가담케 되는 무의식은 이들 과정과 어떤 연관성을 가지는가 하는 점도 함께 궁금해지는 사안 중의 하나이다. 기존에 진행되었던 연구에서 거의 밝혀지지 않은 이 관련성을 밝혀내는 것이, 군사화와 관련된 개념의 의식적 발달 없이 지속적인 군사화 과정을 거쳐온 한국의 경우 그 사회적 과정을 이해하는 데 필요하다고 본다.

그람시의 헤게모니 개념은 이 군사화와 무의식 사이의 역학을 살피는 데 도움을 준다. 그람시는 지배집단이 피지배집단을 통제하고 이것을 유지하기 위해서 노골적인 힘이나 생산도구의 독점뿐만 아니라 엄청난 다수의 편견과 감정·인식·규범·가치 속에 숨어 있거나 배어 있는 동시적이고 즉각적인 동의에 의존하고 있음을 설명하기 위해서 헤게모니라는 개념을 쓰기 시작했다(Gramsci, 1971 ; Lears, 1985).

자연스럽고 잊어버릴 만하고 꼬집어서 말하기 쉽지 않은, 즉 버릇이 형성되어 가는 과정처럼(Comaroff and Jone, 1991), 헤게모니적 지배는 다수의 사람들에게 무의식적으로 동일하게 형성된 생각이나 도덕, 가치 속에 불명확하게 자리잡고 있다. "그러나 일반적으로 대부분의 사람들에게 자신들의 경험 속에 스며들어 있는 견해를 헤게모니적인 문화에 직접적으로 도전할 수 있는 세계의 관점으로 전환시켜 내는 것이 아주 불가능한 것은 아니지만 어려운 과정이다"고 레어스는 표현하고 있다(Lears, 1985). 이 스며들어 있음은, 다수의 견해라고는 하지만 그 견해의 존재 자체도 느끼지 못할 만큼 일상화되어 있음을 뜻하고, 당연시 여기고 사는 것 속에 감춰져 있는 동의를 의미한다.

사실 상식적으로 군대의 힘은 지배층의 가장 직접적이고 노골적인 힘이자 협박의 근원이다. 그러므로 군사주의나 군사화 과정을 불명확하고 숨겨진 동의로 특성화된 헤게모니적인 지배의 과정으로 상상하기란 결코 쉽지 않다. 그러나 인종차별주의나 성차별주의 그리고 계급차별주의처럼 부정적이지만 영향력 있는 이데올로기들에서도 이렇게 직감하기 쉽지 않다는 것이, 그 광범위한 영향력의 중요한 이유이자 수단이었다. 다시 말해 제도와 각종 담론과 일상생활의 문화 속에 다양한 형태로 담겨서 실천되고 있는 또 다른 실체가, 다른 인종·성·계급의 열등성을 공공연히 믿고 옹호하는 것만이 그 차별주의의 실체라고 믿는 단순논리 속에 가려져 왔던 것이다.

헤게모니적 지배에서도 드러나지만 지배적인 이데올로기는 투명하고 명확한 모습이나 담론으로 존재하지 않는다. 이들 이데올로기는 여러 층의 문화에 스며들어 있고, 뿌리내린 그 모습은 잘 인식되거나 분명하게 드러나지 않는다(Frankenberg, 1993). 게다가 이들 이데올로기와 비교해 볼 때도, 하루하루의 삶 속에 배어 있는 군사주의라는 형태는 거의 밝혀지거나 알려지지 않아왔다. 군사화는 많은 사람들이 자신들의 매일의 실천과 표현 속에서 군사화된 성격을 파악하기 거의 힘들게 다양한 문화적 형태들 속에 스며들어 있는 것이다. 인로의 설명을 들어보자.

군사화는 교묘한 과정이다. 우리가 '전쟁'이라고 부르는 집중적인 군사화 과정과 우리가 '평화'라고 부르는 '전전(戰前)' 또는 '전후(戰後)' 또는 '전쟁 동안'에도 군사화는 이루어진다. 군사화는 한 사회의 어떤 부분이 군대나 군대의 가치에 의지하거나 지배당할 때 일어난다. 실제로 어떤 것이든 군사화될 수 있다. 장난감, 결혼, 과학적 연구, 대학의 커리큘럼, 모성, 이 모든 것들이 군사화

될 수 있다. 부성(父性), 에이즈, 이민, 인종차별주의, 패션, 저널리즘 그리고 만평 등도 군사화될 수 있다. 심지어 동성애 권리도 군사화될 수 있다. 이런 모든 과정들은 의미나 관계의 변화로 진전된다. (Enloe, 1993, p. 100)

이런 군사화 과정에는 우리가 군사문화의 확산이라고 해서 문제제기를 해왔던 것도 많이 포함된다. 그러나 상당 부분이 집단적인 문제의식 없이 진행되곤 한다. 실제로 지배집단은 군사주의를 표현하는 직접적인 담론을 거의 쓰지 않는다. 군사화가 가장 노골적으로 나타나고 군사주의적 가치질서가 표면에서 활동하는 전쟁중에는 '적을 무찌르자' 등의 직접적이고 원색적인 용어가 쓰이기도 하지만, 그 과정에서도 이런 적개심을 포장하기 위해서 여러 다른 담론들이 보충적으로 때로는 주도적으로 나타난다.

우리가 별 반발 없이 따르고 믿는 가치나 도덕들, 애국심, 자기희생, 조국을 지키는 것, 정의의 실현, 궁극적인 평화의 추구 등이 그런 것이 된다. 전쟁발발에 대한 사전준비, 힘의 균형, 자기방어, 억압받는 자를 위한 정의, 조국의 번영, 지구의 평화 등이 전쟁을 하지 않을 때의 유용한 담론이 된다. 게다가 이런 담론들 중에는 우리가 거의 문제제기하지 않고 상식처럼 받아들인, 다시 말해 당연하게 여겨온 논리들이 의외로 많다.

많은 사람들은 국가방어의 필요에 대해 어느 정도 공통된 전제나 단일화된 생각을 하고 있다. 제3세계 국가나 민족의 경우 제국주의의 식민화를 막기 위한 자기보호 차원에서의 무력확보나 민족해방투쟁을 위한 무장화의 필요성 또는 일상적으로도 강한 군사력이 평화를 위한 거의 유일한 길이라는 생각 등은 다수의 동의를 즉각적으로 끌어낼 수 있는, 저변에 깔려 있는 공통된 가치라고 볼 수 있다. 이런 군사화 과정에서 나타나는 또 다른 특성은 군사주의나 군사화가 몰가치적 혹은 흑백논리로 판단할 수 있는 이념이나 과정은 아니라는 것이다. 정당성이나 정의와 관련된 집단적 가치판단은 그 집단이 위치한 상황과 맥락에 의해서 내려져야 하고, 군사주의나 군사화에 대한 것도 마찬가지라고 생각한다.

한국은 어떤 식의 기준으로 보더라도 군사적으로 가장 긴장된 나라 가운데 하나이다. 냉전이 해체된 이후에도 변함 없이 전쟁 가능성을 떠올리며 북한에 대한 경계심을 늦추지 않고 있다. 물론 현실적으로 지금은 7, 80년대와는 많이 다르다. 일단 더 이상 군부가 직접 통치하는 나라가 아니다. IMF의 여파인지 아니면 언론에 조금 더 공개되어서인지는 몰라도, 군축문제도 제법 거론되고 일정하게 동의도 얻고 있는 듯하다. 또 군의 비리도 더 이상 성역이 아닌 듯 조금씩 알려지고 있다. 이런 현상들은 한국 사회가 탈군사화되어 나가는 징표로 읽을 수 있을 것이다.

그러나 몇 가지 중요한 의문은 그대로 의미를 지닌다. 왜 우리 사회에서는 군사주의나 군사화 또는 이런 개념들을 대체할 만한, 즉 우리 사회에서 광범위하게 진행되었던 군사주의적 질서를 파헤칠 개념이 생기지 않았을까. 한국 사회같이 군사적 긴장감이 높고 북한의 핵보유 여부가 계속 논란이 되고 주한미군이 계속 주둔하고 있는 나라에서 왜 평화운동은 백안시당하고 반전운동은 반미운동 이상의 의미로 확대되지 못했을까?

한 미국인 교수가 한국을 방문해서 비무장지대 근처의 무장군인을 보고 온몸에 소름이 끼치고 군사적 긴장감이 절로 느껴졌다는 이야기를 했을 때, 나에게는 별 이상할 것이 없는 모습들이 저렇게도 느껴질 수도 있구나 싶어 놀란 적이 있었다. 나는 한 번도 소름이 끼치거나 그 모습을 심각하게 받아들인 적이 없기 때문이다. 그저 어렸을 때부터 늘 보아오던 모습일 뿐이었다. 이것은 미국의 한 친구가 나의 삶이 군사화된 삶이 아니냐고 물었을 때 당황했던 기억과도 비슷했다. 그 친구가 말한 군사화의 개념이 무엇이었든간에, 내가 놀랐던 것은 나는 한 번도 내 삶을 군사주의나 군사화, 심지어는 일반적으로 쓰이는 군사문화와 더불어서 바라본 적이 없다는 것을 깨달았기 때문이다.

어떻게 한국 사회에 관해 그토록 많은 토론을 했으면서도 한 번도 이런 주제를 논해 보지 않았을까? 한두 가지의 설명으로 이런 의문에 답할 수는 없을 것이다. 그러나 일반적인 대답—분단이라든가 전쟁의 긴장감, 강대국에 둘러싸여 있는 지리적 조건 등을 중심으로 한 설명—과 함께 그 기저에 깔려 있는, 다수의 동의를 얻고 있지만 우리 삶 속에 무의식적으로 퍼져 있는 불명확한 많은 전제들을 헤게모니적 관점에서 찾아낼 필요가 있다고 본다.

군사주의의 확산은 현대 한국에서는 박정희정권이나 전두환정권 아래서 군사화된 교육, 경제정책·사회를 조직하는 데 있어서의 군대조직 개념의 사용, 성별 분업화된 노동과 문화의 확산을 통해서 공고화되었다.[7] 문승숙은 시민들의 일상적인 삶과 여러 기업이나 기관들이 반영 혹은 포함하는 군대의 가치나 관습들은 한 사회의 군사화 또는 탈군사화를 측정하는 기준이 된다고 주장한다. 이에 따르면 학생·노동자·가정주부 들 각자가 자신들에게 내재화되어 있는 군사적인 담론이나 경쟁, 성별 역할·영역의 분류를 받아들이고 있다면 군사화된 것으로 보아야 한다는 것이다(Moon, 1998).

---

7) 군사주의의 영향을 이야기하면서 일본 점령시대의 영향을 부인하려는 것은 아니다. 일제의 통치방식은 노골적인 군사적 지배방식이었고, 특히 만주전쟁 발발 이후에는 학교·공장 등 모든 것이 직접적 군대조직으로 여겨질 만한 상황이었다. 그리고 해방 이후 남한에서 일본의 지배방식과 문화가 미군정의 지배를 거치면서 광범위하게 받아들여지고 이어져 온 것도 사실이다. 그러나 이 연구는 군사정권의 등장과 함께 시작된 현대 한국의 집약적인 군사화 과정에 초점을 맞추고자 하므로, 일제시대의 영향을 일정하게 분리해서 보려고 한다.

　이러한 군사적인 질서에 대한 하나의 대응으로 80년대 격렬한 반(反)군
사독재운동을 거쳤고 그 성과도 가시적으로 가졌다. 그러나 끊임없이 적
의 이미지를 생성해 내는 반공의식이나 전쟁에 대한 두려움 속에서 성립
된 국가안보 의식, 중국이나 일본 등의 힘에 대적할 수준의 군사력 확보
의식 등은 거의 도전을 받지 않고 이 사회의 밑바탕에서 여러 가지 형태
로 유지되고 있다.

　내가 인터뷰했던 대부분의 진보적인 여성들은 군대의 존재에 대해 회
의해 본 적이 없다고 말했다. 그리고 북한뿐 아니라 강대국에 맞서기 위
해서도 일정한 무장화는 필요한 것 아니냐고 했다. 이런 생각들이 현실적
타당성과 정당성을 얼마나 갖는가는 현재의 나의 관심사가 아니다. 다만
군대의 존재와 그로 인한 힘의 균형, 필요시에는 집단적 폭력을 통해서
문제를 해결할 수 있다는 전제에 대한 동의와, 그 이전에 이런 주제들에
대해 생각해 볼 필요도 느끼지 않았던 그 사실 속에서 군사주의를 내면화
하고 있는 우리의 실체를 엿볼 수 있다.

　물론 그런 군사조직이 효율적으로 존재하고 반공이나 국가안보 논리가
정상적으로 집행되기 위해서 함께 건설되는 성별분업과 역할규정에 얼마
나 동의하고 있는지는 개인간의 편차가 많고, 어떤 면에서는 군사주의적
신념체계에 반발하는 의견도 많이 갖고 있기는 하다. 그러나 이런 잠재화
된 다수의 동의가 직접적으로는 60년대 후반의 베트남 파병을 반발 없이
밀어붙이는 힘이 되었고, 그로부터 30년 뒤인 90년대 초에 이웃 일본에서
는 엄청난 반발을 일으켰던 걸프전 파병시 의무원 등의 지원도 사회적 논
란 없이 진행시킬 수 있었다고 본다.

　결국 우리의 민족주의 의식 속에 그리고 전쟁의 경험과 분단상황을 통
해 신성화되어 버린, 가라앉아서 새삼스럽게 강조할 필요도 없어져 버린
집단적인 국가방어 등에 대한 동의 속에서 우리 사회의 가장 중요한 조직

화 경험의 하나였던 군사화 과정이 그 구체적인 실체를 별로 드러내놓지
않고 진보적인 지식인들까지도 지배할 수 있었던 것으로 보인다.

5. 맺음말

한국의 지난 역사와 현재의 문제 또는 문화적 흐름을 설명할 때, 군사주의
나 군사화의 시각에서 본 면면들이 우리 사회의 모든 것을 설명 혹은 대변
해 줄 수 있다고는 생각하지 않는다. 더군다나 여성과의 관련성 면에서 군
사주의의 영향력이 유교적 가부장제나 자본주의적 성별분업의 그것보다
더 클 것이라고 믿지는 않는다. 다만 우리 현대사에 대한 재평가가 이러저
러하게 이루어지고 있는 요즈음, 우리 사회를 평가·분석할 수 있는 하나
의 카테고리로서 군사주의와 군사화 개념을 제기하고 싶을 뿐이다.

군사주의와 군사화의 분석틀은 우리가 권위주의, 유교적 가부장제나
여타의 분석틀에서도 접근할 수 없었던 국가방위라는 신성화된 전제와
군대조직이 이 사회에서 어떤 정당성을 가지고 존재하면서 사람들의 무
의식 속에 자리잡은, 이와 관련된 가치와 도덕이 양산해 낸 문제들을 짚
어볼 수 있게 해준다. 쉽게 상정할 수 없는 여성과 군사화의 관련성이 그
두텁게 가려진 장막 속에서 이 사회의 성별분업과 역할규정 그리고 여성
억압의 폭력성을 가중하고 있음도 이 분석틀에서만 제대로 이해되고 밝
혀질 수 있을 것이다. 그리고 무엇보다도 첫 야당집권 후 민주화로 나아
가기를 함께 열망하면서도 박정희 찬양론이 거침없이 등장하는, 갈등하
는 전환기에 이 분석틀은 참 민주화에 대한 하나의 좌표를 제시할 수 있
을 거라고 믿는다.

참고문헌

기독교여성평화연구원 (1990), 『여성·평화』, 평화사.

김순현 (1990), 『군사문화』, 을지서적.

김영명 (1991), 『군부정치론』, 녹두.

백종천·온만금·김영호 공저 (1994), 『한국의 군대와 사회』, 나남출판.

변화순 (1995), 「가부장적 군사문화가 여성의 삶에 끼친 영향」, 『여성연구』 통권 48
　　　호, 9월호.

이호재 외 (1989a), 『한국인의 평화의식과 통일관』, 법문사.

_____ (1989b), 『한반도 군축론』, 법문사.

_____ (1898c), 『한반도 평화론』, 법문사.

임순영 (1995), 「성폭력」, 이영애 편, 『성, 권력, 정치』, 법문사.

조갑제 (1988), 『군부』, 조선일보사.

조성숙 (1997), 「군대문화와 남성」, 여성한국사회연구회 편, 『남성과 한국사회』, 사
　　　회문화연구소.

최은하 (1992), 「한국여성과 평화운동」, 효성여자대학교 석사학위논문.

홍두승 (1996), 『한국군대의 사회학』, 나남출판사.

Ashworth, L. M. and L. A. Swatuk (1998), "Masculinity and the Fear of
　　　Emasculation in International Relations Theory," M. Zalewski and J.
　　　Parpart, eds., *The Man Question in International Relations*, Boulder:
　　　Westview Press.

Berkman, J. (1990), "Feminism, War, and Peace Politics: The Case of World War
　　　I," Elshtain and Tobias, eds., *Women, Militarism, & War: Essays in
　　　History, Politics, and Social Theory*, Sayage: Rowman&Littlefield
　　　Publishers.

Boose, L. E. (1993), "Techno-Muscularity and the Boy Eternal: From the
　　　Quagnire to the Gulf," Cook and Woollacott, eds., *Gendering War Talk*,
　　　Princeton: Princeton University.

Certeau, M. de (1984), *The Practice of Everyday Life*, Steven Rendall, trans., Berkeley Los Angeles and London: University of California Press.

Chenoy, A. M. (1998), "Militarization, Conflicts, and Women in South Asia," Lorentzen and Turpin, eds., The *Women & War Reader*, New York and London: New York University Press.

Cock, J. (1993), *Women & War in South Africa*, Cleveland: The Pilgrim Press.

_____ (1995), "Forging a New Army out of Old Enemies: Women in the South African Military," *Womens Studies Quarterly* 1995, 3/4.

_____ (1997), "Fixing Our Sights: A Sociological Perspective of Gun Violence in Contemporary South Africa," Inaugural Lecture, Department of Sociology, University of the Witwatersrand.

Comaroff, J. and John (1991), *Of Revelation and Revolution: Christianity, Colonialism, and Consciousness in South Africa Volume One*, Chicago/London: The university of Chicago Press.

Connell, R. W. (1987), *Gender and Power: Society, the Person and Sexual Politics*, Stanford: Stanford University Press.

_____ (1995), *Masculinities*, Berkeley, LA: University of California Press.

Cook, A. and G. Kirk (1983), *Greenham Women Everywhere: Dreams, Ideas and Actions from the Womens Peace Movement*, London/Boston: South End Press.

Cook, M. and A. Woollacott (1993), "Introduction," Cook and Woollacott, eds., *Gendering War Talk*, Princeton: Princeton University.

Cornwall, A. and N. Lindisfarne (1994), "Dislocating Masculinity: Gender, Power and Anthropology," Cornwall and Lindisfarne, eds., *Dislocating Masculinity: Comparative Ethnographies*, London/New York: Routledge.

Craig, G. (1989), "The Militarization of Europe, 1945~1986," Gills, ed., *The Militarization of the Western World*, New Brunswick/London: Rutgers University Press.

Cumings, B. (1997), *Koreas Place in the Sun: A Modern History*, New York/London: W. W. Norton & Company.

Devilbiss, M.. C. (1996), "To Fight, to Defend, and to Preserve the Peace: The Evolution of the U.S. Military and the Role of Women within It," Stiehm, ed., *Its Our Military Too!: Women and The U.S. Military*, Philadelphia: Temple University Press.

Elshtain, J. B. (1987), *Women and War*, Basic Books.

Enloe, C. (1983, 1988), *Does Khaki Become You*, London/Winchester/North Sydney/Wellington: Pandora.

_____ (1989), "Beyond Steve Canyon and Rambo: Feminist Histories of Militarized Masculinity," Gills, ed., *The Militarization of the Western World*, New Brunswick/London: Rutgers University Press.

_____ (1989, 1990), *Bananas Beaches & Bases: Making Feminist Sense of International Politics*, Berkeley, LA: University of California Press.

_____ (1993), *The Morning After*, Berkeley, LA/London: University of California Press.

_____ (2000), *Maneuvers*, Berkerley LA/London: University of California Press.

Ewick, P. and S. S. Silbey (1995), "Subversive Stories and Hegemonic Tales: Toward a Sociology of Narrative," *Law & Society Review* Vol. 29, NO. 2.

Feinmanm, I. R. (1998), "Woman Warriors/Women Peace Makers; Will the Real Feminists Please Stand Up!," Lorentzen and Turpin, eds., *The Women & War Reader*, New York/London: New York University Press.

Feminism and Nonviolence Study Group (1983), *Piercing it Together: Feminism & Nonviolence*, London: The Feminism and Nonviolence Group.

Frankenberg, R. (1993), *The Social Construction of White Women, Whiteness Race Matters*, Minneapolis: University of Minnesota Press.

Galtung, J. (1990), "Cultural Violence," *Journal of Peace Research* Vol. 27, No. 3.

Gilligan, C. (1982), *In a Difference Voice: Psychological Theory and Women's*

Development, Cambridge MA: Harvard Uni. Press.

Gillis, J. R. (1989), Introduction, in *The Militarization of the Western World*, Gillis, ed., New Brunswick/London: Rutgers University Press.

Gramsci, A. (1971), *Selections From the Prison Notebooks of Antonio Gramsci*, New York: International Publishers.

Harrisan, D. and L. Laliberte (1994), *No Life It: Military Wives in Canada*, Toronto: James Lorimer & Company Publisher.

Herbert, M. S. (1994), "Feminism, Militarism, and Attitudes Toward the Role of Women in the Military," *Feminist Issues,* Fall.

Hooper, C. (1998), "Masculinist Practices and Gender Politics: The Operation of Multiple Masculinities in International Relations," Zalewski and Parpart, eds., *The Man Question in International Relations,* Boulder: Westview Press.

Jeffords, S. (1989), *The Remasculinization of America: Gender and the Vietnam War,* Bloomington/Indianapolis: Indiana University Press.

Kaplan, L. D. (1994), "Women as Caretaker: An Archetype That Supports Patriarchal Militarism," *Hypatia* Vol. 9, No. 2, Spring.

Kim, J. (1976), "The Political Involvement of Military Elites: A Comparative Study of a Garrison State in Japan During the 1930s and 1940s and Korean During the 1960s and 1970s," Dissertation at Indiana University.

Kim, S. (1971), *The Politics of Military Revolution In Korea,* Chapel Hill: The University of North Carolina Press.

Kim, E. H. and Chungmoo Choi, eds. (1998), *Dangerous Women: Gender & Korean Nationalism,* New York/London: Routledge.

Lears, T. J. J. (1985), "The Concept of Cultural Hegemony: Problems and Possibilities," *American Historical Review* No. 9.

Lee, H. (1996), "Psychocultural Influences on the Rise of Bureaucratic-Authoritarian State in South Korea," Doctoral Dissertation, University of

Hawaii.

Leonardo, M. Di (1985), "Morals, Mothers, and Militarism: Antimilitarism and Feminist Theory," *Feminist Studies* Vol. 11, No. 3.

Levy, E. (1998), "Heros and Helpmates: Militarism, Gender, and National Belonging in Israel," Doctoral Dissertation at University of California, Irvine.

Liddington, J. (1989), *The Road to Greenham Common: Feminism and Anti-Militarism in Britain since 1820,* Syracuse: Syracuse University Press.

Mann, M. (1988), *Capitalism and Militarism, in States, War & Capitalism, Studies in Political Sociology,* New York: Basil Blackwell.

Moon, SeungSook (1994), "Economic Development and Gender Politics in South Korea (1963~1992)," Ph. D. Dissertation at Brandeis University.

______ (1998), "Gender, Militarization, and Universal Male Conscription in South Korea," Lorentzen and Turpin, eds., *The Women & War Reader,* New York/London: New York University Press.

Moon, K. H. S. (1997), *Sex Among Allies: Military Prostitution in U.S.-Korean Relations,* New York: Columbia University Press.

Mosse, G. (1990), *Fallen Soldiers: Reshaping the Memory of the World War,* New York: Oxford University Press.

Niva, S. (1998), "Tough and Tender: New World Order Masculinity and the Gulf War," Zalewski and Parpart, eds., *The Man Question in International Relations,* Boulder: Westview Press.

Peach, L. J. (1994), "An Alternative to Pacifism? Feminism and Just-War Theory," *Hypatia* Vol. 9, No. 2, Spring.

Randall, M. (1994), *Sandinos Daughters Revisited: Feminism in Nicaragua,* New Brunswick, New Jersey: Rutgers University Press.

Reay, D. (1995), "Feminist Research: The Fallacy of Easy Access," *Women's Studies International Forum* Vol.18, No. 2.

Richards, J. R. (1990), "Why the Pursuit of Peace Is No Part of Feminism," Elshtain and Tobias, eds., *Women, Militarism, & War,* Savage: Rowman& Littlefield Publishers.

Ross, A. L. (1987), "Dimensions of Militarization in the Third World," *Armed Forces & Society* Vol. 3, No. 4, Summer.

Ruddick, S. (1990), "The Rationality of Care," Elshtain and Tobias, eds., *Women, Militarism &War,* Sabage: Rowman & Littlefield Publishers.

_____ (1993), "Notes Toward a Feminist Peace Politics," Cooke and Wool-lacott, eds., *Gendering War Talk,* Princeton: Princeton University Press.

_____ (1998), "Women of Peace: A Feminist Construction," Lorentzen and Turpin, eds., *The Women and War Reader*, NY/London: New York Uni. Press.

Ryan, L. (1997), "A Question of Loyalty: War, Nation, and Feminism in Early Twentieth-Century Ireland," *Women's Studies International Forum* Vol. 20, No. 1.

Shaw, M. (1991), *Post-Military Society, Militarism, Demilitarization and War at the End of the Twentieth Century,* Philadelpia: Temple University Press.

Seo, Kyoungkyo (1993), "Military involvement in Politics and the Prospects for Democracy: Thailand, The Philippines, and South Korea in Comparative Perspective," Doctoral Dissertation, Carbondale: Southern Illinois University.

Sherman, D. J. (1996), "Monuments, Mourning and Masculinity in France after World War I," *Gender and History* Vol. 8, No. 1.

Sohn, Jaesouk (1968), "After the Seizure of Power: The Struggle for Stability, Political Dominance and Political Failure: The Role of the Military in the Republic of Korea," Biene, ed., *The Military Intervenes, Case Studies in Political Development,* New York: Russel Sage Foundation.

Sterba, J. P. (1994), "Feminist Justice and the Pursuit of Peace," *Hypatia* Vol. 9,

No. 2, Spring.

Stiehm, J. H. (1996), "The Civilian Mind," Stiehm, ed., *Its Our Military Too!: Women and The U.S. Military*, Philadelphia: Temple University Press.

Swerdlow, A. (1993), *Women Strike for Peace: Traditional Motherhood and Radical Politics in the 1960s*, Chicago/London: The University of Chicago Press.

Theweleit, K. (1993), "The Bombs Womb and the Genders of War(War Goes on Preventing Women form Becoming the Mothers of Invention," Cook and Woollacott, eds., *Gendering War Talk*, Princeton: Princeton University.

Tobias, S. (1990), "Shifting Heroisms: The Uses of Military Service in Politics," Elshtain and Tobias, eds., *Women, Militarism, & War*, Savage: Rowman& Littlefield Publishers.

Warren, K. and D. Cady (1994), "Feminism and Peace: Seeing Connection," *Hypatia* Vol. 9, No. 2, Spring.

Woolf, V. (1938, 1966), *Three Guineas*, San Diego/New York/London: A Harvest Book. Harcourt Brace & Company.

Young J. (1988), *Writing and Rewriting the Holocaust: Narrative and the Consequence of Interpretation.* Bloomington: Indiana University Press.

Zeiger, S. (1996), "She Didnt Raise Her Boy to Be a Slacker: Motherhood, Conscription, and The Culture of the First World War," *Feminist Studies* Vol. 22, No. 1.

한국 여성통일운동의 현황과 과제

정현백 | 성균관대학교 역사학과 교수

1. 머리말

지난 50여 년 동안의 분단의 역사 속에서 통일은 한국 현대사의 핵심적인 과제가 되어왔다. 분단은 우리의 정치·사회·문화·경제 생활 곳곳에서, 아니 나아가서 우리의 일상생활 속에 그 상처를 안겨주었다. 그런 만치 남북문제의 해결이나 통일은 우리의 지상과제가 되었고, 여기저기에서 각기 다른 방식으로, 각기 다른 이념적 입장에서 통일을 추구하는 단체나 운동들이 활발하게 일어났다. 이런 통일에의 열정은 통일부 추산으로 전국에 통일관련 단체가 1천 개가 넘는다는 사실에서도 잘 드러난다.

그러나 여성들은 이런 통일운동과는 거리가 멀었던 것 같다. 자발적이건 비자발적이건 여성은 통일운동에서 배제되었다. 통일관련 단체의 산하에 여성조직들이 있긴 했지만, 이는 남성들의 통일운동이나 통일정책을 위해서 동원되는 단위였을 뿐 실제로 통일단체 내에서 여성들의 목소리를 제대로 낸 것은 아니었다. 사실 여성통일운동은 80년대 말 이래 소수의 여성단체나 여성들에 의해서 소규모적으로 진행되었다고 할 수 있다.

　김대중정부가 들어서고 '햇볕정책'이 미국의 연착륙정책과 함께 자리를 잡아가면서, 점차 통일운동이 열기를 띠어가고 있다. 거기에다 1997년 이래로 북한 동포의 기아실상이 알려지면서, 북한동포 돕기운동의 활성화는 이러한 통일운동의 열기를 한층 고조시키는 역할을 하고 있다. 이와 같이 통일운동의 열기가 높아진 만큼이나 통일운동의 방향에서도 서서히 변화의 조짐을 보이고 있다. 과거에는 통일운동이 정부당국의 시종일관된 탄압에 직면하여, 가두투쟁과 자못 선언적인 구호로 일관하였다면, 최근에 와서 통일운동은 좀더 구체적이고도 현실적인 방식으로 운동을 전개해야 할 필요성에 부딪히게 되었다. 이는 국제 및 국내 정세의 변화 못지않게 시민운동이 활성화되면서, 보다 대중적인 통일운동의 필요성이 대두되었기 때문이다.

　이렇게 통일운동 전체가 변화의 기로에 서 있다면, 여성통일운동은 어떤 방식으로 새로운 시대적 요구와 상황에 대처해야 할 것인가? 이 글은 이런 질문에 대한 해답을 찾기 위한 시도이다. 이를 위해서 먼저 그간의 여성통일운동을 반성적으로 되돌아보고 최근의 변화된 국내·국제 정세와 통일운동의 새 흐름을 짚어보고자 한다. 그리고 궁극적으로는 여성통일운동 내에서 제기되고 있는 몇 가지 쟁점들을 검토하면서, 한국 여성통일운동의 방향과 과제를 탐색하고자 한다.

2. 여성통일운동의 전개과정

통일운동에 대한 인식의 태동

여성통일운동이 제일 먼저 시작된 것은 기독교 여성들에 의해서이다. 1987년을 전후하여 진보적 사회단체와 기독교단체가 중심이 되어 통일운동은 당국의 탄압 속에서도 서서히 불타오르기 시작하였다. 특히 학생들은 통일운동을 대중화하고 전국민의 관심을 불러일으키는 데 적지 않은 공헌을 하였다.

이런 사회적 분위기에 힘입어 한국여신학자협의회는 1987년부터 3년 연속으로 통일문제에 관한 신학정립협의회를 열어 그 결과물로「한국여성신학과 제4, 5, 6차 여성신학정립협의회 보고서」를 출간하였다. 여기에서 여성들은 "남성 중심적이고 여성의 경험이 배제된 통일운동을 비판하고 오히려 여성민중이 고난을 딛고 해방되는 주체적 통일운동"에서 그 대안적 모습을 발견하였다(권미경·김신아·심미영, 1998, 254~76쪽; 258쪽).

또 한국기독교교회협의회는 1988년 2월에 분단 50년째인 1995년을 희년[1]으로 선포하는 '민족의 통일과 평화에 대한 기독교선언'을 발표하였다. 구약 레위기 21, 25장과 이사야서 61장 그리고 누가복음 4장에 근거를 두고 있는 희년의 선포는 "한반도의 평화통일과 통일 후의 평화사회를 실현하기 위해 기독인들이 좀더 책임 있는 역할을 하겠다"는 의지표명으로 받아들일 수 있다. 여신학자협의회도 '민족통일과 평화에 대한 한국여신학자 선언'을 발표하였다. 이 선언서는 분단을 "가부장적 문화의 극단적 형태인 제국주의 지배의 결과"라고 비판하면서 여성들은 바로 이런 지배가 초래한 정치·경제·사회적 모순들과 가부장적 관행에 의해 고통받

---

1) 희년의 기원은 히브리 노예들이 애굽을 탈출하여 광야생활 40년을 거쳐 가나안에 정착한 후에 12지파가 땅을 공평하게 분배한 시점을 기준으로 7년이 7번 지난 50년째 해의 7번째 달 10일에 숫양의 뿔로 나팔을 불어 희년을 선포한 데서 유래한다. 이는 온 땅에 사는 모든 사람들에게 자유를 선포하는 것을 의미하고, 이와 함께 빚진 자의 빚이 탕감되고 노예가 자유인이 되어 자기 땅으로 되돌아갈 수 있게 되는 것이었다. 이는 바로 우리와 같은 분단국에서도 나라가 하나로 합치고 헤어진 사람들이 다시 만나고 그리고 사회경제적 정의가 실현되는 것을 의미하는 것이다. 권미경·김신아·심미영, 1998, 266쪽.

고 있음을 분명히 밝혔다. 그리고 희년선포의 주체는 교회가 아니라 하나님임을 주장하면서 남성들의 기득권 포기와 교회 내 권위주의 문화의 불식을 주장하였다.

　마찬가지로 1987년부터 평화통일사업을 실시해 온 YWCA연합회에서도 평화와 통일을 기원하는 기도운동을 펴면서 평화통일에 대한 연구모임·심포지엄·세미나를 갖기 시작하였다. 조금 늦은 1990년에는 한국여성정치연구소가 북한 여성과 통일정책에 관한 연구를 시작하여, 북한연구회모임을 결성하였다.

　좀더 본격적인 여성통일운동은 민족민주진영 가까이에 있는 여성들을 총망라하여 결성된 한국여성단체연합(이하 여연)에 의해 이루어졌다. 1987년에 창립된 여연은 1989년 4월에 '반전반핵평화위원회'를 만들어 반전반핵 및 평화운동을 전개하였다. 이후 1990년에 들어와 통일평화운동을 조직적으로 전개할 '틀'이 필요하자, 여연은 특별위원회의 형태로 '조국통일위원회'를 만들었다. 이 위원회가 만들어진 초기부터 여연은 어떻게 통일운동과 여성운동을 연결할 것인가 하는 문제를 고민하면서, 통일운동의 방향을 평화·군축에 두었다. 바로 이런 문제의식의 연장선상에서 평화운동을 더 구체화하기 위하여 1993년에는 '조국통일위원회'를 '평화통일위원회'로 개칭하고, 여연은 통일평화운동과 관련하여 가장 활발한 활동을 전개하였다.

남북교류

여성통일운동과 관련하여 가장 세인의 주목을 끌었던 사업은 남북교류사업이었다. 그 동안 남북한은 남북 단일 축구팀과 통일음악제 등 스포츠와 음악을 통해서 남북한의 화해와 단합을 돈독히 하는 민간교류가 있었지만, 여기에서는 남북한의 정부가 상당히 주도적인 역할을 하였다.

그러나 1991년 진보적인 교회여성단체들과 여연이 중심이 되어 성사시킨 남북여성모임은 분단 이후 최초의 실질적인 '민간 차원의 남북교류'라는 점에서 그 의미가 크고, 특히 최초의 남북교류를 여성들이 해내었다는 사실은 우리 통일운동사에서 길이 기억될 만한 일이라고 생각한다. 물론 이런 교류에서는 일본 여성 지도자들의 중개가 결정적인 역할을 하였다. '아시아의 평화와 여성의 역할'이라는 주제로 다섯 차례에 걸쳐 개최된 토론회를 잠시 살펴보면 다음과 같다.

> 동경에서 열린 제1차 토론회에서는 처음으로 대면한 남과 북 여성들이 "비참한 역사를 되풀이하지 않기 위해서 해야 할 일"을 그리고 일본 여성들은 "우리들 일본은 조선 여성들에게 무엇을 했는가"를 주제로 토론하였다. 이 회의는 종군위안부, 천황제와 조선지배, 재한피폭자 문제, 재일동포의 권리 문제, 통일 문제 등의 다양한 주제에 대하여 서로간의 의견을 교환하는 정도에 머물렀다. (김윤옥, 1998, 11쪽)

서울에서 열린 제2차 토론회에서는 '가부장제 문화와 여성' '통일과 여성' '평화와 여성' 등 제법 묵직한 주제들이 다루어졌는데, 이 토론회에서 특히 두드러진 것은 남북통일 방안을 둘러싼 의견차이였다. 북측대표인 정명순은 고려민주주의연방제 통일방안[2]을 강조하면서, 남북통일을 민족적 공통성에 기초하여 한쪽이 다른 한쪽에 먹히는 것이 아닌 평화적 해

---

2) 연방제는 남북에 서로 다른 두 제도를 그대로 두고 남북이 동수로 연방정부를 구성한 그 산하에 동일한 권한과 의무를 지니는 지역자치정부를 가지되 일정 기간 두 지역정부에 더 많은 권한을 두고, 서서히 기능을 높여가는 방안이라고 북측대표는 설명한다(한명숙, 1998, 208~29쪽, 219쪽).

결을 모색해야 한다고 하였다. 또한 북측은 합리적인 남북통일 방안의 공동연구를 위해 '민족통일정치협상회의'를 구성할 것을 제안하기도 하였다. 이에 한국측 토론자였던 이경숙은, 한국이 다원주의 사회여서 정부와 민간의 통일방안이 다양함을 설명하고 민족적 이질성이 심각한 현재의 상황에서는 교류와 협력을 통해 남북이 서로의 공통점을 확인하는 작업이 선행되어야 한다고 주장하였다('아세아의 평화와 여성의 역할' 서울토론회 준비위원회, 1992 참조).

여기에서 남북 여성간의 접근방식의 차이가 여실히 드러난다. 북측대표들은 '평화체제의 정착'이라는 정치적 해결을 우선과제로 제기한 반면, 남측대표의 발표는 사회·문화 교류를 우선과제로 제시하였던 것이다. 이런 견해차이는 논의나 교류의 한 단계 진전을 어렵게 만들었다.

1992년 9월 1~6일 평양에서 열린 제3차 토론회의 주제는 '민족대단결과 여성의 역할' '일제의 조선 침략과 지배, 전후보상문제' 그리고 '평화창조와 여성의 역할'이었다. 재차 북측은 북과 남·해외 여성의 협의기구로서 가칭 '민족통일여성단체협의회'를 조직할 것을 제안하였으나, 이는 우리측 대표단 과반수가 정부측 추천자인데다 또 북에 의한 정치적 이용의 우려 때문에 성사되지 못하였다. 그러나 남북 여성간의 명백한 입장차이에도 불구하고 평양토론회는, 남북이 계속해서 공동작업을 할 수 있는 주제로 '일본군 위안부 문제'를 합의하고 토론회를 정례화할 것을 결정하는 성과를 거두었다('아세아 평화와 여성의 역할' 토론회한국실행위원회, 1993 참조)

1993년 4월 27일 도쿄에서 열린 제4차 토론회의 주제는 '일본의 식민지 지배·전쟁책임과 전후보상-종군위안부 문제를 중심으로'였다. 또한 '아시아의 평화와 한반도의 통일을 실현하기 위해 우리는 무엇을 할 것인가'에 대한 열띤 토론도 있었다. 이 대회는 1천여 명의 여성들이 참가한 성공적인 대회였지만, 이때 북측은 이런 방식의 남북 여성간의 만남에 회의적인 태도를 보이기 시작했다. 그래서 1993년 10월에 남측 실행위원회가 제5차 토론회를 위해 북측 여성대표들을 초청하였으나, 서울토론회는 6년이 지난 지금까지도 성사되지 못하고 있다.

그외에도 일본군 위안부 문제를 둘러싼 세 차례의 만남이 있었는데, 1993년 10월 21~23일에 도쿄에서 열린 제2차 위안부문제 아시아연대회의에 북측 여성대표가 참석한 것과 1993년 11월 7일 북측 '종군위안부 및 태평양전쟁 피해자 보상대책위원회'가 주최한 '일본의 전후처리문제에 관한 평양여성토론회'에 남측 윤정옥·이효재 대표가 참석한 일이다. 그러다가 6년이 지난 1999년 6월 23일 보상대책위원회 명의로 '종군위안부 문제와 여성의 존엄'을 주제로 베이징에서 3자회합을 열자는 제안이 왔고, 이것이 성사되어 1998년 10월 8~12일 '일본군 위안부 문제 해결을 위한 베이징 3자회합'이 이루어져서, 종군위안부 곽금녀 할머니를 포함한 북측대표 8명과 남측대표 6명이 만날 수 있었다.

이상과 같은 여성교류는 정부 주도 아래 진행되었던 대북교류의 창구를 민간 여성운동이 뚫었다는 점, 여성문제를 남북 여성들이 함께 토론하였다는 점 그리고 이를 통해 서로의 동질성과 차이를 확인했다는 점에서는 큰 성과가 있었다고 할 수 있다.

그러나 다음과 같은 점이 논의진행에 부담으로 작용했다는 것 또한 사실이다. 첫째 남측대표들은 재야 여성운동가들이고 북측대표들은 정부측 여성들이라는 점에서 비롯되는 서로의 입장차이가 진솔한 대화를 방해하였으며, 둘째 50년이 넘는 분단으로 인해 서로간의 인식차이가 매우 컸다는 한계를 지님으로 해서 민족문제나 여성문제 해결에서의 견해차이가 가시화되었고, 셋째로 남북 정부간의 대결구조가 순수한 민간교류를 정치적으로 이용하려 하였는데, 특히 남측의 경우에는 정부의 압력으로 대표단

구성에서부터 어려움을 겪었을 뿐 아니라 공동입장 표명을 내지 않겠다는 조건으로 접촉승인을 받은 점을 들 수 있다. 뿐더러 회의장에 기관요원들이 끊임없이 드나드는 일도 껄끄러움으로 작용했다(김윤옥, 1997, 14쪽). 결국 4차 이후 남북 여성토론회는 남북이 지닌 각기 고유한 정치상황이 주는 압력, 발언이 제한될 수밖에 없는 현실, 무언가 만남의 성과가 가시화되어야 한다는 압박감, 함께 토론할 수 있는 주제의 제한 등으로 토론이 지루하게 반복되고 또 불투명한 남북한의 정치적 상황 등이 착종되면서 교착상태를 면치 못하고 있다(같은 글, 13쪽).

한편 1988~97년에도 여성들은 통일원에 총 45건의 북한 주민 접촉신청을 내었다. 그러나 그중 성사된 건수는 12건에 불과하였는데, 이는 1989년 6월에서 1998년 1월까지의 전체 접촉승인 건수 261건의 5%밖에 되지 않는다. 여성들이 '아시아의 평화와 여성의 역할' 토론회를 통해 제일 먼저 민간교류의 물꼬를 트는 역사적인 작업을 한 것은 사실이지만, 전체적으로 여성들이 남북교류에서 차지하는 비율은 대단히 낮음을 알 수 있다. 앞에서 말한 토론회와 일본군 위안부 관련 국제회의 두 건을 제외한다면, 나머지는 판소리연주회 1건, 조총련과 여맹의 학술교류 제의 1건, One Korea Festival 합창단 참가 2건이 전부이다.[3] 교류가 이루어진 예술제의 경우에는 주로 민족예술을 다루는 경우에 성사 가능성이 높았으며, 또 제3국 여성들이 '중재자' 역할을 하였을 경우 성공률이 높게 나타났다.

그리고 지난 10년 사이에 경제교류의 비중이 점점 늘어나서 전체 성사 건수 중 경제분야가 거의 절반에 이르는데, 이는 북측이 경제적 이득과

---

3) 이 통계는 김원홍(1997, 7~9쪽)에서 인용하였으나, 제시된 통계 중 '버클리대 한반도평화통일심포지엄'은 여성계 사업으로 분류하기 곤란하여 제외하였음을 밝혀둔다.

개방의 균형을 조정하면서 자신들의 필요성에 따라 제한된 범위에서만 교류를 허용하고 있기 때문이라고 볼 수 있다. 이에 따라 교류의 대상과 개방의 정도는 순전히 북측의 의지에 달려 있었다. 게다가 남북교류가 경제협력에 치우치다 보니, 남측의 단체들 사이에 필요 이상의 경쟁이 일어나고 이 와중에서 모종의 경제적 뒷거래까지 이루어지고 있는 실정이다. 이런 현상은 경제단체들뿐 아니라 사회단체들 사이에서도 나타나고 있음은 매우 유감스런 일이 아닐 수 없다. 이와 같은 과정에서는 당연히 재력과 정치력이 부족한 여성들은 항시 뒷전으로 밀리게 마련인데, 최근 3년 동안의 '북한동포 돕기운동'에서 여실히 드러나고 있다.

군축 및 방위비삭감 운동

1999년 통계에 따르면, 남한은 국가예산의 22%를 국방비에 소모하고 있고 국방예산의 29.6%가 방위력 개선비로 지출되고 있다. 이처럼 22%를 웃도는 국방비는 급변하는 세계경제에서 우리의 경쟁력을 약화시킬 뿐 아니라 국민복지 예산의 삭감을 가져왔다. 1996년의 복지예산이 4.03%에 불과한 데서 우리는 한국의 복지가 거의 후진국 수준임을 확인할 수 있다. 뿐만 아니라 1993년의 경우 여성복지비는 전체 사회복지비 가운데 0.31%에 불과하였다. 1991년 현재 한국의 방위비를 중상위 자본주의 국가 수준인 7.4%로 삭감한다면, 전산업 여성노동자에게 최저임금제 보장, 기술훈련비 지급, 유급 출산휴가 2개월 임금 100% 지급, 2개월부터 유급 육아휴직비 지급, 생활보호대상 아동의 탁아비 전액지급, 무주택 생활보호대상자에게 임대주택 공급, 고등학교 의무교육 등이 가능하다는 주장도 있다(조미진, 1991, 36~47쪽).

이와 같이 방위비가 여성의 열악한 삶과 직결되어 있음을 인식한 여성들은 어느 사회단체나 시민운동보다도 먼저 군축운동을 시작하였다.

1991년 9월의 남북한 유엔 동시가입, 남북한 당국의 불가침선언 채택 가능성에 힘입어 평화군축운동이 여러 형태로 진행되고 있는 가운데, 사회간접시설 확충 및 국민복지 수요충족을 근거로 방위비 삭감운동이 여성들 사이에서 일어났다.

기독여민회, 교회여성연합회, 여성단체연합을 비롯한 여성운동단체들은 국회 회기 중에 방위비 삭감의 필요성과 이유를 설명하고 이를 사회적으로 알리기 위해 '방위비삭감 캠페인 설명회'를 개최하는 한편, 이런 국민의 뜻을 전달하기 위해 1천명 서명운동을 전개하였다. 또 국방부 후원으로 군사 무기와 장비의 국제전시회가 준비되자, 교회 내 6개 여성단체는 공동으로 기자회견을 가지고 방위비 삭감을 강력히 요구하였다. 그리고 1992년 9월에는 세계적인 군축과 평화 운동 조류에 부응하여, 과도한 군사비 지출로 인해 상대적으로 과소 지출되는 사회복지 예산의 확대와 특히 여성복지 확대를 체계적으로 도모하기 위해 '방위비삭감을 위한 연대모임'을 결성하였으며, 이 모임은 국방비 삭감의 필요성을 알리는 전단 형식의 편지 8천 부를 제작하여 '편지쓰기 활동'을 조직적으로 전개하였다. 또 1993년부터는 방위비 증액이나 삭감 관련 자료정리 및 내용 비교분석, 방위비 예산의 심의과정 및 집행의 문제점 점검, 방위비 삭감을 위한 구체적인 활동방안을 연구하는 활동을 진행하면서 방위비 삭감과 여성복지 증액를 위한 활동을 장기적으로 기획하기에 이르렀다.

한반도의 핵사찰과 관련하여 북한의 핵사찰 불응이 국제적인 쟁점으로 부상되었던 1994년 2월에는 여성단체연합 등 9개 여성단체가 중심이 되어 '패트리어트 미사일 배치를 반대하는 여성모임'을 결성하였다. 이 단체는 이미 유럽 국가들에서 제기한 대로 패트리어트 미사일이 우리 지형에도 맞지 않고 성능도 좋지 않은데도 이를 한반도에 배치하려는 것은 사양길에 들어선 미국 무기산업의 활로를 제3세계에서 찾는 작태라 규정하

고 격렬하게 반대운동을 펼쳤다. 또 1997년에 창립된 '평화를만드는여성
회'는 1998년을 '군축운동의 해'로 정하고 다양한 캠페인 활동과 교육사
업을 수행하였다. 이 단체를 통해 군축운동을 전담할 수 있는 여성운동단
체가 생겨난 것은 환영할 만한 일이지만, 군축운동이 현실화되기에는 많
은 어려움이 있다.

여전히 불안한 남북한 정세 외에도 북한에 대한 불신과 적대감은, 많은
국민들에게 국방비 삭감은 전쟁 불안과 위기감을 고조시키는 것으로 인
지되고 있는 것이다. 바로 여기에 평화·군축 운동의 대중화가 어려운 지
점이 존재한다. 우리 국민 사이에는 북한붕괴론, 북한우위론 그리고 무력
적화론이 팽배해 있어서, 군축이 수반할 엄청난 이득을 직시하는 것을 어
렵게 하고 있다.

그러나 김대중정부가 남북관계의 기본 틀로 삼으려고 하는 '남북기본
합의서'는 군축문제의 단계적 실행을 주요 과제로 설정하고 있다. 또한
1999년 국방예산안은 1998년에 비해 0.4%가 감축되었는데, 이는 분단 이
후 처음 있는 일이어서 상징적 의미가 있다. 바로 이런 사실들은 시민운
동이나 사회운동이 본격적으로 군축운동을 전개할 수 있는 발판을 만들
어주고 있다. 뿐만 아니라 지난 10년 사이에 전세계적으로 국방비가 약
24% 감소하였고, 미국의 국방비도 2001년에는 GDP의 2.3%로 축소될 예
정이다. 이에 비해 아시아 국가들의 군사비는 계속 증가 추세에 있는데,
한국은 여전히 국방비가 GDP의 3.2%를 차지하고 있는가 하면 연구비 등
과 같은 드러나지 않은 군사비 항목도 적지 않다. 더구나 국방비의 생산
개발 지수는 가장 낮은 것으로 알려지고 있다(이철기, 1998, 1~2쪽). 하지
만 경제기획원과 전경련, KDI 등은 경직성 예산인 국방비가 자본축적에
장애가 된다고 주장하면서 이를 삭감하여 사회간접자본 확충으로 전환할
것을 요구하고 있다.

　이런 맥락에서 국방예산을 검토해 볼 경우 우선 1999년 예산의 30.1%를 차지하는 방위력 개선비를 축소하는 방안을 검토할 수 있고, 그 다음으로는 69.9%를 차지하는 운영유지비를 축소해야 할 것이다. 특히 전자의 경우는 외화부담이 대단히 커서, IMF 관리체제 이후 우리가 겪고 있는 외환부족을 줄이는 데 큰 역할을 할 수가 있다. 운영유지비의 경우는 주로 인력유지와 부대운영 등에 드는 비용인데, 이것의 감축을 위해서는 북측과의 협상을 통한 병력감축이 불가피하다. 이렇게 볼 때, 결국 여성운동이나 시민운동이 합심하여 평화체제를 위한 군축의 압력을 가하는 길 외에는 다른 방법이 없을 것이다. 특히 우리도 우리려니와 심각한 식량난을 겪고 있는 북측이 계속 군사비에 많은 비용을 투자하는 것은 북한의 기아상태를 더 악화시키는 매우 불운한 일이기 때문에 더욱 그러하다.

　또한 독일이나 일본에 비해 과다하게 부담하고 있는 주한미군 분담금도 다시 고려해 보아야 한다. 1998년에 한국은 직접분담금으로 3억 9900만 달러를 지불한 바 있으나, 부동산 임대료 지원과 조세감면 등을 감안하면 사실상 미군은 거의 22억 333만 달러에 달하는 분담금을 우리로부터 받고 있는 셈이다(이장희, 1998, 16쪽). 미군주둔에는 대북문제만이 아니라 동아시아 방위체제를 위한 미국 자신의 이해관계가 작용하고 있다는 점을 고려한다면, 과도한 미군주둔 분담금의 감축도 앞으로 여성운동의 주요한 캠페인 대상이 되어야 할 것이다.

북한동포 돕기운동

북한은 1995년과 96년의 잇따른 홍수피해, 97년의 가뭄 및 해일 피해, 사회기간 시설의 만성적인 피폐화, 영농기술의 낙후 그리고 외환보유량의 부족으로 심각한 식량난을 겪게 되었다. 국제기구나 관계자들의 증언에 따르면, 이미 100만 이상이 식량난으로 사망한 것으로 추정되고 있으며,

현재 북한 주민들의 배급량은 1인당 약 100g으로 이는 유엔이나 국제기구들이 르완다와 소말리아 사람들에게 지급하는 배급량 400g의 1/4에 지나지 않는다. 바로 이 같은 참상이 전해지면서, 1995년부터 종교계를 중심으로 북한수재민 돕기운동이 시작되었다. 1996년 강릉 잠수함 침투사건으로 모금운동이 잠시 주춤했으나, 남북간의 긴장완화 노력이 시작되면서 1997년 봄부터 다시 '북한동포 돕기운동'은 본격화되었다.

이에 여성단체연합, 평화를만드는여성회 그리고 한국기독교협의회 여성위원회는 함께 모금운동을 전개하였다. '밥나누기 사랑나누기 운동'이라는 이름 아래 여성운동단체들이 가두 캠페인을 통해 모은 모금액은 곡물 1천 톤 어치에 해당하는 1억 5천만 원이었는데, 이것으로 분유 26톤을 마련하여 3개 단체의 이름으로 북한의 '민주여성동맹'과 '아세아의 평화와 여성의 역할 토론회' 북측실행위원회에 보냈다(평화를만드는여성회, "1997년 통일사업위원회 사업 보고 및 계획" 참조). 어린이들과 임산부를 위해 보낸 이 분유에 대하여 북측 여성들은 제3국을 통해 감사의 인사말을 전해 왔다.

그러나 이런 북한동포 돕기운동은 여성의 시각에서 볼 때 많은 문제점을 안고 있다. 1997년 한 해 동안 한국 민간단체의 식량지원 규모는 곡물 약 10만 톤이었다. 아무리 민간단체들이 온 힘을 다해서 모은다고 하더라도, 이는 북한이 필요로 하는 식량의 약 10%를 간신히 조달하는 정도이다. 게다가 이것은 남측의 NGO들 사이에서 모금액을 둘러싼 보이지 않는 경쟁을 불러일으켰고, 남측 사회단체들이 시도하는 북측과의 교류도 이런 모금액에 따라 성패가 결정되는 경우도 적지 않았다. 또한 여성단체들이 모은 총액이 전체 모금액의 겨우 1% 될까 말까 하면서, 이는 여성들의 무력함을 확인시켜 주는 계기가 되기도 했다. 여성들이 지정 기탁할 수 있는 식량이 적으면 그만큼 남북교류에서 여성의 역할은 약화되게 마련이었던 것이다.

북한이탈 여성주민[4]을 위한 활동

1998년 9월까지 남한에 입국한 북한이탈 여성의 숫자는 115명이고, 그중 96명이 국내에 거주하고 있다. 일단 북한 주민들이 남한으로 망명을 할 경우, 이들은 6개월간 국가정보원의 보호 아래 생활하게 되고 이 기간 동안 남한 사회에의 적응 훈련을 받는다. 그런 다음 이들은 정부가 제공하는 유상 임대아파트에서 정부가 지원하는 생활정착금으로 생활한다. 1994년에 북한이탈 주민에 대한 지원법이 개정된 이후, 생활정착금도 줄어들었을 뿐 아니라 환난위기 이후 많은 이들이 실직상태에 놓이게 되었다.

북한이탈 여성주민에 대한 조사에 따르면, 이들의 생활은 매우 열악하다. 이들 중 82.4%의 여성이 일하고 싶다고 하는 데 비해 실제 취업하고 있는 여성은 29.4%에 불과하며, 가구당 월소득이 100만원 이하인 경우가 79.4%에 이르렀다. 그리고 부부로 이루어진 가정을 가진 여성은 5.9%, 부부/자녀로 이루어진 가정은 50%, 편모가정도 20.6%에 이르렀다.[5]

뿐만 아니라 북한이탈 여성주민들은 남한 사회에서 사회 · 문화적인 적응에 어려움을 겪고 있다. 우선은 기술발전이 앞서 있는 남한 사회의 생활에 적응하는 데 제일 큰 어려움을 겪고 있는데, 예를 들면 컴퓨터를 전혀 다룰 줄 모른다든가 일상생활에서 혼용되는 영어단어를 모르는 것 등

---

4) 흔히 북한에서 온 여성들을 '탈북여성'이라는 명칭으로 지칭하지만, 당사자들이 이 용어를 싫어하기에 이보다는 좀더 중립적인 용어로 '북한이탈 여성주민'이라는 용어를 사용하고자 한다.

5) '평화를만드는여성회'는 전체 96명의 북한이탈 여성주민 가운데 조사가 가능한 34명을 대상으로 실태조사를 실시하였다. 이를 통해 이 여성들이 처한 현실이 개략적으로 드러났다. 김엘리, 1998, 4~7쪽 참조.

이다. 그러나 이 못지않게 남한 사람들과의 교류나 대화에서 단절감을 느끼고 있으며, 부부관계에서의 갈등도 적지 않았다. 특히 북한 사회주의 내에 유교적 가부장제의 뿌리가 공고한 까닭인지, 북한 남성들의 경우 가부장적인 태도나 의식구조를 가진 경우가 많았다. 게다가 적지 않은 남성들이 실직상태이기 때문에, 아내가 남한의 자유로운 생활과 인간관계를 누리는 것에 큰 불안을 느끼는 것 같았다. 이런 북한이탈 주민들의 현실은 훌륭하게 발전된 사회보장제도가 이주민들의 적응에 큰 버팀목이 되어주고 있는 독일의 현실에 비해 형편없이 열악한 것이다.[6]

그간 몇몇 단체와 교회가 북한이탈 주민들에 대한 지원 프로그램을 수행하였다. 여기에서는 개신교의 역할이 압도적으로 컸으며 또 북한이탈 주민후원회와 같은 단체도 설립되어 활동하였다. 그러나 이런 지원 프로그램은 단기적이거나 일회적이기가 쉽고 주로 물질적인 지원에 치우치는 경우가 많은 점을 특징으로 하고 있었다. 비물질적인 지원의 경우에도 신

---

6) 독일의 경우에는 2차대전 이후 현재까지 구 서독지역으로 이주한 숫자는 총 1500만 명에 이르고 있다. 이런 대량 이주민에 대한 서독 정부의 정책은 가히 성공적이라 할 만한데 여기에는 다음과 같은 기본 원칙이 있었다. 첫째, 구 동독인은 신분 여하에 상관없이 서독인과 똑같은 대접을 받았다. 둘째, 서독의 발달된 사회보장제도가 이주민의 정착에 결정적인 역할을 하였다. 셋째, 이주민의 적성과 이전에 일한 분야를 고려하여 취업기회가 주어졌다. 넷째, 각종 정착지원금이 시간적으로 분할되어 지급되었으므로 정부의 재정부담도 줄어들었고 이주민들이 정착금을 날리는 사례도 막을 수 있었다. 다섯째, 이주민들의 지역별 분산수용 원칙을 사용하였기 때문에 지자제 정부가 비용부담을 나누어질 수 있었다. 여섯째, 이주민의 사회적응력을 높이기 위해서 민간단체가 독자적인 프로그램을 마련하되 정부가 이를 정치교육센터를 통해 실시하는 방식을 택하였다. 정부가 하향식 사상전환 교육을 실시한 것이 아니라 민간단체들이 이들에 대한 민주시민 교육을 시도할 수 있었던 것이다. 박종철 외, 1999. 12. 56~57쪽; 이정우, 1996. 15쪽; 평화를만드는여성회. 1999. 4쪽 참조.

앙권고나 상담에 치우쳤고, 아주 간헐적으로 아동 학습지도 프로그램을 운영하는 정도였다(김동배 · 이기영, 1997, 13쪽 참조). 그럼에도 불구하고 이 같은 지원활동은 북한이탈 주민들이 겪고 있는 갖가지 어려움을 해소하는 데 구체적인 도움을 줄 수 있는 장점을 지니고 있기 때문에, 지금까지의 단기적이고 생활지원에 토대를 둔 프로그램을 넘어서서 통일을 고려하는 장기적인 방안의 모색이 필요하다.

바로 이런 문제의식 아래 '평화를만드는여성회'는 남북한 여성의 대화모임을 9차례에 걸쳐 시행하였다. 서울시의 지원 아래 이루어진 이 사업에서는 남과 북의 가정생활, 사회보장제도, 사회화, 교육 · 결혼과 가족 · 친족 관계, 관혼상제, 북한이탈 여성들의 남한생활 이야기 등을 주제로 다룸으로써 서로를 이해하는 데 큰 도움이 되었다.

또 이 대화모임은 '진달래와무궁화'라는 남북한 여성들의 모임 결성으로 이어졌는데, 이 모임에서는 북한이탈 여성주민을 돕는다는 취지 못지않게 양자간의 대화가 더욱 강조되었다. 즉 남과 북의 여성들이 함께 대화하고, 우선 "서로가 어떻게 다른가를 확인하고 이 차이를 넘어서서 어떻게 서로의 간격을 좁힐 수 있을까"를 모색하는 모임이다. 생필품 나누기, 가정방문, 캠프, 취미생활 함께하기, 놀이동산 함께 가기 같은 프로그램은 북한이탈 여성주민들의 외로움을 덜어주고 남한 사회의 문화를 이해할 수 있게 함으로써 이들의 자신감을 높이는 데 크게 기여하였다고 평가된다. 나아가 남한 여성들에게도 북한을 바로 알고 북한 여성들을 있는 그대로 이해하고 수용할 수 있는 자세를 훈련할 수 있는 좋은 기회가 되었다. 남한 여성들 스스로도 우리보다 경제적으로 낙후되어 있다는 이유로 북한이나 북한 여성에 대해 갖고 있던 편견과 오해를 해소하는 훈련을 할 수 있었기 때문이다.

장기적으로 볼 때 '진달래와무궁화' 모임이 지니는 의의는, 미래의 통

일을 대비해서 북측 여성들 내에서 통합사회를 위한 지도력이 형성되는
계기가 될 수 있다는 점과 서로를 알고 이해하는 과정이 바로 통일 이후
남과 북의 여성들이 진정한 통합을 이룰 수 있는 모델개발을 위한 실험의
장이 될 수 있을 것이라는 점이다. 독일의 통일과정은 형식적인 그리고
정치적인 통일이 진정한 내적 통일을 가져오는 것은 아니라는 사실을 여
실히 보여주었다. 그러기에 남과 북 여성 사이의 이 같은 시도는 진정한
내적 통일을 준비하는 초석이 될 수 있을 것이다.

그러나 북한이탈 여성주민 프로그램은 그 한계를 지니고 있다. 우선 아
직은 초기 단계라 서로의 생활문화와 생각을 이해하는 수준에서 프로그램
을 진행할 수 있으나, 향후에는 북한 여성들을 위한 포괄적이고 구체적인
사회적응 훈련사업이 진행되어야 하는데 여성운동단체의 재정이나 인력
측면에서 이를 실천에 옮기는 것은 쉬운 작업이 아니다. 뿐만 아니라 북한
이탈 여성주민들의 문제를 해결하기 위해서는 그들의 생계기반을 확보하
는 것이 관건이다. 가장 초석이 되는 작업은 북한이탈 초기에 곧바로 직업
교육과 취업알선이 이루어져 이들이 경제적으로 자립할 수 있는 제도적
기반이 갖추어지는 것인데, 이를 위해서는 정부를 상대로 지속적으로 요
구하고 이를 실행에 옮기도록 압력을 넣어야 한다(평화를만드는여성회,
1999, 9~10쪽). 또한 북한이탈 여성주민의 인권 보호와 남북한 여성간의
대화를 위해서 시민운동이나 여성운동단체의 역할이 필요하다는 사실을
정부가 인식하고, 민간단체에 대한 지원을 아끼지 않는 제도적 방안도 시
급히 마련되어야 할 것이다.

다양한 평화운동의 전개

이 글이 여성통일운동을 핵심적으로 다루는 내용이기에 자세하게 취급하
지는 않았지만, 여성들이 수행한 평화운동의 성과를 잠시 언급할 필요가

있다. 무엇보다도 중요한 사실은 여성들이야말로 한반도 내에서 가장 먼저 평화운동을 시작한 집단이라는 점이다. 여성들의 선견지명과 실천은, 바로 자신들이 일하는 사회·환경 조건을 통해 누구보다도 평화를 사랑하게 된 여성들이 평화운동에 대한 감수성과 실천력을 가지게 되었음을 확인케 해주는 대목이다.

이미 70년대에 한국교회여성연합회는 2차대전 때 히로시마와 나가사키에 투하된 원폭에 의해 발생한 피폭자 2만 명이 여전히 병고와 빈곤 속에서 살아가고 있음을 알고 원폭피해자 문제를 여론화하고 그들에 대한 치료와 생계지원을 계속해 왔다. 또 1985년부터는 '반전, 반핵, 평화'의 이슈 아래 '평화마당'이라는 대중행사를 꾸준히 개최해 왔으며, 기독교여민회는 1990년부터 여연과 함께 '여성평화한마당' 행사를 여러 번 개최하였다. 여성들은 집에서 전쟁장난감을 가져오면 대신 무공해비누를 나누어주는 전쟁문화 퇴치운동도 여러 차례 전개하였는가 하면 통일을 염원하는 통일마라톤대회도 열었다. 1991년에는 미국과 유엔 다국적군에 의해 대이라크 전쟁이 개시되자, 교회여성연합회와 한국여성단체연합은 이같은 반생명적·반평화적 전쟁은 정당화될 수 없다는 입장을 재확인하고 전쟁중지를 호소하였다. 여성들은 '걸프전과 한국군 파병을 반대하는 어머니모임'을 결성하고 '걸프전쟁과 전쟁문화에 대한 토론회', 어머니 편지보내기, 전단배포 등을 펼쳤다.

그외에도 여성들이 수행한 평화운동으로는 최루탄 추방운동이 있다. 1987년에 민주화를 요구하는 시위가 전국으로 확산되면서 불안해진 당국이 최루탄 사용을 통한 진압에 의존함에 따라, 학생과 경찰의 심각한 피해, 최루탄가스의 독성 문제, 인명피해, 생태계 파괴, 피해보상 등의 문제가 대두되었다. 이에 교회여성연합회와 한국기독교교회협의회 여성위원회는 최루탄 피해 고발센터를 개설하고 평화행진, 최루탄 제작회사 조사

및 항의전화, 서명운동 등 항의운동을 전개하였다(한국여성개발원 1994, 97
~101쪽). 여성들의 이 같은 참여는 노태우의 6·29선언 발표에 중요한 기
여를 하였다고 생각한다. 그러나 여성들의 평화운동은 최초 시도라는 점
에서 상징적인 의미를 지니지만, 이것이 여전히 소수의 운동이고 가부장
적 언론이나 사회에 의해 무시당하거나 주변화됨으로 해서 그 파급력은
미미하기 짝이 없다.

3. 변화의 기로에 놓인 통일운동

우리는 발상전환을 시도해야 할 역사적 시점에 와 있다. 80년대 말부터
탈냉전이라는 세계사적인 지각변동을 경험하면서, 세계적으로 현대사를
지배해 온 '대립적인 사고방식'과 '적대적인 대치관계'는 종언을 고하게
되었다. 이는 한반도의 환경에도 영향을 끼쳐서, 1991년 11월에 남북기본
합의서가 채택되었고 1994년 10월 제네바에서 북·미 핵합의문이 채택되
기에 이르렀다. 이와 더불어 한반도 내에서도 남북한의 긴장관계는 두드
러지게 약화되었다. 또한 우리 역사상 최초의 정권교체가 이루어지면서
김대중정부가 들어섰고 더불어서 '햇볕정책'이 추진되었다. 햇볕정책의
연장선상에서 정·경 분리의 원칙과 함께 금강산관광이 시작되었으며,
이미 10만 명 이상이 다녀온 금강산관광은 남한 국민들의 북한에 대한 이
해를 높여주는 역할을 하였다. 그리고 지난 2년 동안 성공적으로 진행되
었던 '북한동포 돕기운동'은 북한 동포들에 대한 우리의 관심과 애정을
높이는 데 큰 역할을 하였다.

그러나 다른 한편으로는 한반도에서 긴장이 완화되었다고 보기도 어렵
고 평화는 여전히 위협당하고 있다. 서해안의 남북한 교전사태라든가 금
강산관광객 억류사건은 다시 한 번 국민들에게 북에 대한 경계와 불신을

심어주는 계기를 제공했다. 북한 미사일 문제도 여전히 해결되지 않고 있는 실정이고, 미·일 신가이드 라인 역시 한반도의 구성원 모두에게 위협적인 요소로 다가오고 있다.

이렇듯 위기적 요소가 여전히 남아 있더라도 우리 통일운동을 되돌아보면, 우리는 엄청난 변화들을 확인하게 된다. 이미 언급한 대로 한반도의 분단 고착화를 냉전에서 탈냉전 식으로 전환시킨 미국의 정책도 정책이려니와, 민간부분에서도 범국민적인 차원에서 북한돕기 운동이 일어난 점 그리고 북한이탈자들이 이제 우리와 어울려 살게 된 점도 크나큰 변화이다

이에 못지않게 우리가 주목해야 할 점은 국민들의 대북관도 엄청난 전환을 경험하였다는 사실이다. 과거 북한에 대한 국민들의 시각은 북의 공격이나 침투에 대한 방어의식을 중심으로 형성되었다고 한다면, 지금의 의식구조는 반공의식보다는 북한 경시나 대북 우월의식에 토대를 두고 있다. 통일 후 남한 국민들이 북한 동포를 대할 태도는 이미 국내에 거주하는 외국인 노동자나 조선족 동포 문제를 통해서 잘 드러나고 있다고 생각한다. 급속한 산업화 속에서 정신적·문화적으로 이를 소화할 여력이 없었던 남한 국민들 사이에 만연한 천민자본주의적 행태가 통일의 과정 혹은 통일 이후에 북녘 동포들과의 관계에서도 잘 드러날 것이기 때문이다. 뿐만 아니라 한국 자본주의의 양적 성장에 따라 물질적 소비 수준이 높아지면서 얄팍한 실리주의적 정신으로 무장한 국민들은 통일과정에서 부담할 수밖에 없는 비용을 부담하지 않겠다는 태도를 보여주고 있어서, 이 역시 통일과정에서 심각한 문제로 다가올 것이다. 한마디로 남한 국민들은 통일이 과연 필요한가에 대해 회의를 느끼고 있는 것이다. 이렇듯 국민 대다수가 '더불어 사는 삶'에 대한 준비가 아직 되어 있지 않거니와 다양성과 다름을 포용할 줄 아는 훈련이 되어 있지 않은 사회에서, '북한

의 위기징후'와 관련된 소식이 들릴수록 우리는 걱정스런 마음을 금하지 않을 수 없다.

이런 국내외 여건의 변화와 국민의식의 변화 속에서 우리 통일운동도 이제 발상전환을 모색해야 할 시점에 이르렀다. 즉 현실사회주의의 붕괴와 함께 급진적인 통일운동과 통일논의는 이제 설득력을 잃게 되었다. 과거의 급진적인 통일론—반 미 민족자주, 미군철수, 연방제통일 주장이나 과격한 시위방식—을 고집하면 할수록, 그만큼 국민들에게 관념적이고 감상적인 태도로 비치는 현실에 이르렀다는 말이다. 이제 통일운동이나 통일과정은 시민사회의 대중적 지원을 통해서 발전할 수밖에 없게 된 것이다. 이런 현실에 비추어볼 때 북과의 적대적 대결은 소모적이고 반통일적이다.

통일운동에 대한 발상의 전환을 위해서는 먼저 통일방안 중심의 통일논의에서 벗어나야 한다. 이는 남북한 정치권력의 형식적·기계적 결합을 중심으로 한 통일과정 연구에서 탈피하는 것을 의미한다. 우선 제대로 된 통일이 이루어지기 위해서는 통일 주체세력 혹은 구심세력의 형성이 중요한데, 여기에서는 무엇보다도 남한 내에서 통일의 개념과 의미에 대한 사회적 합의의 확산이 선결되어야 하며 이를 위해서는 남/남대화가 필수불가결하다. 그러지 않고서는 참된 내부통합은 불가능하다. 이런 남남대화의 토대 위에서 통일은 남북한의 적대적 대결을 해소하는 데서부터 출발하여야 한다. 바로 이것이 공존공영의 원칙을 현실화하는 것이다. 공존공영이란 남북한의 두 체제가 함께 살고 함께 번영한다는 의미인데, 이 단계는 이미 통일이 시작된 것이나 다를 바 없다.

공존공영을 구체화하는 가장 우선적인 작업은 현재의 적대적 군사대결 구조를 완화하고, 화해·협력의 정신에서 평화체제를 구축하는 것이다. 공존공영을 구체화하는 또 하나의 작업은 사회경제적인 통일의 모색인

데, 이는 형식적·기계적 통합이 아닌 실질적인 결합으로 가는 길이라 할 수 있다. 과거 남한 정부는 정치적 통일과 사회경제적 통일을 분리하여 후자를 앞세우는 경향이 있었는데, 우선 사회·경제·문화 교류를 통해 신뢰감을 회복한 후에 정치적 통일을 달성하자는 입장이었다. 이에 비해 북한은 먼저 군축과 평화체제 구축을 통해 정치적 통일을 달성하자는 입장이었다. 그러나 최근에 와서 북한은 심각한 경제난 때문인지 정·경 분리노선을 취하는 데 비해 오히려 남한은 정·경 연계노선으로 선회하는 경향을 보인다.

통일을 점진적으로 달성해야 한다는 주장은 원칙적으로는 타당하지만, 우리가 처한 구체적인 현실을 고려하자면 비현실적인 제안일 수 있다. 정치적 통일을 빨리 달성해서 남북한의 적대적인 대결을 완화시키고 그것이 초래하는 엄청난 군사비 지출을 줄이는 단계로 진입한 이후, 남북의 사회경제적인 차이를 극복하는 것이 훨씬 신속한 경로이기 때문이다(조성범, 1997, 97쪽).

물론 공존공영의 원칙에 입각한 통일논의는 사회주의냐 자본주의냐 하는 도그마를 극복하고, 남북한 양측의 상호변혁을 지향해야 한다. 또 20세기의 대립구도를 벗어나서 미래지향적인 대안체제를 모색하는 것이어야 한다. 지금까지 통일운동 내에서 북한을 둘러싸고 많은 논란과 분열이 있었던 것은 북한을 체제 대안적인 관점에서 인식하였기 때문이다. 지금은 북한을 남한 체제의 대안이라고 단언하는 사람은 드물지만, 북한이 대안적 체제가 아니기 때문에 통일이 무의미하다는 주장이 제기되는 것은 극복되어야 한다. 북한이 대안적인 체제가 아니더라도 통일을 향한 노력 혹은 더 정확하게는 평화공존을 향한 노력은 계속되어야 한다.

이런 맥락에서 흡수통일과 마찬가지로 적화통일에 대해 반대해야 한다는 주장도 명백히 제시되어야 한다. 다시 말해 우리 통일운동은 남북한 정부 사이에서 중립적인 입장을 유지하면서 균형추 역할을 해야 한다는 것이다. 이것은 양 체제에 대한 상호존중이 있어야만 평화체제가 가능하다는 의미인데, 그렇다고 해서 상호존중이 통일과정에서 남한 체제나 북한 체제의 개혁과 변화가 불필요하다는 의미는 아니다. 진정한 내적 통일을 이루기 위해서는 우리는 남한 체제나 북한 체제의 한계를 넘어서는 제3의 길을 찾아가려는 자주적인 관점과 노력이 필요하다. 그러나 남한 사회에서의 무분별한 북한 비판은, 잘못하면 반공기류가 여전히 흐르고 있는 현실에서 평화체제 구축을 거스르는 방향으로 악용될 소지가 있음을 명심할 필요가 있다.

이렇게 통일운동을 공존공영의 평화체제를 모색하는 것으로 전환하는 과정에서 우리는 새로운 국제관계를 모색할 필요가 있다. 관념화되고 구호 위주의 반미를 넘어서면서, 민족자주를 모색하는 구체적인 방안을 궁리하여야 한다. 물론 이런 통일운동의 새로운 방향모색은 미국의 '연착륙'으로 불리는 탈냉전식 분단 고착화 정책과 현정부의 대외의존적인 통일외교를 비판해야 한다. 그렇더라도 클린턴 행정부의 대북정책을 통일정세의 돌파구로 만들려는 주체적인 노력을 하지도 않은 채, 민족자주의 목표를 선명하게 과시하기 위해서 반미구호만을 무차별하게 주장하는 것이 결코 진정한 민족자주의 길이 될 수 없다는 것이 이제 자명해졌다. 이런 맥락에서 주한미군의 철수문제도 동북아에서 이들이 하고 있는 균형추로서의 역할을 고려하면서 탄력적으로 대처할 필요가 있겠다.

4. 여성통일운동의 쟁점과 과제

지금까지 여성들이 시도한 다양한 통일운동의 흐름을 개괄적으로 언급하였다. 결론적으로 말하자면 여성은 남성 못지않게 통일·평화 운동을 가

열차게 전개해 왔다고 할 수 있다. 여성들의 이런 활발한 활동에 경탄을
금할 수 없지만, 전체 여성 차원에서 본다면 이것은 소수의 운동에 불과
한 것이었다. 또한 여성통일운동은 한국적 상황이 낳은 태생적 한계와 몇
가지 문제점을 안고 있다. 여기서는 여성통일운동에서 논의되고 있는 몇
가지 문제점을 중심으로 여성통일운동에 대한 전망과 과제를 제기해 보
고자 한다.

왜 여성통일운동이 필요한가

여성통일운동의 대중화를 고민할 때 가장 먼저 부딪히는 장애는 여전히
대다수 여성들이 통일운동을 자신의 삶과 연결시켜 고민할 만한 현실적
연결통로를 찾기가 어렵다는 사실이다. 학부모운동, 실업가장 문제, 가정
폭력, 성폭력 같은 이슈는 여성들의 일상생활과 직결되어 있지만, 왜 여
성들이 통일운동과 평화운동을 해야 하는지, 과연 우리가 추구하는 바가
단기적으로 해결될 전망이 있는 것인지 등에 대해서는 여전히 명쾌한 대
답을 주기가 어렵기 때문이다. 많은 여성들이 도대체 "왜 현시점에서 여
성운동의 많은 당면한 과제를 남겨두고 통일운동에 에너지를 쏟아야 하
는가"라는 질문을 던지는 경우도 이런 까닭에서이다. 바로 이런 지점이
설득력 있게 제시되지 않는다면, 여성통일운동은 앞에서 말한 대중화 지
점을 놓치기가 십상이다.

여성통일운동이 여성의 삶에 가져다 줄 변화는 오랜 시간이 걸릴 뿐만
아니라 즉각적으로 그 인과관계가 드러나는 것도 아니다. 여성통일운동
이 평화운동과 결합하여 국방예산 감축을 가져온다 하더라도, 이것이 실
제로 여성을 위한 복지비용으로 전용되기까지는 길고 복잡한 투쟁과 협
상 과정이 필요하기 때문이다. 또 여성들간의 남북교류 사업도 여전히 서
로를 조금씩 알아가는 수준에 머무르고 있고, 그나마 남북한 여성간의 접

축도 남북관계가 트이고 서로간에 평화를 진척시키려는 노력이 진행되지 않는 한 그리고 제한된 기간 안에 통일이 성사될 가능성이 희박한 한에서는 여성통일운동은 먼 미래를 기대하며 마냥 기다려야 하는 기약 없는 사업이다.

그럼에도 불구하고 여성들이 통일운동에 박차를 가해야 할 이유는 무엇일까? 한국 여성운동이 통일문제에 대한 여성의 적극적 참여를 깊이 자각한 것은 독일통일을 통해서였다.

독일통일은 여성의 지위, 특히 동독 출신 여성들의 지위를 크게 약화시켰다. 통일 이전의 동독에서 여성은 가계수입의 40%를 담당한 데 비해 서독 여성은 18%에 불과하였다. 그러나 통일 이후 동독 지역에서 여성의 일자리는 40~45%가 줄어들었고, 여성의 실업률은 13배나 증가하였다. 게다가 국가에서 경영하는 탁아소가 자본주의적 영리경영으로 바뀌면서, 탁아비가 엄청나게 올랐고 이를 감당하지 못하는 여성들은 일자리를 떠나야 했다. 이런 현실들이 동독 지역 여성들의 임신기피로 이어지자, 결국 통일독일 정부는 탁아의무제도를 비롯한 여성에게 유리한 몇 가지 정책을 입안할 수밖에 없었다. 전체적으로 보면, 옛 서독 여성들은 통일 이후 여성정책 면에서 과거에 비해 많은 혜택을 볼 수 있었으나, 옛 동독 여성들의 지위는 형편없이 열악해졌다. 결국 분단되었던 사회주의권과의 통합은 자본주의권 여성들에게는—사회주의 국가의 여성정책 수준에 부응하려다 보니—어느 정도 이득을 가져다 주었으나, 그 반대쪽 여성들에게는 반대의 결과를 가져온 셈이다(Colneric, 1999 참조).

독일의 이런 역사적 경험을 우리 현실에 적용해 볼 때, 부인할 수 없는 사실 하나는 통일은 여성의 삶에 엄청난 변화를 가져오리라는 것이다. 이 점이 바로 왜 여성들이 통일운동에 참여해야 하는가의 당위성을 확인시켜 주는 대목이다. 독일의 경우 서독 지역 여성들의 지위 향상에 통일이

기여한 것은 바람직한 일이지만, 우리의 경우에는 통일이 남한 여성의 지위 향상에 기여할 것이라는 보장이 있는 것도 아니다. 또한 통일을 통해 남한의 여성만이 아니라 다른 반쪽의 여성들에게도 더 나은 방향으로의 개선이 이루어져야 한다. 그래서 통일이 달성되고 그후 여성해방에 좀더 다가가는 여성정책이 수립되기 위해서는, 여성이 통일운동에 참여하고 또 통일정책의 입안과 집행 과정에 능동적·주도적으로 개입해야 한다. 나아가 통일을 달성하는 과정에서도 군축과 평화체제 구축에 참여함으로써, 여성들은 축소된 국방비를 여성복지비로 전용토록 압력을 넣는 일에 앞장서야 할 것이다.

어떻게 정책결정과정에 주도적으로 참여할 것인가

여성특별위원회의 자료에 따르면, 통일관련 위원회 등에의 여성참여는 여전히 여성계가 요구하는 30% 할당에 이르지 못하고 있다. 여성은 통일고문회의 22%, 정책자문회의 8.3%, 통일정책평가회의 0%, 민주평통자문회의에 14.9%가 참여하고 있을 뿐이다. 그리고 평화적 통일을 위한 초석이 될 '남북기본합의서'의 부문별 부속합의서 이행 및 정부당국간 교류를 위한 공식기구인 분야별 공동위원회 중 사회문화공동위원회에 1998년 이후 잠시 여성특별위원회의 국장급 여성 공무원 한 명이 위원으로 참여했

〈표 1〉 (단위: 명, %)

	계	여성	비율
통일고문회의	27	6	22
정책자문회의	48	4	8.3
통일정책평가회의	15	0	0
민주평통자문회의	13340	1988	14.9

자료: 여성특별위원회, 1998, 10쪽.

고 2000년 6월 현재는 한 명도 참여하고 있지 않다. 이를 통해서도 통일 정책에서의 여성대표성을 확인할 수 있다.

이렇게 여성의 주도적 참여가 저조한 이유는, 첫째로 통일문제의 중요성과 여성의 능동적 참여 필요성에 대한 인식이 여성들에게 부족하다는 점을 들 수 있을 것이다. 둘째로는, 유교적 전통과 분단현실에 의해 강화된 가부장적 사회분위기는 통일정책 분야를 남성의 영역으로 간주하고 여성참여를 배제하는 방향으로 작용하였다. 셋째로, 정부 차원에서의 통일정책 추진과정에서 여성의 참여와 역할을 확대시키는 제도적 장치의 마련도 미진하였다(같은 글, 10쪽). 사실 통일문제 관련분야에 여성 전문인력이 전혀 없다고 할 수는 없지만, 그나마 갖추어진 여성인력도 남성 중심적 구조 속에서 제대로 뚫고 들어가기가 쉽지 않다. 정부 차원의 제도적 장치와 여성운동의 지속적인 요구를 통해서 통일정책 과정에 여성의 참여가 증대되어야 할 것이고, 이를 위해서는 여성 전문인력을 발굴하려는 노력 또한 양측에서 동시에 진행되어야 할 것이다.

통일 정책이나 운동 분야의 여성참여율 향상과 관련하여 부딪히는 또 하나의 딜레마는 과연 여성참여가 비율 면에서 증가한다고 해서 그것을 마냥 손뼉치고 좋아할 것인가 하는 문제이다. 개별적인 연줄을 통해서 통일관련 위원회에 참여한 여성의 경우에는, 그 활동이 여성적 관점을 역행하거나 기득권 세력의 이익을 보호하는 방향으로 작용하는 경우도 적지 않았다. 그래서 우선 통일정책 과정에 여성의 참여를 늘리는 것도 중요하지만, 그 못지않게 할당제와 같은 제도적 장치에서 사용되는 선발기준도 문제삼아야 한다. 다시 말해 조직된 여성운동에서 대표성이 나오면 나올수록, 그 여성은 개인의 이해관계가 아니라 여성 전체의 집단적 이해관계를 대변할 수 있기 때문이다.

여성통일운동은 민족주의적이고 그래서 반페미니즘적인가

여성들의 통일운동이 페미니스트들 사이에서 좀더 광범위한 지지를 받지 못하는 이유 중의 하나는, 통일운동은 민족주의 운동의 일부가 될 수밖에 없고 민족주의는 남성성을 고무하면서 가부장제를 강화하는 역할을 해왔다는 의구심 때문이다. 우리 역사에서 보수적인 통일운동은 군사주의의 후원 아래 진행되는 경우도 적지 않았고 또 첨예한 권력 각축전이 벌어졌던 장(場)인 만큼, 애초부터 여성은 여기에서 배제되었던 것도 사실이다. 또 진보진영의 통일운동조차도 지금까지는 원론적인 정치투쟁 일변도여서, 페미니스트들이 이런 반응을 보이는 것 자체가 이해할 수 없는 바도 아니다.

그러나 이런 일부 페미니스트들의 반응은 제국주의, 파시즘 그리고 인종차별주의와 같은 쓰라린 과거와 동거하였던 관계로 민족주의가 부정적인 함의를 지니는 서구 국가들의 경험을 토대로 서구의 페미니스트들이 지녔던 거부반응을 그대로 수용한 측면도 없지 않다. 우리와 같은 제3세계 국가에서는 민족주의가 지닌 건강한 측면과 병적인 측면이 동시에 고찰될 필요가 있다. 또한 우리는 동원수단으로서 민족주의는 성이나 계급보다도 더 강력한 힘을 발휘하고 대다수의 여성은 민족주의적 선동이나 구호에 노출되어 있으며 페미니스트들이 조직·동원할 수 있는 여성대중이란 한줌에 불과하다는 점도 염두에 둘 필요가 있다. 즉 이는 어떤 형태로든 여성은 민족주의에 연루될 수밖에 없는 현실을 드러내는 것이다. 뿐만 아니라 여성의 삶과 지위는 그들이 소속된 민족국가의 운명에 좌지우지된다. 때때로 가부장적 제도나 담론을 해체하려는 페미니스트들의 시도는 '민족적'이라는 수식어가 붙은 문화·전통·관습에 의해 방해받기가 일쑤이지만, 그렇다고 해서 페미니스트들이 민족주의 운동이나 민족문제로부터 결별하는 것이 그 대안이 될 수는 없다.

여성운동이 소수의 여성학자나 활동가를 중심으로 '하부문화'를 결성하고, 그 안에 자족할 수도 있다. 여성주의적 관점을 우리 정치나 사회 분야에 원론적으로 적응하려고 할 경우에 이론적으로나 논리적으로 페미니스트들은 그 순수성을 간직할 수 있을 것이다. 그러나 이 격리된 안식처 안에 머무는 한 페미니즘이나 여성운동이 여성대중에 대한 광범한 영향력을 행사할 수 있는 길은 차단되게 마련이다.

서구 여성들의 현실과는 다른 우리의 역사적 · 사회적 맥락을 고려한다면, 차라리 한국의 여성운동이 보다 적극적으로 민족국가의 형성이나 그 근대적 발전과정에 개입하는 것이 필요하다. 민족국가의 근대적 형성은 어느 한 시점에서 완결되는 것은 아니라, 지속적으로 그 형성과정에 있기 때문이다. 즉 우리 민족주의가 지닌 문제점이라 할 수 있는 혈통적 · 문화적 민족주의를 넘어서서, 민주주의와 민족주의가 상호 융합되는 과정, 다시 말해 시민적 민족주의를 형성해 가는 과정에서 여성들은 자신들의 목소리를 내면서 동시에 여성주의적 시각을 첨가해야 한다.

바로 이런 민족국가 형성에 대한 여성의 개입은 마찬가지로 통일운동에도 그대로 적용된다. 전라도니 경상도니 하는 지역갈등이 정치의 불안정성을 부추기고 분단으로 인해 남북한이 최소한의 대화나 합의도 도출하기 어려운 우리 현실은 여전히 우리에게 근대적인 민족국가 건설이 완결되지 않았음을 의미하기 때문이다. 국민의 절반을 차지하는 여성들이 더 적극적으로 통일운동에 참여할 때 비로소 온전한 통일국가 건설이 가능해질 것이다.

통일운동의 여성적 관점이란 무엇인가

여성통일운동이 단지 전체 통일운동 내에서 여성의 참여와 목소리를 높이자는 것만으로 끝난다면, 여성이 통일운동을 동참하는 의의는 삭감된다. 그 중요성은 여성적 관점의 관철을 통해 통일운동이 좀더 인간적인 면모를 갖추는 일일 것이다. 그렇다면 전체 통일운동에서 여성적 관점이 첨가될 경우, 통일운동은 어떻게 달라져야 할 것인가?

그것은 바로 정치적 통일의 달성만이 아니라 통일과 평화주의 이상을 결합하는 일이다. 지난 30여 년간의 독재체제 아래서 우리의 통일운동은 국가보안법과 반공법이라는 무시무시한 탄압체제 속에서 지나치게 정치지향적인 운동이 되어왔던 것이 사실이다. 그러나 이제 형식적 민주화가 어느 정도 관철되고 보니, 우리 통일운동의 이런 정치지향성의 한계가 드러나고 우리 일상생활 속의 비평화적 요소가 사실상 남북한 화해의 장애로 작용할 수 있다는 인식이 높아지면서 평화운동의 확산 필요성이 제기되었다. 최근 통일운동의 일각에서도 공허한 체제논쟁이나 남북한의 형식적·기계적 결합을 넘어서서 화해·협력 및 평화 체제를 모색하면서 대중운동을 통해 이를 달성하려는 시도가 일고 있어서, 통일운동이 이 점에서 평화운동에 접근하고 있는 것은 사실이다.

그러나 이런 과거 운동에 대한 반성적 성찰들이 일반 통일운동 내에서 아직은 가시적인 활동으로 나타나지 않고 있다.[7] 앞에서 밝힌 대로 이런 평화운동에 적극적인 것은 오히려 여성들이었다.

여성들의 경우 평화운동에 대한 감수성과 자각이 남성보다 훨씬 높다거나 여성은 생명을 잉태하고 키우기 때문에 본성적으로 평화운동에 더 적합하다는 주장은 잘못하면 본질주의로 흐를 위험이 있을 뿐 아니라, 여성을 둘러싼 성별분업을 더 고착시킬 가능성이 있다. 그래서 루딕은 이런 주장보다는 여성의 생활상의 실천이나 노동방식이 생명을 돌보고 배려하는 것에 가깝기 때문에 여성이 평화운동에 대해 더 강한 감수성을 가지고

---

7) 최근 일각에서 진행되고 있는 '평화연대'를 만들려는 움직임이 바로 이에 해당한다.

있다고 주장한다. 루딕에게, 모성적 사고 그리고 여성들이 지닌 '돌봄(care)의 윤리'는 군사주의와 같은 기존의 지배적인 사고방식과 실천들을 비판할 수 있는 가장 우월한 관점이자 일상생활의 평화를 실현할 수 있는 중요한 초석이 된다.

그러나 루딕 자신은 여성은 평화, 남성은 전쟁이라고 하는 도식적 분류를 반대하고 이런 '돌봄의 윤리'나 평화를 사랑하는 일상적 실천이 여성에게 국한된 역할로 치부하는 주장에 반대한다. 이런 지적은 본질주의에 빠지기 쉽기 때문이다. 우리는 종종 남성보다도 더 군사주의에 충실한 여성을 발견하기도 한다. 또한 루딕은 남성성이 지닌 다양한 기질을 남성 스스로가 봉쇄하고, 공격적이고 경쟁적인 단일한 남성성의 모습만을 드러낼 것을 가부장제가 강요한다는 점을 간과해서는 안 된다고 주장한다(Ruddick, 1993, pp. 112~13).

이렇게 평화지향성은 남성과 여성 모두가 갖추어야 할 품성임에는 틀림이 없지만, 생활환경이나 노동방식에서 여성이 더 친화력을 가졌다는 점은 부인할 수 없다. 또한 여성은 권력의 배분과정에서 소외되어 있기 때문에, 기존 권력자의 전쟁관에 더 쉽게 '아니오'라고 대답할 수 있다. 뿐만 아니라 현시점에서 통일운동은 과거처럼 한쪽에 의한 다른 한쪽의 흡수통합이 운위되던 상황을 넘어서서, 쌍방의 화해·협력에 토대를 둔 평화공존이 모색되고 있다. 이런 통일방식에서 서로 대화하고 이해하고 협력해 가는 과정에 더 익숙한 것은 여성이기 때문에, 통일운동에서 여성의 역할이 기대되고 있다.

결론적으로 말하면, 여성은 누구보다도 평화·통일 운동에 유리한 위치에 있고 그래서 이에 앞장서야 할 처지이다. 그렇더라도 이런 여성참여가 은연중에 여성은 평화운동, 남성은 통일을 둘러싼 정치적 운동으로의 역할분담을 촉진한다면, 이는 바람직하지 못하다. 인로가 말한 대로 사실상 군사주의, 국제적 담합자본주의, 인종차별주의, 성차별주의, 제3세계의 빈곤은 서로 연루되어 있기 때문에(Enloe, 1990), 남성과 여성 사이에 은연중에 이루어지는 역할분담은 여성에게는 정치경제의 구조적 특성을, 남성에게는 일상생활의 비평화와 군사주의를 제대로 포착하는 것을 어렵게 한다. 그런 점에서 우리에게 필요한 것은 평화·통일 운동이 요청되는 총체적 관점의 회복과 구조적인 그리고 일상적인 차원 모두에서 운동을 진행하는 일이다.

그외에도 한 가지 더 언급해야 할 점은 우리 평화운동의 절실한 필요성은 분단현실과 군사주의 문화의 극복을 위해서만은 아니라는 것이다. 한국처럼 이렇게 단기간에 집약적으로 산업화가 이루어진 사회는 경험하기 힘들다. 바로 이런 단기간의 강제적 산업화는 국민들에게 정신적 혹은 사회·문화적으로 이를 준비할 기회를 주지 않았다. 그렇게 때문에 국민들은 산업화와 급격한 도시화가 가하는 압력을 균형 있게 견디어내기가 힘들다.

자본주의가 아래로부터 자생적으로 거의 수백여 년에 걸쳐 진행된 영국에서조차도 산업화 기간 동안 정신질환자가 많았다는 통계가 있다. 하물며 우리 사회는 오죽 할 것인가? 많은 외부 관찰자들은 한국인의 일상생활이 얼마나 황폐하며, 얼마나 약육강식의 사회인가에 대하여 경악한다. 물질만능주의, 인간에 대한 능멸, 이기주의가 팽배한 우리의 일상생활을 벗어나서 우리의 삶 속에 평화를 안착시키는 노력이 없이는 진정한 남남대화나 남북대화가 불가능하다는 점을 명심해야 할 것이다.[8]

---

8) 요즈음 우리가 사용하는 평화개념은 더 이상 전쟁을 종식시킨다는 의미의 소극적인 평화를 뜻하지 않는다. 우리 사회 곳곳에 그리고 우리 일상생활 속에 때로는 가시적으로, 때로는 드러나지 않게 모세혈관처럼 퍼져 있는 폭력들에 저항하는 것이다. 여기에서 폭력이란 물리적인 폭력만이 아니라, 구조적 폭력이나 잠정적 폭력도 포함한다. 이 과정에

여성은 일상적인 활동에서 정치적 최고결정 과정에 참여하지 못하고 기득권을 둘러싼 이해관계의 배분에서 거의 배제되어 있으므로, 여성은 권력의 요구에 '아니오'라고 대답하고, 반평화적인 움직임에 저항하는 것이 훨씬 수월하다.

여성통일운동의 대중화 문제

여성통일운동의 대중화를 부르짖고 있지만, 이 과제의 실현은 녹록한 일이 아니다. 분단으로 인한 우리 사회의 군사주의적 분위기와 그것이 여성의 일상생활에 얼마나 질곡으로 작용하는지를 설명한들 혹은 평화체제의 정착과 국방비 삭감이 여성의 복지향상에 얼마나 기여하는지를 아무리 주장한들, 여성들이 이에 대한 어떤 절실한 현실감을 갖기란 쉽지 않다. 거기에다가 대부분의 여성들은 여전히 정치에 무관심한 실정이다.

이런 현실을 감안하면, 1997년에 활발하였던 '북한동포 돕기운동' '금강산관광' 그리고 '겨레 손잡기 대회'와 같은 행사는 대중화의 중요한 지점으로 거론될 수 있겠다. 그러나 이런 행사들은 그저 대규모 행사의 집행에 급급하여, 왜 이런 행위들이 필요한지 혹은 통일운동의 방향은 어떠해야 하는지를 대중들이 충분히 숙고할 수 있는 기회를 제공하는 데는 실패하였다고 평가할 수 있다. 일회성 행사에 여성이 참여하는 것 자체가 사전교육을 통해서 그 의미가 충분히 내화될 수 있는 방향으로 사업이 추진되어야 할 것이다.

서 우리의 평화운동은 갈등하는 국가나 사회집단간의 분리뿐 아니라, 양 집단간의 상호작용을 활발하게 하여 공통의 이익을 증진하고 평화를 실현하는 적극적인 평화전략이 이루어져야 한다. 그러기 위해서는 '지켜지는 평화(protected peace)'가 아니라 활동적인 평화(working peace), 평화유지(peace keeping)가 아니라 평화만들기(peace making)가 지향되어야 한다. 김윤옥, 1997, 109~14쪽.

마찬가지로 우리가 놓치고 있는 지점은 기존의 ―엉성한 형태로나마 조직되어 있는―여성대중을 활용하는 방안이다. 경기도나 대전직할시의 여성단체 조사통계를 살펴보면, 전체 성인여성의 대략 1/4이 여성단체에 소속되어 있다. 물론 이들 대다수는 하향식으로 조직된 관변단체나 봉사단체에 소속되어 있어서 이 단체들을 과연 여성운동단체라 부를 수 있지에 대해서도 의문이 들 뿐 아니라 소속 여성들의 대부분이 여전히 반공의식에서 벗어나지 못하고 있다. 그럼에도 불구하고 이런 여성단체들은 뛰어난 동원력을 지니고 있고, 또 여기에 참석한 여성들은 수재와 같은 국가 재난시 중노동에 가까운 봉사활동을 말없이 수행해 왔다. 이런 여성의 헌신성이 지속적으로 국가의 동원대상으로 머무는 것보다는 이를 여성운동과 통일운동의 잠재력으로 전환해 내는 노력이 필요하다.

이를 위해서는 국가와 여성운동의 일정한 공조체제 및 국가의 적극적인 재정지원이 필요하다. 그러나 우리 사회에서 정부의 지원은 운동의 독자성과 역동성을 약화시키는 방향으로 작용해 왔고, 집권체제의 여성에 대한 관심은 선거득표율 향상의 수준을 벗어나지 못했던 것이 현실이다. 이제는 정책입안자들도 사회운동이나 시민운동의 발전이 풀뿌리 민주주의의 근간임을 이해하고, 이들에 대한 조건 없는 지원이 필요하다. 특히 정부가 아래로부터 올라오는 통일교육을 조건 없이 재정적으로 지원한다면, 이는 전체 여성의 통일의식 향상에 크게 기여할 것이다. 정부가 민간단체를 믿지 못하고 직접 통일교육을 담당하는 것은 대중의 통일의식 향상에 크게 도움도 되지 못할 뿐 아니라, 자칫 관변화될 소지를 낳을 염려가 있다. 이런 점에서 독일은 민간단체들을 통한 평화의식 확산의 성공사례를 잘 보여주고 있다.

마찬가지로 여성통일운동의 대중화에서 중요한 역할을 수행할 수 있는 부분은 교회운동이다. 교회나 성당에서 여신도들의 활동은 대단히 활발하다. 이는 북한동포 돕기운동에서도 여실히 드러났다고 생각한다. 그러나 교회 내의 여성들은 그 활동의 주축을 이루면서도 독자적인 단위로 조직화되지 않아서, 여성해방 차원의 이슈나 관점은 교회 내에서 잘 떠오르지 않는다. 그래서 각 교단이나 교회 내에서 어떻게 여성들을 활성화된 독자조직으로 이끌고 그들에게 여성주의적 관점을 가지도록 할 수 있을지를 고민해야 하고, 이와 함께 이들을 여성통일운동으로 견인해 내어야 한다.

　이미 앞에서 언급한 대로 교회여성들은 어느 여성운동집단보다도 먼저 통일·평화 운동의 활시위를 당겼다. 그러나 아쉬운 점은 '왜 이런 여성들의 선구자적인 활동이 소수의 운동을 넘어서지 못하는가'이다. 이것은 다름아니라 그간의 교회운동이 7, 80년대에 행하던 순교자적이고도 선구자적인 활동의 환상에 자족하면서, 새로이 대두되는 시민사회에서 어떻게 진보적인 교회여성운동이 대중화의 지점을 찾아야 할 것인가를 충분히 고민하지 않은 것이 아닌가를 자문해 봐야 할 시점임을 의미한다.[9]

　결국 대중화의 지점과 관련하여 결론적으로 말할 수 있는 것은 여성통일운동은 어느 정도는 여성에 대한 관용과 평화체제를 지향하는 여성 통일교육에서 시작해야 함을 암시한다는 것이다. 그러기 위해서는 체계적인 교육 프로그램과 실행방향을 정교하게 짜는 일에서부터 출발해야 할 것이다. 독일의 경우 7, 80년대의 치열한 환경운동과 평화운동에서 중요한 기초단위를 형성한 것은 교회와 교회목회자였다. 지역 단위의 운동거점을 기꺼이 제공한 것은 교회였고, 교회는 운동을 위한 의사소통망을 형성하였다. 독일의 수도 본에서 중거리 핵미사일 배치를 반대하는 시위에

---

9) 물론 이런 작업은 결코 쉬운 일은 아니다. 교회여성을 여성운동으로 결집하는 데 장애가 되는 것은 목사나 그 부인의 사고방식이나 행동패턴이다. 목사에 대한 가부장적인 종속관계가 실제로 대부분의 경우 큰 장애요인으로 작용한 것은 오랫동안 기독교 여성단체를 꾸려왔던 여성실무자와의 대화에서 확인되었다.

100만 명의 시민을 모으는 데 교회의 힘이 컸다. 마찬가지로 흥미있는 사실은 이런 대중의 주축을 이룬 것은 가정주부와 연금생활자들이었다는 점이다. 사실 직장인들은 갈수록 높아지는 노동강도로 생업에서의 생존에 골몰한다면, 상대적으로 시간을 낼 수 있는 주부와 연금생활자들이 신사회운동의 주력군을 형성한 것은 우리에게도 고무적인 에피소드라 하지 않을 수 없다.

그러나 우리가 통일·평화 교육의 성과를 더욱 본격화할 수 있는 곳은 학교교육이다. 과거 교육제도 내에서 이루어진 통일교육이 보수적인 반공교육에 치우쳤다면, 이제 학교교육을 통해 평화교육을 확산하는 작업은 매우 중요해졌다. 특히 자라나는 여학생들이 미래 여성운동의 잠재력이라면, 이들이 올바른 대북의식과 통일관을 갖는 것은 여성운동의 미래와 직접적인 관련이 있다. 따라서 여성통일운동은 다양한 제도적 차원을 통해 학교교육 내에 올바른 통일·평화 교육을 실시할 것을 구체적으로 제안해야 한다.

우선 교육부를 상대로 평화교육을 기존 교과과정 내에 설치할 것을 꾸준히 제시해야 한다. 또한 과거 통일교육의 폐해를 생각한다면, 이제는 '통일교육'이라는 용어 대신에 '평화교육'이라는 용어를 사용할 것을 제안하는 것도 바람직하다. 사실상 평화체제가 실현된다면, 통일은 절반 이상 실현된 것이나 다를 바가 없기 때문이다. 그외에도 여성통일운동은 교사 연수과정, 공무원 교육 등에도 별도로 평화교육 과목을 개설할 것을 제안하고 그것을 제대로 실시하는지를 감시해야 한다. 교사나 공무원들이 평화주의에 토대를 둔 올바른 통일관을 지니지 않는다면, 실제로 제대로 된 통일의식이 확산되기가 어렵기 때문이다. 또 제도화된 차원의 교육제도에서의 통일교육 실시는 정부가 주도하더라도, 정부는 또한 민간단체를 통한 평화교육에 대한 지원을 아끼지 말아야 한다. 이런 교육을 정부가 독점하는 것은 전체 통일교육의 올바른 변화를 위해 도움이 되지 않음도 명심할 필요가 있다.

여성간의 차이와 거리 좁히기

남성들은 통일운동에 너무 관심이 많아서 문제가 많다. 다양한 단체만큼이나 통일에 대한 입장이 있고, 이런 입장들은 도저히 합리적 추론이나 토론이 가능하지 않을 정도로 감정적으로 채색되어 있다. 남성들의 경우에는 차라리 통일운동에 대한 관심이 적다면, 오히려 거리를 두고 문제를 바라보고 합리적인 해결이 가능할 것이다. 그에 비해 여성들의 경우는 정반대이다. 여성들은 그간 통일운동에 대한 독자적인 생각을 거의 드러내지 않았고 남성이 주관하는 통일운동 혹은 정부의 통일캠페인에 동원되기가 일쑤였다. 게다가 일부 페미니스트들은 통일운동 자체를 민족주의적이고 남성적인 것으로 치부해 거부해 왔기 때문에 통일방안에 대한 입장이 거의 없다고 해도 과언이 아니다. 이것은 역설적으로 서로의 차이를 인정하면서 거리 좁히기를 시도하기에는 여성들이 유리한 고지에 있음을 의미한다.

그러나 이것은 상대적으로 그렇다는 의미이지, 여성들 사이에서 통일을 둘러싼 의견차이나 갈등이 전혀 없는 것은 아니다. 여전히 많은 여성들은 과거의 반공주의적 구호 수준에서 남북문제를 이해하고 있을 것으로 생각한다. 남북한 관계에서 왜 급박한 통일보다는 서로를 인정하고 화해·협력하는 과정이 더 중요한지에 대한 합의에 도달하는 것은 쉬운 일이 아니다. 이런 점에서 여성들간에도 남남대화는 매우 중요하다.

루딕이 주장한 대로, 노동환경이나 생활에서 타인을 돌보고 배려하는 여성은 '돌봄의 윤리'를 지니고 있고 그래서 전쟁이나 군사주의와는 비교적 거리를 두고 있는 것이 사실이다(Ruddick, 1993, pp. 109~27). 하지만 여성들의 이런 식의 평화지향성은 동시에 계급이나 민족 혹은 인종에 좌

우되는 경우가 적지 않아서, 여성들이 일치하여 평화체제를 추구하기란 쉽지 않다.[10]

　여성들간에도 계급에 따른 입장차이는 미래 통일사회의 성격이 어떠해야 하는가를 둘러싸고 심각한 갈등으로 발전할 소지가 있다. 보수 혹은 진보적 성향을 지닌 여성은 자신의 입장에 따라 미래 통일사회를 자유주의적 자본주의 혹은 사회(민주)주의적 체제를 주장할 것이기 때문이다. 그러나 남북 화해 · 평화 · 협력 체제를 구현하는 것이 가장 현실적인 통일방안이라는 주장에 대해서는 비교적 이견이 있을 소지가 적다. 그렇기 때문에 여성들은 평화운동에 방점이 찍힌 통일운동에 열중하는 것이 바람직하다. 다시 말해 이는 남남대화를 시도하기 위한 주제를 선택하는 데 있어서 우리는 신중할 필요가 있음을 시사한다. 만약 우리가 국가보안법에서부터 남남대화를 시도한다면, 우리의 대화는 처음부터 감정대립과 고성으로 치달을 염려가 있기 때문이다. 이런 맥락에서 서독의 경험은 우리에게 시사하는 바가 적지 않다.[11]

---

10) 루딕의 주장을 인종과 계급 문제를 중심으로 비판했던 것으로는 Bailey(1996, pp. 88~105)를 들 수 있다.

11) 교육개발원이 주최하는 통일교육토론회에 참가하였던 함부르크대학의 자세(Sasse) 교수는 통일을 달성하기 위해 서독은 통일교육을 하지 않았다는 의미심장한 주장을 하였다. 즉 통일교육을 할수록 통일을 둘러싼 견해차이와 갈등이 격화될 것이니, 차라리 통일은 접어두겠다는 입장이다. 대신 서독에서는 70년대 이후에 모든 교과과정에서 평화교육을 실시하였다. 실제로 서독의 이런 전략은 상당히 성공해서 통일논의나 통일교육의 배제는 이를 둘러싼 의견대립이나 국수주의적 민족주의의 고양을 저지하였다. 1989년 11월 베를린장벽의 붕괴가 불현듯 들이닥친 1년 후, 독일통일이 서독 의회민주주의 · 사회적 시장경제로의 흡수통합의 형태로 실현된 것은 동독 주민들의 서독 민주주의에 대한 신뢰와 프랑스 · 영국을 포함한 주변 강대국들이 독일의 국수주의적 민족주의에 대한 의구심을 해소할 수 있었기 때문이다.

또한 여성간의 남남대화의 경우, 서로의 의견차이는 입장이 정말로 다르기 때문이라기보다는 많은 부분 정보의 부족에서 기인한다. 많은 여성들이 과거 군사독재 시기에 행해진 반공주의 선전에 익숙해 있을 가능성이 높다. 그래서 입장차이를 줄이기 위한 대화는 사실상 더 많은 정보와 국제사회에 대한 지식이 필요한 '보다 높은 학습과정'이 요구되는 과정이라 할 수 있고, 이를 위해서는 민간기구들에 의한 더욱더 적극적인 통일교육이 필요하다.

마찬가지로 이것은 상대적으로 장기적인 과제가 될 수밖에 없지만, 북한 여성들과의 대화 역시 필요하다. 1992년 열린 '아시아의 평화와 여성의 역할'을 위한 서울토론회는 남북한 여성들이 만남의 반가움과 감격에 못지않게 서로의 차이를 확인하는 장이기도 하였다. 북한 여성들이 사용하는 '가부장제'는 거의 자본주의와 동의어였다. 바로 이런 자본주의 착취와 제국주의 침략이 만들어내는 여성억압만이 북한 여성들에게 중요하였고, 페미니즘이라 일컬을 만한 사고의 흔적은 찾을 수가 없었다. 그렇기 때문에 북한 여성들은 남한의 페미니즘 운동을 자본주의적 상업주의와 퇴폐주의의 결합으로 간주할 소지가 없지 않다. 그래서 남북한 여성들간의 여성지위 향상을 위한 대화는 더 긴 시간이 걸리고, 더욱 많은 인내를 요구하는 작업이 될 것이다.

당장 남북간의 교류도 진척되지 않는 상황이어서 이런 염려들이 추상적으로 들릴지 모르지만, 이에 대한 대비는 서서히 시작하는 것이 좋겠다. 그리고 남북 여성간의 더 원활한 대화를 위해서는 페미니즘 이론이나 이념을 둘러싼 논쟁보다는 이산가족문제 혹은 좀더 나아간다면 통일 후의 여성정책과 같은 보다 구체적인 이슈를 통해서 서로를 이해해 가는 것이 현명한 작업이 될 것이라고 생각한다.

5. 맺음말

성폭력, 성희롱, 동일노동 동일임금, 고용상의 불평등 제거 등의 이슈는 대다수 여성들에게 친숙하지만, 여성통일운동은 여전히 우리에게 낯설다. 이 낯선 주제를 어떻게 여성대중에게 친숙한 그 무엇으로 다가가도록 하고, 통일운동이 왜 여성의 삶과 지위에 결정적인 역할을 하는가를 이해시키는 것이 여성통일운동의 과제이다.

그러나 여전히 광범한 여성대중의 남북문제에 대한 정보획득은 매우 제한적이다. 우리의 시급한 과제는 먼저 여성들에게 '북한 바로 알기'와 '북녘동포에 대한 이해'의 기회를 제공해 주는 것이다. 여기에서 여성들이 통일운동에 그다지 관심이 없었다는 사실은 오히려 어떤 편견이나 특정한 이념적 편견에 덜 사로잡혀 있을 긍정적인 면을 동시에 내포한다. 바로 이 같은 이점을 대폭 활용하면서, 여성운동은 광범한 여성 통일교육을 추진하여야 한다. 우리는 여성통일운동의 출발점을 발견하면서 동시에 대중화를 모색해야 하는 것이다. 물론 '북한 바로 알기' 사업은 북한문제에 대한 지식의 확대 이상이어야 한다. 즉 이것은 북한동포 돕기운동, 금강산관광, 남남대화의 모색, 일상적 폭력에 저항하는 평화캠페인 등과 같은 일상적인 실천과정과 결합할 때 비로소 그 진정한 의미를 찾을 수 있다.

그러나 여성이 여성만의 통일운동에 참여하는 것이 기존의 남성 중심의 통일운동에 일정 세력을 가세해 주거나 혹은 남성에 적대해서 통일운동을 통해 '여성의 세 불리기'를 시도하는 데 머물러서는 안 된다. 더 나아가 여성통일운동은 여성적 관점에서 통일운동을 재창조하는 과정에 참여해야 한다. 다시 말해 여성통일운동은 그 동안의 정치 일변도의 통일운동에 평화주의적 시각을 첨가하고, 전쟁을 정당화하는 이론(just-war theory)에 맞서서 '돌봄'과 '배려'의 시각에서 그간의 남북관계를 돌아보고, 대안적인 화해·협력 체제의 모색을 제안해야 한다.

마찬가지로 여성통일운동을 활성화하기 위해서는 그간 일부 페미니스트들이 지닌 편견, 즉 통일운동은 민족주의와 연결되고 동시에 이는 가부장제를 공고히 하는 데 기여하기 때문에 통일운동을 백안시하는 태도 역시 토론을 통해 극복할 필요가 있다. 여성들에게도 '민족주의'와는 다른 민족문제는 현존하고 있고, 특히 한국 여성들은 한반도 분단의 공동운명체이다. 따라서 여성들이 통일·평화 운동을 기피하는 것은 바로 우리 운명의 개척을 스스로 거부하는 꼴이 된다. 지금도 진행중인 민족국가의 형성과정에 여성은 적극적으로 동참하면서 여기에 여성적 관점을 관철하는 것이 중요하다.

지금까지 다룬 이상의 논점들은 사실 여성통일운동을 위한 하나의 시론에 불과하다. 여성통일운동은 다양하게 진행되었지만, 냉정한 자기평가나 입론은 아직 본격적으로 제기되지 않았다. 그런 점에서 이 글은 많은 문제점을 안고 있겠지만, 그래도 이를 통해 열띤 토론과 반성적 숙고의 출발점이 이루어지기를 기대해 본다.

참고문헌

권미경·김신아·심미영 (1998), 「교회여성운동」, 한국여성단체연합, 『열린 희망: 한국여성단체연합 10년사』, 동덕여대 한국여성연구소.

김동배·이기영 (1997), 『민간기관의 탈북자 지원 현황과 과제』, 연세대학교 통일연구원.

김엘리 (1998), 『북한이탈 여성주민 생활실태 조사결과 발표 및 지원방안을 위한 정책토론회』, 미공개 자료집.

김원홍 (1997), 「북한여성 교류 활성화 방안」, 『남북한 관계의 분야별 현황과 과제』, 한국정치학회 주최 통일문제특별학술회의 자료집.

김윤옥 (1997), 「남북한의 평화와 화해를 위한 실천들, 여성 · 평화 · 화해를 위한 실천들, 여성 · 평화 · 화해」, 한국여성단체연합 10주년기념 국제여성평화심포지엄.

______ (1998), 「남북여성 교류의 전망과 과제」, 평화를만드는여성회 주최 남북여성교류방안 개발을 위한 심포지엄.

박종철 외 (1999), 「북한이탈 주민의 사회적응에 관한 연구: 실태조사 및 개선방안」, 『민족통일연구보고서』 96-18.

'아세아의 평화와 여성의 역할' 서울토론회준비위원회 (1992), 『평화와 통일 향한 따스한 자매애』, '아세아의 평화와 여성의 역할' 서울토론회보고집.

'아세아 평화와 여성의 역할' 토론회한국실행위원회 (1993), 『아세아의 평화와 여성의 역할』, 평양토론회 자료집.

여성특별위원회 (1998), 「국민의 정부 대북정책과 여성교류현황」, 통일간담회자료.

이장희 (1998), 「주한미군 방위비 분담의 조정방안」, 『99년도 국방예상의 문제점과 개선방안』, 평화를만드는여성회 · 경실련통일협회정책토론회.

이정우 (1996), 「탈북 이주자 사회정착지원 개선방안」, 『한국보건사회연구원 연구보고서』 96-08.

이철기 (1998), 「국방비 감축의 필요성과 99년도 국방예산안의 문제점」, 평화를만드는여성회 평화군축을 위한 전문가 초청 워크숍 발제문.

조미진 (1991), 「군축과 여성복지의 전망」, 한국여성단체연합 편, 『평화군축운동과 여성운동 자료집』.

조성범 (1997), 「민간통일운동의 진단과 이후 방향모색」, '97평화통일민족대회추진위원회 주최 '97평화통일민족대회 토론회 발제문.

평화를만드는여성회 (1999), 『탈북여성 정책토론회 자료집』.

한국여성개발원 (1994), 『나이로비 여성발전 미래전략과 우리나라 여성단체활동』, 한학사.

한명숙 (1998), 「통일평화운동」, 『열린 희망: 한국여성단체연합 10년사』, 동덕여대 한국여성연구소.

Bailey, A. (1996), "Mothering, Diversity, and Peace: Comments on Sara Ruddick's Feminist Maternal Peace Politics," Warren and Cady, eds., *Bringing Peace Home. Feminism, Violence and Nature*, Bloomington: Indiana University Press.

Colneric, N. (1999), "Wiedervereinigtes Deutschland-Haben wir die Chance genutzt?," 한국 프리드리히 에버트 재단 강연회 원고.

Enloe, C. (1990), *Bananas Beaches and Bases*, Berkely: University of California Press.

Ruddick, S. (1993), "Notes Toward A Feminist Peace Politics", Cooke & Woollacott, eds., *Gendering War Talk*, New Jersey: Princeton University Press.

현대 북한 대중매체를 통해서 본 북한여성

김귀옥 | 서울대학교 사회발전연구소 상근연구원

1. 머리말

1999년만 해도 남북의 긴장은 풀릴 것 같지 않았고, 그런 분위기에서 1999년 한 해는 역대 최대 규모의 북한이탈 주민이 남한으로 들어오는 기록을 남겼다.[1] 그랬던 것을 어제로 하고 2000년 새봄에 6월의 남북정상회담이 예고되더니, 6 · 15에 두 정상은 자주의 원칙에 기반하여 남북문제를 해결할 것을 원칙으로 하는 등의 5개 선언을 발표하여 급기야 한반도에 상전벽해를 일구었다.

또한 1993년까지 네 차례 진행되어 온 '아세아의 평화와 여성의 역할 토론회'는 남북관계가 급냉각되면서 중단되었으나(평화를만드는여성회,

---

1) 현재까지 남한에 들어온 북한이탈 주민의 숫자는 1천여 명이 넘는데, 2000년 7월 현재 대략 800여 명이 남한에 거주하고 있다고 한다. 그중 1999년에 들어온 숫자는 약 147명에 달하여 15%가 넘는 사람이 작년 한 해에 들어왔다.

1999), 2000년 들어 남북관계가 화해분위기로 가면서 막혔던 여성교류도 점차 활기를 띠어가고 있다. 남북정상회담 과정에서 남한 주민들이 북한의 김정일 총비서를 경이적인 시선으로 주목하게 된 것은 김 총비서에게 국한된 것만은 아닐 것이다. 우리는 "그곳에 사람이 살고 있었네"라던 소설가 황석영의 말에 고개를 끄덕인지 얼마 되지 않아 여전히 북한 주민 일반에 대해서 고정관념을 갖고 있었는지도 모른다. 특히 북한이탈 주민이 남한 사회에 함께 살면서 보여준 전통적 가부장적인 모습은 북한 사회와 사람들을 더욱 이해하기 어렵게 만들어왔던 것 같다.

그런 가운데 반세기 전에 가부장제도를 청산했다던 북한 사회가 사실 동유럽 사회주의 국가들과 마찬가지로 사회주의적 가부장제에 토대로 하고 있지는 않은가 하는 의구심을 남한 여성들은 품게 되었다. 실제 몇 차례 진행된 '아세아의 평화와 여성의 역할 토론회'에서는 남북 여성의 만남이라는 커다란 성과가 있었으나 가부장제와 여성지위, 그 문제의 해결 방식 등의 주제를 놓고 견해차이를 좁히지 못한 바도 있었다.

그후 남북관계가 동결됨에 따라 남한에서는 북한 사회주의를 동유럽 사회주의 사회와 비교하면서 그 사회의 모순과 붕괴의 가능성을 논의하는 글이 간간이 발표되었다. 그러한 글의 주된 논지는 구 소련이나 동유럽의 현실사회주의 체제가 남성에 의한 여성억압이나 여성에 대한 가부장제 지배이데올로기를 타파하지 못한 채 실패한 것은 결국 '가부장제적 국가사회주의' 전체의 실패에 원죄가 있다는 데 있었다.

돌링(I. Dolling)이나 아인호른(B. Einhorn)에 따르면, 국가사회주의하에서 여성을 위해 취해진 사회적 지원과 조건은 여성해방적이 아니었고 여성정책은 여성에게 '노동자'와 '어머니'라는 이중역할을 부담하기 위한 기제였다(Dolling, 1991; 이승희, 1992). 또한 아인호른도 국가사회주의는 성별분업이나 성, 개인적 자율성, 여성에 대한 폭력 등의 쟁점을 (고의적

이건 우연이건) 배제함으로써 여성을 이중삼중 착취하여 많은 불평등을 낳았다고 설명하고 있다(Einhorn, 1991; 이승희, 1992). 즉 그러한 불평등이 국가사회주의 국가에서 인민이 당과 국가로부터 이탈하고 결국 국가가 좌절하게 된 원인으로 제공된다는 논지이다.

이러한 가부장적 국가사회주의에 대한 비판에 대한 이승희의 지적을 경청할 필요가 있다.

소련과 동구의 현실사회주의 체제가 남성에 의한 여성억압이나 여성에 대한 가부장적 지배이데올로기를 타파하지 못하고 실패한 것은 사실이지만 그 실패가 가부장이 지배하는 가부장적 사회주의 때문이라 보는 것은 현실사회주의 전체의 실패와 여성해방의 실패를 분리시켜서 보는 잘못된 해석이다. 만약 여성해방의 실패를 가부장적 국가사회주의 때문이라 한다면, 현실사회주의 실패 역시 가부장적 성격 때문이라고 보아야 한다…. (이승희, 1992, 162~63쪽)

즉 여성문제는 전체 사회주의 현실의 문제와 관련되어 있는 것이지 남녀의 대립에만 국한되는 문제가 될 수 없다. 이러한 관점에서 볼 때, 가부장제 이데올로기가 사회주의 사회에 존재하는 것과 사회주의의 성격을 가부장제적으로 파악하는 것은 분리시킬 필요가 있다.

예를 들어 북한이나 사회주의 국가들이 광범위하게 시행해 왔던 모성보호 조치를 보자. 임부 노동자를 경노동 부문에 배치하고 수유시간을 확보해 주며 여러 자녀를 둔 어머니에게 정규노동과 동일시되는 단축노동을 하도록 하는 모성보호 정책은 마르크스주의 페미니즘의 여성의 사회적 활동을 보장하기 위한 프로그램의 하나였다. 그런데 그것이 역으로 성별분업을 강화한다는 점에서 보면, 가부장제 이데올로기에 기반하고 있다고 할 수 있다. 그럼에도 모성보호 조치와 같은 프로그램이나 그것이 토대하고 있는 이념 때문에 현실사회주의가 실패했다거나 모순을 야기하고 강화하였다고 설명할 수 있는가? 또는 단계적으로 사회주의를 인식할 때, 모성보호 조치가 성별분업을 유지시키거나 조장한다고 하여 그런 프로그램이 없는 것이 마땅하다는 말인가?

이 글은 북한의 여성문제를, 가부장제 이데올로기 문제와 연관되어 있음은 인정하지만 가부장제 사회주의의 결과로 볼 수만은 없다는 입장에서 출발하려고 한다. 다시 말해 북한 여성이 처해 있는 조건과 지위는 북한식 사회주의의 특성과 북한이 처한 환경적 조건과 관련된 결과이지, 가부장적 사회주의의 결과로 보기는 어렵다는 것이다. 북한의 현실사회주의는 남북이 분단·대치한 상황에서 발전시켜야 했던 북한식 사회주의의 처지와 조건, 한국전쟁 후 부족한 남성노동력, 미국이나 일본 등이 취해온 롤백(roll-back, 사회주의 봉쇄)정책, 남북의 군비경쟁, 중·소 대립의 틈바구니에서 자립노선을 취하지 않을 수 없던 국제상황, 90년대 들어와 북한에 계속된 큰 자연재해와 경제위기, 그런 가운데 전통의 잔재인 유교문화 및 유교의식 등과 관련지어 설명해야 한다고 본다.

이 글에서 규명하고자 하는 점은 우선 문화·의식 형태로 존재하는 가부장제적 요소를 좀더 구체적으로 발견하는 데 있다. 근대적이고 진보적인 제도와 여성정책을 50년 가깝게 만들고 수행했지만 그럼에도 남아 있는 가부장제적 요소들을 찾아내고자 한다. 또한 북한이 사회주의 혁명을 수행하는 과정에서 남녀평등의 달성과 전근대성으로서 가부장제적 요소가 어떻게 결합되어 있는가를 발견하고자 한다. 그리고 이와 같은 문제를 더 구체적으로 검토하기 위해 분석대상을 8, 90년대에 발표된 대중매체를 활용한다. 대중매체는 북한 사회주의가 취하고 있는 이념이나 정책을 직·간접적으로 표출하고 있다는 의미에서 객관성을 갖고 있다고 보기 힘들다. 그럼에도 대중매체는 일상세계를 반영하고 있고 북한 사회의 지향과 주민들의 일상생활을 접근할 수 있는 중요한 도구가 될 수 있다(김귀옥 · 정영철, 1996, 188쪽).

이 글은 다음과 같이 구성되어 있다. 우선 이러한 문제의식을 더 구체적으로 검토하기 위해 여성생활을 매체별로 살펴본다. 사회 영역과 가정 영역 모두에서 남녀평등 의식과 가부장제 의식이 어떻게 공존하고 있는가를 볼 것이다. 이러한 검토를 바탕으로 가부장제 요소와 북한식 사회주의 목표와의 관련 속에서 여성문제의 쟁점을 검토하고자 한다.

한편 이러한 문제의식을 검토하기 위하여 연구대상을 자연재해로 인해 북한 경제의 위기가 가속화되던 90년대 중반 이전의 자료에 한정짓는다. 이 글에서는 90년대 초반까지의 북한 상황을 놓고 이러한 문제를 검토하지만, 때가 되면 90년대 중반 이후 경제상황이 북한 여성의 삶에 끼친 영향 문제에 대해 본격적으로 연구하기로 한다.

이러한 연구를 위해 주 자료로서 북한의 원재료인, 공식문헌이나 교재 외에도 8, 90년대 『로동신문』과 『조선녀성』[2] 영화와 소설[3] 등을 분석하려고

---

2) 대중매체물인 『로동신문』이나 『조선녀성』의 경우는 북한의 선전물로서 당이나 국가의 입장, 이데올로기적 성격이 많이 배어 있음에 틀림없다. 그러나 북한 매체물의 특성이 당의 입장에 따라 기사를 배제하거나 과장하기는 해도 당이 바람직하게 여기거나 보도거리로 만들고자 하여 없는 사실을 있는 것으로 날조하지는 않는다. 따라서 대중매체가 제공하는 사실을 북한 사회 전체로 환원시켜 볼 수는 없지만 그 사실을 통해 당이나 국가가 지향하고자 하는 목표나 북한 사회, 특히 여성과 관련한 문제의 경향을 파악할 수 있을 것으로 본다.

3) 영화와 소설과 같은 극적 허구물은 현실의 반영 그 자체는 아니다. 다른 사회주의적 예술물이나 북한의 예술물은 '사회주의적 사실주의'에 입각하고 있다. 고리키(M. Gorkii)로부터 출발한 '사회주의적 사실주의'는 스탈린에 의해 명명되었다. 다시 말해 이는 "계급을 없애고 사회적 모순을 근본에서 해결하며 생활의 완전한 개화를 위한 조건들을 만들어낸 역사적인 힘의 출현, 곧 사회주의 혁명과 함께 예술의 새로운 방법"으로서 리얼

한다. 그외 북한이탈 주민의 면담에서 얻어진 증언도 필요한 경우 인용하
고자 한다.

2. 대중매체에 등장한 북한 여성

북한의 숨은 영웅들: 『로동신문』[4]과 북한 여성

『로동신문』은 주로 제4면에 다양한 노동현장에서 배출된 모범적인 사례를
다루어 보도와 사진을 게재하고 있다. 신문에 등장하는 여성노동자는 평
범한 인물이기보다는 주로는 '노력영웅' 또는 '숨은 영웅'[5]이거나 걸출한
여성의 사회생활만 다루기 쉽다.

우선 1990년 한 해 동안 『로동신문』에 기사화된 여성의 직업을 분류해
보면 〈표 1〉과 같다.

〈표 1〉『로동신문』에 보도된 직종별 여성 횟수 (단위: 회)

농업	경공업	중공업	인민학교 교원	고등중 교원	교사	의사 · 연구사	서비스 업계	총
6	4	4	3	2	2	4	5	30

자료: 김귀옥 외, 1997, 33쪽.

리즘과 낭만주의 융합을 본질적 특성으로 하며, 긍정적 주인공을 형상화함을 원칙으로
하였다. 김윤식, 1989, 93쪽.

4) 『로동신문』은 1946년 9월 1일 북조선공산당과 신민당이 합동하면서 만든 기관지이다. 이
는 당의 노선과 정책의 해설, 당의 활동목표에 대한 선전선동, 당원과 근로대중에 대한
공산주의적 교양을 그 주된 내용으로 하고 있다. 강정구 · 정대화 외, 1992.

5) 최초의 숨은 영웅은 여성과학사 '백설희'이며, 1979년에 이 운동이 시작하여 보도에 따
르면 1986년까지 노동자, 농민, 과학자, 기술자 중 약 1천여 명의 숨은 영웅이 탄생했다
고 한다.

이 표와 북한의 직업별 여성 분포비율을 비교해 보면, 북한이 어떤 직종부문의 여성을 기사화하는 데 주력하고 있는가를 알 수 있다. 또한 실제 직업분포와 신문에 실린 여성의 비율 사이에 차이가 나는 점은, 북한 당국이 무엇을 강조하고 선전하려 하는가라는 문제와 연관지어 볼 수 있을 것 같다.

실제 북한 여성들은 중공업부문에 비해 경공업부문에 절대 다수가 진출해 있다. 그러나 신문에는 중공업 여성노동자 관련기사가 적잖이 등장하고 있다. 예를 들어 1990년 6월 13일자 보도를 보면, 피복공장 여성노동자들이 광업종합기업소로 집단 진출하는 내용을 담고 있다. 또 1990년 10월 31일자에는 고등중학교를 졸업한 어린 여성이 광업부문에 진출한 사례를 제시하는 등과 같이 중공업부문이나 이른바 3D업종에 진출하는 여성을 모범적인 사례로 꼽는 기사를 많이 볼 수 있다. 그러한 기사는 2000년 현재까지도 끊임없이 실리고 있다.

이러한 보도내용은 앞에서 북한의 기본적 직종배치 원칙과 차이가 있다. 다시 말해 현실적인 조건으로 인해 여성이 상대적으로 경공업부문에 더 많이 종사하고 있으나 북한은 중공업부문에 진출하는 것에 더 많은 호의를 보이고 있음을 알 수 있다. 이러한 모습은 북한이 노동을 통한 남녀평등을 실현하기 위한 것인가에 대해 의문을 제기하지 않을 수 없다. 또한 광업분야는 다른 부문에 비해 일의 성격이 힘들고 거칠기 때문에 젊은이의 선호도가 떨어짐을 짐작할 수 있다. 그런 형편에 여성이 진출하는 모습을 대대적으로 보도하는 것은 이런 부문을 기피하는 남녀 모두를 자극하려는 의도가 깔린 것이 아닌가 생각해 볼 수 있다.

여기서 북한의 여성정책에 내재된 모순을 발견할 수 있다. 즉 가장 에너지 소모율이 높은 탄광노동 및 중공업 분야에 여성이 자원 진출하는 기사를 보도함으로써 대중들의 마음에 호소할 필요가 있는 북한의 현실적 조건과 여성을 좀더 가벼운 노동부문으로 배치하겠다는 원칙이 어긋나는 것을 알 수 있다.

또한 현실적으로는 교수나 전문직종(의사·연구사)에 비해 인민학교나 고등중학교 교원의 비율 및 수가 압도적으로 높다. 그러나 〈표 1〉에 따르면, 보도된 기사의 횟수 면에서 전자의 직종들이 후자에 비해 더 많다. 이 또한 매체의 현실반영이 제대로 되지 않은 경우이다.

그렇다면 왜 이러한 보도태도를 보일까? 아마도 북한에서 추진해 온, 일반 주민이나 여성을 대상으로 한 인텔리화를 과시하고자 하는 의도가 아닐까 한다. 북한에서 인텔리화는 여성을 "공산주의적 인간으로 키워 남자들과 동등한 지위를 차지하고 역할을 할 수 있게 함으로써 녀성들의 완전한 해방, 녀성문제를 종국적으로 해결"(리경혜, 1990, 155쪽)할 수 있는 방법으로 평가되고 있다. 북한의 이러한 제시는 여성이 교육과 기술 수준의 향상에 의해 좀더 높은 보수를 받는 상위직으로 상승할 수 있는 가능성을 열어둔 것이다(장하진, 1996, 121쪽). 그러나 이러한 주장은 역설적으로 아직까지 남녀간에 직종에 따른 임금이나 사회적 위신의 차이가 남아 있음을 암시하고 있다.

다음 〈표 2〉에서는 같은 기간 노동분야에서 모범을 창출한 여성들의 직위를 살펴보자.

이 표를 통해서는 사회 각 부문에 진출한 여성이 몇 명이고 고위·관리직에 오른 비율이 어느 정도인지를 알 수가 없다. 고위·관리직에 오르기

〈표 2〉 보도에 등장한 여성의 직위

(단위: 회)

관리	관리	공장 지배인	수리·관리 직장장	선반공	의사	교수	교원	연구사	선장	총
2	1	3	2	3	3	5	2	1	1	23

자료: 같은 곳.

위해서는 전문분야 고학력 졸업증을 취득하거나 결혼 후에도 미혼시절에 일했던 분야에서 계속 종사할 필요가 있다. 북한 여성의 대학생 비율은, '김일성종합대학'을 예로 들면 1989년 현재 총 학생수 1만 2천여 명 가운데 여학생이 약 3천 명으로 25% 정도 된다(안동일, 1990).[6] 그러나 미혼여성 90% 정도가 경제활동을 하지만 결혼 후 퇴직하는 경향이 늘어나 기혼여성의 참가율은 30%정도밖에 안 된다(김선욱 외, 1992, 91쪽). 한편 북한에서 인텔리 여성의 수가 증가한다는 것은 여성의 고위직 승진 조건이 구비되었다고 말할 수 있다. 그러나 또 한편으로는 제한된 기혼여성의 경제활동 참여는 늘어나는 인텔리 여성에 비해 여성이 의사결정권을 갖는 지위로 승진하는 데는 여전히 제한적일 수 있다.

그런 현실은 70년대에는 더욱 심각하여 김일성은 다음과 같은 지적을 한다.[7]

오늘 우리나라에서 사회에 나와 일하는 녀성들이 많은 데 비하여 녀성간부가 매우 적습니다. 지금 간부들의 구성을 보면 중앙이나 지방이나 할 것 없이 남자가 절대 다수를 차지하고 녀성간부는 얼마 되지 않습니다. 얼마 안 되는 녀성간부들마저 대부분 차요한[부차적인-인용자] 부문에서 사업하고 있습니다. …많은 녀성들이 사회에 나와 남자들보다 못하지 않게 일하고 있는데 왜 간부는 다 남자들이 하여야 하겠습니까. 사회에 나와 일하는 녀성들이 전체 로력자 수의 절반을 차지한다면 마땅히 녀성간부가 전체 간부 수의 절반을 차지하여야 할 것입니다. (김일성, 1974, 119쪽)

---

6) 1995년 현재 서울대학교 총 학생 2만 2천여 명 중 여학생은 4600여 명(약 21%)으로 김일성종합대학의 여학생 비율이 4% 가량 높다(김귀옥, 1995).

7) 다른 각도에서 보면 70년대에는 여성해방의 전망이 보다 뚜렷했고 그 실천에 대한 자신감이 충만했던 것으로도 풀이될 수 있다.

이것은 여성 인텔리가 부족한 현실을 지적하는 것이면서도, 다른 의미에서는 여성의 인텔리화 정책을 추진하고자 하는 자신감의 피력이기도 하다. 그 결과는 90년대에 여성 정치인이나 고위간부의 진출로 나타난다. 90년대 북한의 최고인민회의 대의원에 여성 대의원은 약 20.1%의 의석을 차지하고 있다. 정무원에는 현역 부총리 한 명을 비롯한 한두 명 정도의 여성부장이 계속 진출하고 있다. 지방인민회의에는 적어도 25~30%에 달하는 여성 대의원들이 진출하고 있다(이희선, 1996). 최고인민회의 여성 대의원 비율 20.1%는 구 소련의 33%보다는 낮지만 중국의 20%와 비슷하다. 남한의 경우, 1996년 현재 전체 의원 299명 중 여성의원은 9명(3%), 기초의회의원 4541명 중 여성의원은 71명(1.56%), 광역의회의원 972명(5.7%), 1998년 김대중정권하의 행정부처 내 여성 2명에 그치고 있다(강이수, 1998, 234쪽). 남한과 비교할 때, 북한의 현실은 꽤 진보적이라고 평가할 수 있다.

그러나 더 중요한 점은 과연 그러한 진보적인 제도적 장치나 여성의 사회적 진출에 상응하는 여성정책이 시행되고 있고 나아가 고질적인 가부장제 이데올로기 문제가 어느 정도 청산되었는가 하는 것이다. 이러한 문제의식은 왜 여성이 결혼한 후에는 기존의 직장을 떠나거나 가벼운 노동을 하는 부서로 바꾸려고 하는가라는 의문과 만나게 된다. 또한 가정 내의 남녀의 평등이 어느 정도 이루어져 있는가 하는 문제에 이르러서는 사회주의적 여성해방론자들이 현실사회주의를 비판했던 점과의 유사성도 발견하게 된다.

이런 문제에 대해 북한은 여성을 인텔리화하고 가사노동을 사회화하며 탁아소를 만들거나 모성보호 조치를 통해 해결하려고 해왔다. 하지만 소설이나 영화를 보면 문제의 심각성은 이런 것으로 다 해결되지 않았다는 심증을 갖게 한다.

현실의 모순과 새 세대 여성: 소설[8] 속의 여성

북한 문학, 특히 소설은 앞에서도 지적했듯이 80년대 이후부터 과거의 틀을 벗어나 적지 않게 변하였다. 북한 소설의 경우 8, 90년대 소설은 80년대 중반을 전후로 해서 소재나 주제 면에서 차이가 있다. 중·후반에 가면 소재 면에서 과거에 비해 참신하고 생활 속에 나타날 수 있는 문제, 예를 들면 부부갈등이나 고부갈등, 신·구세대 갈등, 문화갈등, 성문화갈등 등이 다양하게 등장한다. 또한 주인공의 경우, 강인한 공산주의자임에는 틀림없지만 과거 『꽃파는 처녀』의 등장인물처럼 비장하기보다 백남룡의 『벗』(1988)처럼 좀더 명랑하고 낙관적이면서도 부부의 성격차이 때문에 고민하는 문제를 여실히 보이고 있다.

90년대 소설은 "일상생활 속의 '숨은 영웅'의 형상화와 절실하고 의의 있는 사회적 문제의 제기, 예술적 기량의 성숙"을 보이고 있다. 여기에 또 하나를 덧붙인다면 과거에 비해 그 표현이 좀더 육감적이고 과감해졌다는 점이다(김귀옥 외, 1997, 140쪽).

아무튼 8, 90년대 북한 소설에서는 과거에 비해 당차고 진취적인 여성을 많이 만날 수 있다. 여성들이 산간벽촌에 자원해 온 교사, 제대한 운전기사, 중공업공장 고열기계조작 운전공, 도시에서 시골농장으로 시집 온 협동조합원, 고등중학교 졸업 후 집단적으로 농촌에 진출한 청년들을 이끄는 작업반장, 컴퓨터기사, 각종 연구사나 공학기사, 혁신을 거듭하는 노동자들로 등장하여 주도적으로 이야기를 전개하고 있다. 또한 가정 내에서도 가족간의 문제가 과거와는 다른 차원에서 전개되고 있다. 따라서 이러한 소설은 8, 90년대 사회주의 북한 사회가 당면해 있는 여러 가

---

8) 이 글에서 다룬 북한 소설 24편 중 6편은 90년대, 나머지는 80년대 작품이다. 또한 5편이 단편이고 나머지는 중·장편이다.

지 문제를 해결하기 위해 그 문제점을 드러내고 대안을 찾으려고 시도하고 있다.

그러한 가운데서도 여러 가지, 북한의 틀 내에서 충분히 해결되지 못한 채 남아 있는 문제들을 발견하게 된다. 첫째, 사회활동과 가정은 여성에게 여전히 선택의 문제로 남아 있다. 김길환의 소설 『전변』(1988)에서 연인 사이의 젊은 남녀는 사랑과 일을 놓고 갈등한다. 그런 중 여성은 "개인적 사랑과 명성만을 중시하고 여성은 남성의 뜻을 좇아야 한다"는 남성의 생각에 동의하지 못함을 자각하고 결별을 선언하고 만다. 이 소설은 영화 〈도라지꽃〉(1987)과도 유사한 구성을 가지고 있는데, 북한 사회주의가 지향하는 개인간의 사랑이 공동체의 소망과 일치될 때 빛날 수 있다는 메시지를 담고 있다.

이 문제를 역으로 추론하면 오히려 현실에서 많은 여성들은 일과 사랑이 일치되지 않을 때 남성을 좇는 경우가 많기 때문에, 이런 소설이 씌어졌다고도 볼 수 있다. 일과 사랑 또는 결혼의 선택은 개인적 문제로도 볼 수 있지만, 사회적 문제이기도 하다. 많은 남성들이 그 둘 중 하나로 고민하고 있지 않은 현실과 비교하면, 일과 사랑을 일치시키기 어려운 사회구조가 북한에도 여전히 남아 있다는 것이다. 즉 남성과 사회의 가부장제 이데올로기는 여성의 일에 대한 헌신이나 자아발전이라는 것을 여전히 이상으로 남아 있게 할 뿐이다.

둘째, 부부간의 가치관의 차이와 그에 따른 갈등이 존재할 때, 갈등의 해결책에 대해서도 보수적인 면을 보인다. 1946년 민주개혁기나 50년대에 북한이 취했던, 여성들의 자주적인 삶을 보장하기 위해 이혼을 허용하는 분위기가 80년대에 오면 오히려 보수적으로 바뀌는 것을 엿볼 수 있다. 북한의 부부갈등과 이혼 문제를 다루어 90년대 초 남한에서도 널리 읽혔던 백남룡의 『벗』은 북한 사회의 가려진 면모를 드러내 보였다.

"상금을 타서 동무들을 청해다 술상을 차리면 나쁘겠어요? 당신은 창안이 되지 않아 기가 죽어 만날 후줄근해 다니지 않았어요. 이번 기회에 무얼 뚝 부러지게 타서 인격이 쑥 올라가면 뭐 집이 무너진대요?"

"아낙네가 푼수 없이 끼여들진 말란 말이요. 창안을 해서 나라의 공학기술 발전에 조금이라도 이바지했다는 게 확인되였으면 그걸로 기뻐해야지!… 꼭 신문에 나고 상금이나 훈장을 타야 맞인가! 남모르는 자부심이 명예나 금전보다는 고상하다는 걸 아오."

"아무래도… 당신은 막힌 사람이예요!"

"뭐라고?!…"

"그만하자요. 난 이제 당신과 못 살겠어요."(백남룡, 1988, 148쪽; 1992)

이 소설은 판사의 등장과 노력으로 다양한 남녀의 가치관을 인정하고 변화를 제시하는 수준에서 남녀문제를 타협적으로 해결하였다. 그러나 이러한 급작스런 해결은 북한에서 일반시되어 있는 이혼이나 이혼하는 여성에 대한 부정적인 관념에 기반하고 있다는 점에서, 여성의 자주성을 인정치 않으려는 가부장제 이데올로기가 내면화되어 있음을 시사한다.

셋째, 소설에서는 성별분업에 대해 거의 의문시하지 않는다. 『벗』에 나오는 주인공 판사는 출장이 잦은 식물연구사를 부인으로 두고 있는 덕택에 가사를 빈번히 해야 한다. 그러나 부인이 출장에서 돌아오면 가사는 부인의 몫이고 그는 '안해의 가사일'에 행복해하는 모습을 유감 없이 보인다. 김삼복의 『세대』(1985), 김원종의 『해빛은 넘쳐라』(1992) 등 많은 소설에서 대부분의 여성들이 사회활동을 하는 반면, 남성들 중 가사노동을 하는 경우란 없고 문제제기조차 없다. 심지어 김용한의 『청춘의 시작과 끝은 언제』(1990)에서는 들판을 개간하는 미혼의 여성 소조원들이 한가한 틈을 타서 가사를 배우려고 하자 나이든 (여성) 관리위원장은 이를 기특

하게 여기며 여성으로서 당연한 본분이라고 말하기까지 한다.

한편 김문필의 『처녀운전사들』(1980)에서는 여성이 운전을 하는 것은 남자의 일이라고 생각하는 언니와 남녀의 평등한 역할을 주장하는 동생 간의 갈등을 다루고 있다. 그런데 가사노동과 사회노동에 대한 북한 당국의 입장은 상이하다. 전자에 대해서는 특별한 경우를 제외하고는 여성의 일로 용인하는 편인 데 반해, 후자에 대해서는 남녀평등론에 손을 들고 있다는 사실이다. 이러한 점은 『백양나무』(1990)가 발표되었던 70년대의 분위기에 비해 오히려 역행하고 있다는 느낌마저도 들게 한다. 『백양나무』에서는 늙은 아버지가 공장에 나가 노동하는 며느리의 일을 도와주며 아들에게 자신의 처를 거들어주도록 부탁하는 모습을 볼 수 있다.

심지어는 사회활동에서도 여성들의 성별분업에 따른 이중노동을 발견할 수 있다. 다음 김보행의 소설집, 『사랑의 로정』(1993)에서 이를 볼 수 있다.

용녀는 언제나 이렇게 일찌기 나와 갱장이 걸레를 들지 못하도록 사무실 안을 정갈하게 거두었다. 철우가 방에 들어서자 용녀는 웬일인지 귀밑을 살짝 붉히면서 물 묻은 손으로 허리춤에 올려찔었던 치마자락을 황급히 내리워 곧바르고 힘 오른 통통한 두 다리를 감쌌다. (김보행, 1993, 202쪽)

"갱장동문, 정말… 식사야 제때에 해얄 게 아니야요. 사무실에다 저녁식사를 가져다 놨어요." (아뿔사, 또 처녀를 수고시켰구나.) 철우는 용녀 앞에서 자기에 대하여 아무것도 밝힌 것이 없었다. 그러나 용녀는 녀성적인 섬세한 관찰력으로 철우가 독신이라는 것을 인차 알았으며, 그리하여 우산을 들고 마중을 오고, 요즘엔 합숙에 들려 현장에서 살다싶이 하는 철우에게 식사를 운반해 오고 있었다. (같은 책, 213쪽)

이 소설은 발표는 1993년에 되었으나 원래 1966년에 씌어진 것이다. 그래서 이 소설의 분위기가 그 시대의 모습을 반영하고 있다고 할 수 있지만, 이 소설이 90년대 발표되었다는 것은 90년대 분위기에서 의미가 있는 것이기 때문이라고 볼 수 있다. 소설의 여성은 기술지도원임에도 불구하고 사무실에서 이중노동을 헌신적으로 하고 있다. 이 모습에서 북한 당국이 그러한 여성의 역할을 인정하고 있다는 인상을 받게 한다. 물론 김삼복 소설의 『세대』(1985)에 등장하는 한 신세대 여성의 경우에는 사회활동에서는 개방적이고 열성적이지만 합숙생활에서는 다른 여성들이 모두 참여하는 취사활동을 하지 않으려 한다. 그런 여성이 있다는 것을 인정하더라도, 그런 경우가 오면 가사활동에 준하는 행위는 당연히 여성의 몫으로 돌아갈 만큼 성별분업이 일반화되어 있다.

넷째, 이상과 같은 문제의 연장에서 부부평등 문제 역시 마찬가지라고 볼 수 있다. 부부가 모두 사회활동을 적극적으로 해야 한다는 점에서는 부부의 평등을 주장하지만, 가정생활에서는 여전히 전통적인 성별분업을 묘사하고 있다. 그런 의미에서 여성의 슈퍼우먼화를 조장하고 있다고 볼 수 있다. 김삼복의 소설 『세대』를 읽어보자.

동수는 작년 가을에 우리 마을서 오십 리쯤 떨어져 있는 이웃 농장마을의 처녀를 안해로 맞아들였다. 부모들끼리 먼저 합의를 보고 당자들을 대면시켰는데 동수는 첫눈에 처녀에게 반해 버렸다. 동수 역시 그만하면 미끈하게 생긴데다 마음도 시원시원해서 처녀의 눈에 들어 그래 결혼을 했는데 동네에서는 동수 쪽이 기운다고 말들을 했다. 그만큼 새색시는 인물이 환하고 성미도 좋았다. 몸매 자그마하고 조용한 그 녀자는 언제나 웃는 얼굴이였으며 친절하고 인사성이 밝았다. 그렇다고 하여 봉건적인 '현모량처'는 아니였으니 동네 일에 발벗고 나섰으며 무슨 일에나 막힌 데 없이 부지런히 잘해제끼였다. 누구도 그 녀자를 싫

다는 사람이 없었다. (김삼복, 1985, 5쪽)

이런 여성은 남한 사회에서도 어렵지 않게 찾아볼 수 있다. 현대판 현모양처는 결코 가정에만 머무는 여성이 아니다. '취업주부'라는 말이 있듯이 직장에 나가는 기혼여성의 67.5%가 "슈퍼우먼이란 일인다역을 잘해 내는 여자로 현대여성에게 어울리며, 자기 일에 충실하고 매사에 완벽을 추구한다. 나 자신도 슈퍼우먼이 되길 원한다"고 조사되었다(여성을위한모임, 1992, 241~42쪽).

그러나 일시적으로는 슈퍼우먼이 될 수 있을지 몰라도 결국 이 같은 의식은 여성을 병들게 하는 허위의식이다. 북한의 여성 역시 마찬가지 아닐까? 설령 사회제도적으로 각종의 모성을 보호하고, 여성을 가사노동으로부터 해방시키기 위한 사회적 조치를 강구해 왔다고 하더라도 모든 가사노동과 가정 내 여성의 역할을 없애지 않는 한 슈퍼우먼 콤플렉스는 여성을 강박하는 질곡일 수밖에 없다. 따라서 북한 사회는 여전히 남성 중심적인 사회로 가고 있는 것이다.

이상과 같이 소설을 통해서도 모든 가사노동의 사회화되지 않은 현실에서 가사노동은 대부분 여성의 몫임이 당연시되고 있음을 발견할 수 있다. 따라서 설령 모성보호에 따라 (기혼)여성이 상대적으로 경이로운 직종에 배치되고 있다고는 할지라도 분명히 사회노동과 가사노동의 이중노동에 시달리고 있는 현실을 목격할 수 있다. 또한 이에 대해 남녀 모두의 당연시하는 의식 및 태도를 볼 수 있다. 이와 같은 극중 현실은 영화에서도 목격할 수 있다.

수줍음과 당참: 주체영화[9]와 여성

이 글에서 다루고 있는 영화를 연도순으로 소개하면 다음과 같다. 〈사랑의 노래〉(1985), 〈유원지의 하루〉(1985), 〈도라지꽃〉(1987), 〈마음에 드는 청년〉(1989), 〈노래 속에 꽃피는 가정〉(1990), 〈사랑의 불소리〉(1990), 〈효녀〉(1991),[10] 〈하얀 꽃〉(1991), 〈도시처녀 시집와요〉(1992), 〈대동강에서 만난 사람들〉(1·2부, 1992), 〈우리 딸〉(1·2·3부, TV드라마, 1993년경), 〈열네번째 겨울〉(1993),[11] 〈은행동의 두 가정〉(1996) 등이다.

6, 70년대 영화가 전쟁이나 전후 복구에서 인민군이나 근로자들의 투쟁 모습을 주로 담았다면 8, 90년대 영화는 김정일 총비서의 '주체영화예술'의 면모를 진작시키는 것과 함께 '인민대중의 행복한 생활을 반영'하는 특징을 보이고 있다(김귀옥·정영철, 1996). 특히 1989년을 전후한 영화는 북한 사회의 발전상이나 외견상의 다양한 변화모습을 소개하는 경향도 강하다. 또한 소설과 마찬가지로 생활에서 나타나는 신·구 가치관의 갈등이나 세대갈등 등도 많이 다루고 있다.

앞의 절과 같은 맥락에서 영화 읽기를 시도해 보자.

첫째, 사회적 활동을 적극적으로 하는 여성들의 경우 여전히 일과 사랑은 선택의 문제이다. 〈도라지꽃〉의 여주인공 송화와 〈하얀 꽃〉의 염순이는 사회주의 조국과 척박한 농어촌을 부유한 곳으로 변모시키기 위해 고

---

9) 북한의 영화는 예술영화, 기록영화, 과학영화, 아동영화 등으로 나눌 수 있는데, 예술영화는 문학작품이나 사실적 내용을 예술적으로 형상화한 것이다(김귀옥·정영철, 1996, 198~199쪽). 이 글에서는 예술영화를 주 대상으로 삼았다.

10) 이 영화는 북한의 여성영웅 정춘실을 극화한 것으로 알려져 있다. 그는 북한의 일용품 공급체계가 제대로 작동하여 북한 인민이 편리하게 생활할 수 있도록 하는 데 거듭 혁신적인 방법을 사용하여 헌신적으로 실천한 사람이라고 한다. 80년대 이후 북한에는 '정춘실운동'이 사회봉사 부문에서 널리 일어나고 있다.

11) 이 영화 역시 백설희 연구사를 영화화한 것으로 알려져 있다. 북한에서는 공로 있는 여성들을 출판물과 문학예술 작품을 통해서 널리 소개·선전하는 경우가 많다(리경혜, 1990, 170쪽).

군분투하는 젊은 여성이다. 더욱이 송화는 사랑하는 사람이 자신을 따라 후미진 농촌을 떠날 것을 요구하자 자신의 일과 공동체에 대한 신념을 저버릴 수 없어서 애인과 헤어지게 된다. 〈하얀 꽃〉에서는 작업반 중심으로 염전일을 하고 있는데 남녀혼합 청년직장의 경우, 기숙사에서 합숙을 해야 한다. 이런 작업조건상 여성들은 결혼을 하면 작업반을 떠나 전업주부가 될 수밖에 없다. 많은 여성들은 동료들에게 미안스럽게 생각하면서도 여성의 운명으로 받아들이며, 또 이를 바라보는 기혼 여성이나 남성들도 문제제기조차 하지 않는다. 이것이 바로 전통관념과 근대관념이 모순적으로 공존하는 경우가 아니겠는가? 다시 말해 북한 사회가 지향하는 가치관 여부에 따라 남녀평등이 살아나기도 하고 여필종부가 당연시되기도 한다.

어떤 의미에서 보면 북한 사회에서 모범적인 여성들은 대부분 사회적 활동·노동에 대한 신념이 남다르다. 크게 보면 이러한 여성상은 남성상과 별반 차이는 없다. 하지만 모범적인 남성인물과 주요한 차이가 있다.

남성들이 자신의 일과 사랑을 놓고 갈등하는 모습은 거의 없지만, 여성의 경우 일이냐 사랑이냐를 두고 갈등하는 모습을 여러 차례 보인다. 남성의, 일과 사랑의 일치가 북한 사회가 지향하는 가치 있는 것이라면 여성은 남성(사랑이라는 명분과 함께)을 위해 자신의 일을 버리는 것을 어쩔 수 없는 것으로 치부하는 경향이 있다. 여성이 자신의 일을 고집하는 경우가 수긍이 되고 아름답게 묘사되는 것은 남성의 일이나 가치관이 부정적일 때이다. 따라서 이 또한 북한 사회가 여전히 남성 중심적인 사회의 가치를 가지고 있음을 영화를 통해서도 재생산하고 있다고 말할 수 있다.

둘째, 영화에 나타난 북한 여성의 모습에서 읽을 수 있는 북한 사회의 전통과 근대의 공존은 여성들의 의복이나 태도에서도 발견할 수 있다. 여성들은 생산현장에서는 으레 바지를 입지만 일터를 벗어나면 여성들은 모두 치마—80년대 중반 이후에는 대부분의 젊은 여성들은 양장을, 그러나 기혼여성들은 아직도 조선복을 많이 입는다—를 입고 이를 당연시 여긴다.

또한 일반적으로는 영화에서는 구김살 없는 남녀간의 행동이 묘사되지만, 사랑하는 사람 앞에 선 여성은 전형적인 전통적 여성상으로 돌아간다. 다시 말해 사회활동에서는 여성도 남성과 다를 바 없이 당당하고 남자와 악수도 잘하고 잘 어울리지만, 개인적으로는 온순하고 부끄럼 잘 타는 여성이라는 이중적인 여성상이 바로 그것이다. 여성 대 남성의 배구시합을 할 만큼 사회적 활동에는 강인한 여성들이 애인 앞에서는 전통적인 여인의 모습으로 재배치된다. 소설의 경우에는 전통적인 여성상에서 거리가 먼 인물들이 등장하기도 한다.

셋째, 영화의 장면에서 읽어낼 수 있는 사회활동상의 성별분업은 다음과 같이 나타난다. 우선 앞의 영화에 등장하는 주제도 다양하지만, 여주인공들의 직업 또한 다양하다. 그 예로 교원·농장원 두 명(모두 작업반장에서 관리위원장으로 승진), 간호사·디자이너 두 명, 염전작업반장, 상업관리소장, 선박제조 노동자, 연구사, 대중가수, 선전원 등이 출연하고 있다. 이들은 모두 열심히 자기 일에 종사하는 사람들로 모범적인 인물들이다. 그럼에도 선박제조 노동자를 제외하고는 여성들이 종사하는 분야가 수평적 직무분리(horizontal segregation)에 따르는 업종에 몰려 있음을 볼 수 있다. 농촌의 경우에도, 〈사랑의 물소리〉나 〈도시처녀 시집와요〉에서 볼 수 있듯이 젊은 남성은 별로 없고 여성농원들이 다수를 이룬다.

또한 묘사되는 영화장면에서 수직적으로 직무분리(vertical segregation)가 이루어지고 있음을 볼 수 있다. 중공업부문 공장을 배경으로 만든 〈노래 속에 꽃피는 가정〉의 한 장면인 '직장장 총화' 회의시간의 모습에서 그 예를 찾을 수 있다. 회의장에 앉아 있는 간부들은 대부분 남자이고 여자들은 주로 테이블 뒷좌석에 앉아 있다. 테이블 좌석에 앉은 사람들은 공장 내 고위급 간부이고 뒷좌석에 앉은 사람은 하급간부로 추정할 수 있다면, 그 부문에서는 여성이 수직적으로도 하위직에 제한되어 있다고 볼 수 있다.

이상에서 보이는 영화에서도 전통과 근대적 가치의 불협화음적인 공존을 만날 수 있었다. 이제 가두여성을 중심 축으로 삼고 있는 여맹의 기관지인 『조선녀성』을 보면 북한에서 강조하는 여성상을 좀더 구체적으로 만날 수 있다.

'가정의 혁명화'의 기수: 『조선녀성』[12] 속의 여성

미혼여성들은 대부분 직장에 종사하면서 '사회주의로동청년동맹'이나 직장동맹에 가입하고 있다. 80년대부터는 직장을 중심으로 사회단체에 가입함에 따라 여맹은 주로 전업주부인 가두여성을 주축으로 하고 있다. 따라서 그 기관지인 『조선녀성』은 기혼여성의 주요한 관심사를 다루며, 이들을 '가정의 혁명화'의 주체로 세우기 위해 선전하는 역할을 담당하고 있다. 그래서 이 글에서는 가정의 혁명화를 둘러싼 쟁점을 8, 90년대 발표된 『조선녀성』의 수기문이나 기사를 중심으로 살펴보겠다.

첫째, 가정의 혁명화는 여성의 혁명화 문제와 직결되어 있다. 전업주부일지라도 그들은 사회적으로 필요로 되는 부문에 노동동원되는 것을 서슴지 않는 전형을 만들어내고 있다. 다음이 그 한 예이다.

---

12) 『조선녀성』은 북한의 여성조직인 '조선민주녀성동맹'의 기관지이자 잡지로서, 여성들을 상대로 정치사상교육·문화교육 등의 역할을 담당하는 주요한 매체이다. 『조선녀성』은 1982년 8월까지는 매월 발행되다가 그 뒤로는 연 6회 발행되고 있다. 주로 주체사상교육 및 여성들의 모범적 활동을 소개·선전함으로써 '사회적 가치관'을 형성시키는 주요한 매체의 역할을 수행한다. 여기서는 8, 90년대의 것을 주로 이용하였다.

오늘의 힘찬 진군 대오 속에는 탄부인 남편들과 함께 당의 혁명적 경제전략 관철의 최전선을 믿음직하게 지켜나가도록 탄광마을 녀맹원들을 이신작칙의 훌륭한 모범으로 이끌어나가고 있는 룡등탄광 초급 녀맹위원회 20부문 위원장 최혜숙 동무도 있다.

…그리하여 1월 1일과 2일 이틀 동안에만도 수천 톤의 수집탄을 마련하여 탄광석탄 생산실적에 이바지하였으며 1월중에는 룡등탄광이 월계획을 훨씬 넘쳐 수행하는 데 적극 이바지하였다. (『조선녀성』 1996년 2호, 34쪽)

여성의 혁명화는 당과 사회가 요구하는 일을 알아서 수행하는 문제로 표현되고 있으며, 그 결과는 노동동원으로 나타난다. 물론 1995, 96년쯤 되면 북한 경제의 모든 부문은 순조롭게 순환되지 못할 뿐 아니라 석유 같은 에너지원의 부족으로 전기생산에 막대한 차질이 빚어지기 때문에, 북한 당국은 탄광부문에 최대한 노동력을 투입하려고 시도한다. 따라서 이 기사는 많은 여성노동력을 동원한다는 데 방점을 찍고 있다기보다는 이러한 전업주부도 팔 걷어붙이고 노동전선에 나섰으니 일반 인민들도 각성하라는 의미로 받아들일 수 있다.[13]

둘째, 북한이 80년대 이후 강조해 오고 있는 '사회주의 대가정론'의 확대는 전통적 여성 역할을 강조하는 조치인가의 문제를 짚어보기로 하겠다. 우선 사회주의적 대가정의 예를 살펴보자.

순천시 석수동 113인민반에 많은 사람들의 존경과 사랑 속에 영예군인 지용

---

13) 북한은 50년대 이래로 '절약'을 생활화해 오고 있다(김귀옥 · 정영철, 1996). 북한은 남북이 분단된 상황에서 중국이나 옛 소련으로부터 자주노선을 견지하기 위한 방식을 '자력갱생의 원칙'에서 찾은 것으로 보이며, 그 결과는 절약 및 내핍의 일상생활화로 나타난다.

학 동무와 그의 안해 리명희 동무가 살고 있습니다. …조국보위초소에서 맡겨
진 임무를 수행하다가 뜻하지 않은 일로 하반신 불구의 몸이 된 지용학 동무와
그의 두 다리가 되어줄 것을 결심한 은률의 처녀 리명희 동무가 만사람의 축복
속에 한가정을 이룬 것은 2년 전이였습니다. …이 영예군인의 집은 찾아오는
사람들로 늘 흥성거립니다. 이틀이 멀다하게 보약과 약들을 들고 담당의사가 오
는가 하면 신선한 오이, 쑥갓, 배추 등 남새와 과일, 닭알을 가지고 남새상점과
식료상점 판매원들이 오고 리발사가 찾아옵니다. (『조선녀성』 1992년 5호, 33쪽).

북한의 사회주의적 대가정은 혈연 중심의 가부장제 가족을 넘어서는 개
념이다. 이 개념에 대한 이해는 '사회정치적 생명체론'에 대한 이해가 함
께 필요하다. '사회정치적 생명체' 개념이 사용되기 전에는 '사회적 생명'
'정치적 생명'이라는 말이 있었으나 정식화된 것은 1986년 김정일이 그 용
어를 사용하면서부터이다. 그는 사회정치적 생명을 "정치적으로 결합된
사회적 집단과 운명을 같이하는 사람들이 지니게 되는 생명"이라고 규정
하고 그 생명의 모태는 수령이며, 수령과 당, 인민대중으로 구성되는 모든
북한 구성원은 '한지붕 한가족 한몸'의 운명공동체라고 말했다. 이로부터
"자식들이 자기 부모를 사랑하고 존경하는 것은 자기 부모가 반드시 다른
부모들보다 낫거나 그들로부터 어떤 덕을 입을 수 있기 때문이 아니라, 바
로 자기를 낳아 키워준 생명의 은인이기 때문입니다"라고 하여 수령과 당,
인민대중의 공동체는 하나의 '대가정'이라고 설명한다(김정일, 1986).
　사회정치적 생명체론을 둘러싸고 여러 학자들의 논쟁이 있었다. 스즈
키 마사유키(鐸木昌之)는 "북한의 '사회정치적 생명체'론"은 유교 및 주
자학이 기초하는 동아시아 사유에 기반을 두고 있다고 지적한다(박한식
편, 1991, 244~48쪽). 와다 하루키(和田春樹)는 그 사상적 연원을 플라톤
의 '국가론'에서 찾으면서 북한 사회의 성격을 전체주의적인 것으로 보고

있다(和田春樹, 1993). 또 전상인은 이를 한편으로는 주자학 전통 가운데서도 가장 보수적인 유교원리와 다른 한편으로는 기독교의 삼위일체론으로 해석하고 있다(전상인, 1993, 57~58쪽).

한편 사회정치적 생명체에 입각한 대가정론을 이렇게 볼 여지도 있다. 기든스(1996)는 '친밀성 영역'을 민주적 의사소통을 가능하게 하는 구조로 파악하여 친밀성을 기반으로 한 '생활정치'야말로 민주주의를 회복할 수 있다고 주장한다. 기든스의 개념을 북한에 적용시켜 보면, 북한의 '사회주의 대가정론'은 다른 지평에서 파악할 여지가 있다. 북한에서는 모름지기 당원이라면 책상 앞에 앉아 사업하는 것이 아니라 하방하여 현장에서 생기는 문제를 직접 느껴보고 해결하도록 제도화하고 있다.[14] 그러는 동안 당과 '인민대중'은 서로를 직접적으로 느끼며 일체감을 가지게 되어 당과 '인민' 간에 분리가 없어질 수 있다고 보는 것이다(김귀옥·정영철, 1996).[15]

이러한 사회주의 대가정론은 북한에서 중요한 순기능을 하고 있다. 1958년 이후 가족이 생활문화의 단위로 한정됨으로써, 정권에서는 가정을 혁명의 동력으로 삼기 위한 방식을 고심하게 되었다. 다시 말해 가정이 사회와 분리된 사적인 장이 아니라 가정과 국가·사회의 공사 분리를 극복할 수 있는 기제가 필요했다. 여기서 대가정론은 가정간의 경계를 허물어뜨

---

14) 그 대표적인 제도가 '대안의 사업체계'이다. 이는 당 책임자가 기업소 및 공장을 책임지되, 공장일꾼이나 노동자, 사무원의 의견을 최대한 존중하도록 되어 있는 제도이다.

15) 그런데 이러한 해석은 전통적인 소비에트 민주주의 해석과 궤를 같이한다. 사회주의 사회에서 프롤레타리아독재, 즉 정권의 힘은 대중과 인민의 결합에 있다(Kusinnen, 1959; 한국정치연구회사상분과 편저, 1992). 국가와 인민 영역은 하나로 결합되어 있고 국가권력은 인민권력으로부터 창출된다고 보므로 시민사회가 분리되어 있지 않기 때문에 시민사회의 자율성 개념이 필요 없는 것으로 간주되는 것이다.

려 개인들이 사회주의에서 발생할 수 있는 개인주의를 극복하고 공동체적 인간으로 되어갈 수 있는 역할을 하고 있다. 또 이것은 개인이나 한 가족의 문제를 사회공동체적으로 풀 수 있는 근거를 제공해 준다. 즉 북한의 사회는 거대한 하나의 가정으로 이루어졌으므로 사회구성원들이 한마음으로 문제를 풀기 위해 단결할 수 있는 틀을 갖게 된 것이다(김현숙, 1998).

셋째, 그럼에도 불구하고 사회주의 대가정론은 심각한 역기능을 가지고 있다. 북한이 사회주의 혁명 초기에 극복하려고 했던 봉건적 부문의 척결 노력을 스스로 허무는 결과를 가져올 수 있다는 점이다. 즉 성별분업의 확대가 그것이다. 그 예를 다음의 인용을 통해 살펴보자.

> 이미 군민일치의 전통적 미풍을 꽃피워 위대한 령도자 김정일 동지의 감사를 받아안은 정주시와 룡천군 녀맹원들의 자랑은 도안의 녀맹원들 속에서 커다란 반향을 일으켰다. …자동차마다 원호물자를 가득가득 싣고 군인들의 건설장으로 달려간 철산군의 읍가두 초급 녀맹위원회와 장송로동자구 초급 녀맹위원회의 녀맹원들은 남달리 생각이 깊었다. …원호물자나 넘겨주고 정치사업으로 군인들의 사기를 돋구어준 다음 우리가 훌쩍 가버린다면 병사들이 얼만 섭섭해 할 것인가. 아예 몇 달 동안 꾹 눌러앉아 군인건설자들과 함께 생활하며 녀성들의 적은 힘이나마 합쳐주자. …이리하여 승정실 외 26명의 녀맹원들은 건설장에 눌러앉아 여러 가지 형식의 정치사업과 예술활동, 로력지원으로 3개월이란 나날을 보냈다. 이들은 모두 한가정을 책임진 주부들이였다. (『조선녀성』 1996년 1호, 27쪽)

이 기사에 따르면 사회주의적 대가정의 기치(군민일치)를 앞세운 여맹원들은 군인 지원사업을 나갔다가 몇 달씩 집으로 돌아가지도 않은 채 정치사업이나 예술활동, 건설보조, 식사마련 등 봉사활동을 하였다. 아무리 북한이라 해도 이와 같은 극도의 헌신적이면서도 비현실적인 일이 자주 일어날 리 없겠지만, 앞의 내용을 보면 여성은 한 가정의 주부에 그치는 것이 아니라 한 사회의 주부이기도 하다. 기혼여성의 위치가 주부로서 고정되는 일이 '전통적 미풍양속'을 앞세워 일어나고 있는 것이다.

이러한 사실은 8, 90년대 북한 경제의 저성장 문제와 맞물려 있다. 장기적인 불황과 그에 따른 사실상의 실업률 증대, 사회부양 복지비용의 부담은 국가가 맡았던 공적 부조비용을 가족 내부로 이전하게끔 했고, 또한 그에 대한 이데올로기적 장치로서 가족주의 이데올로기를 확대시키려는 조치로 해석할 수 있다(윤덕희, 1996).

3. 북한 여성문제를 둘러싼 쟁점과 전망

이상과 같이 대중매체에 비친 여성의 지위는 근대적 제도와 전근대적 가치의 모순적 공존상태에 놓여 있다. 김정일 시대의 『로동신문』, 소설과 영화, 『조선녀성』 등에 나타난 북한 여성의 모습에는 일관성이 존재한다. 사회적 활동에서 여성들은 전통적인 여성상을 찾을 수 없을 정도로 활발하고 진취적인 모습을 보이고 있고 자신감에 가득 차 있다. 그럼에도 가정에서는 가부장제 문화를 보유한 전통적인 여성상에 대해 별 다른 의문이 없음을 발견할 수 있다. 이러한 모습과 북한 여성정책에 대해, 윤덕희(1996)는 80년대 이래로 북한은 정권수립 이전으로 'U턴'하고 있는 것이 아닌가 하는 의문을 제기하고 있다.

그런데 북한 여성이 과연 사회주의 사회 이전으로 돌아간 것일까? 북한의 여성문제에서 북한의 역사·사회적 조건을 부차시한 채 남녀대립의 문제로 파악할 수 있을까? 북한의 여성정책을 여성의 노동력을 착취하기 위한 기제인가 또는 전통적 역할을 강화하는 것인가 아니면 여성해방적인 기제인가라고 묻는 것은 단순논리가 아닐까?

　일반적으로 사회주의 사회에서는 자본주의 사회와는 다른 형태의 착취가 존재한다. 즉 그 사회에는 봉건적이거나 자본주의적인 착취는 없지만, 관료적 혹은 사회주의적 착취가 존재한다(강정구, 1989, 30쪽). 북한 사회는 아직까지 과도기 사회주의이며 완전한 사회주의에 도달하지 못했다(김일성, 1987). 현재 북한은 현실적으로나 이론적으로 모든 사회구성원간에 완전한 평등을 구현하고 있지 못하다. 또한 엥겔스가 지적한 대로, 성별분업이 인류 최초의 분업이었다는 사실은 성별분업의 역사성과 복잡성을 의미한다. 그러므로 여성해방은 사회해방과 더불어 달성할 수 있으며 여성해방 없이 사회해방이 이루어졌다고 말하기는 곤란하다.

　여성이 이중노동으로 착취당하고 시달리는 것만큼 북한의 남성 또한 북한이 처해 있는 주·객관적 상황에서 결코 자유로울 수 없다. 이 문제를 최근의 북한 경제의 위기와 관련지어 설명해 보자. 90년대 북한 경제를 위기로 몰고 간 자연재해와 악화일로에 있는 경제상황이 북한 주민이나 여성의 삶에 어떤 영향을 미치고 있으며 또 어떤 변화를 가져올지 그 자체도 상당수 중요한 문제가 될 수 있다(림금숙, 1999). 경제적 위기의 영향은 일차적으로 노약자나 여성 같은 사회적 약자에게 타격을 가한다. 윤덕희(1996)의 추측대로, 북한 여성의 부분실업 인구가 40~60%를 오르내리고 있으며 실업률 증가에 따른 1차 피해자일지도 모른다. 우리의 1998년 IMF 경제상황을 고려하지 않더라도 충분히 설득력 있는 주장이다.

　그런데 90년대 들어 북한의 공장 가동률이 70~80%로 떨어진 상황에서 사실상 실업자에는 남성이 상당수 포함되어 있다. 북한이탈 여성들의 증언에 따르면, 경공업 공장의 노동자는 자신들이 만드는 제품이 시장에 내다 팔 수 있는 필수품이어서 당장 공장이 돌아가지 않아도 생계에는 치명적이지 않다고 한다. 그런데 중공업 공장의 노동자 경우에는 장마당에 내다 팔 물건이 없으니 생계난이 더 심각한 편이다. 일제시대부터 중공업이 발달했던 함경도 지방에서 아사자가 더 많이 났던 것도 이와 관련이 있는 듯하다. 이러한 조건은 남성보다 여성이 경제적 위기를 극복하는 원동력을 마련해 줄 수 있다.

최근 북한이탈 여성들의 증언에서도 그 근거를 찾을 수 있다. 90년대 들어 여성들이 장마당 장사나 외화벌이를 잘하여 가족을 부양하게 됨으로써 여성들이 가족문제에 대해 더 적극적이 되었고 가부장제 중심의 전통가족의 유지는 약화되고 있다고 한다. 심지어 과거에는 이혼을 주장해 온 측이 남편 쪽이었다면(윤덕희, 1996, 356쪽), 『벗』에서 보이는 바와 같이 90년대 들어서는 이혼에 대해서도 여성이 적극적으로 주장하는 경향이 있다고 지적하는 북한이탈 여성들도 있다. 그런 의미에서 본다면, 90년대 북한의 경제위기 상황은 오히려 북한 여성의 지위를 예상과 달리 더 높이는 의외의 결과를 낳고 있다고 할 수도 있다. 다시 말해 최근의 상황이 여성에게 전통적 남성 중심 가족이나 남성 중심 사회의 기반을 약화시킬 수 있는 에너지를 만들 수도 있다.

한편 어떤 의미에서는 민족의 최대 비극의 하나인 최근 북한의 식량사정의 악화에 따른 북한이탈 주민 문제에서 새로운 사실을 발견할 수 있다. 즉 중국에 불법거주하고 있는 북한이탈 주민 가운데는 여성의 비율이 75%를 넘는다는 '좋은벗들'의 발표가 있다.[16]

---

16) 1999년 8월 30일 사단법인 '좋은벗들'의 보고에 따르면 북한 식량난민 가운데 여성 비율이 75.5%로 압도적으로 높은 것은 북한에서 식량을 구하는 것이 대부분 여성의 책임으로 간주되는데다 중국 각지에 여성들을 팔아넘기는 인신매매 조직이 북한 주민의 북한 이탈과정에 깊이 개입돼 있기 때문인 것으로 지적되고 있다. '좋은벗들'은 1998년 11월부터 99년 4월까지 중국 동북 3성의 29개 시·현에 속해 있는 2479개 마을을 대상으로 872명과의 직접 인터뷰를 통해서 북한 식량난민 실태조사를 했다.

이 보고서는 아직도 가설적인 내용을 많이 지니고 있고 북한 전체를 설명할 수 있는가에 대해서는 의문의 여지가 있다. 그럼에도 이 조사자료에 따르면, 북한에는 여성인구가 줄어들고 있다는 결론이 나온다. 여성인구의 감소는 머지않아 북한의 여성에 대한 정책 변화를 예고한다고도 예상해 볼 수 있다.

또한 50여 년 동안 북한이 취해 온 여러 여성정책은 나름대로 북한 여성의 의식에 중요한 변화를 일으킨 것으로 판단된다. 즉 북한 여성들은 어떤 상황에서도 살아남을 수 있다는 자신감을 갖게 된 것으로 보인다. 북한이 80년대 실시한 정책 가운데 '8·3인민소비품생산운동'이라는 것이 있다. 이 운동의 의의는 가정에 있는 유휴노동력, 즉 전업주부나 노약자들로 하여금 공장이나 생활에서 폐품으로 남아도는 물자를 동원하여 생활에 필요한 물건을 생산해 내게 한다는 점이다. 또 부족한 생활필수품을 자체 주민들이 생산하여 가계수입을 보텔 수 있다는 점에서도 의의가 있다. 따라서 이 운동은 자력갱생의 원칙을 주민들이 생활에서 직접 실천할 수 있는 운동이라는 점에서 가장 큰 의의가 있다고 할 수 있다(『조선녀성』1996년 1호, 32쪽).

그런데 이 운동은 정부의 정책으로 시행된 것이 아니라 주부들이 암암리에 시작한 일을 정부가 사후 인정한 조치이다.[17] 또한 90년대 외화벌이나 장마당에서의 활동에 가장 앞장서는 층도 여성이다. 북한 여성들은 극도의 빈곤상태를 눈물겹게 이겨나가고 있지만, 이러한 가운데서 독립심과 자신감을 높여나가고 있다. 이런 점은 현실 자체가 가져다 준 변화인 동시에 사회주의 혁명이 여성들의 이러한 변화를 정당화시켜 준 결과라고 볼 수 있다. 따라서 최근 북한의 사회·경제적 조건은 한국전쟁 당시

---

17) 1999년 7월 2일 북한이탈 여성의 면접 결과 확인된 사항이다.

로 돌아간 것처럼 보이지만, 북한 여성의 의식은 한편으로는 사회주의 혁명과 다른 한편으로는 강인한 적응능력으로 인한 일정한 자신감을 획득하고 있기 때문에 해방 이전으로 'U턴'했다고 보기는 어렵다.

그리고 북한이 가부장제 문화를 일정 수준에서 수용하고 있음에도 불구하고 남한식의 가부장제 문화와는 중요한 차이를 보이고 있다. 북한 여성이 이중노동이나 북한식의 남존여비에 시달리고 있는 것은 사실이지만, 북한 사회에서는 여성이 성적 대상으로 다루어지지 않는다는 점이 남한과 상이한 현실이다. 북한의 남녀차별 문화를 보아서 여성을 성적 대상시하는 일이 전혀 없을 수는 없을 것이다. 그럼에도 북한 사회가 성의 상품화를 거부함으로써 여성이 성적 대상으로 국한되거나 희롱이나 모욕의 대상이 되는 일은 공식적으로 존재하지 않는다(이승희, 1998). 이러한 문화는 북한 여성에게 사회적 활동을 하는 데 자신감을 불어넣어 주는 원천이 된다.

다음으로, 여성의 문제는 사회의 문제와 맥락지어 보아야 한다. 계급·계층, 도시와 농촌, 지역간 문제도 해결되지 않은 과도기 사회주의 북한 사회에서 여성문제를 여타의 사회문제와 분리시켜서 생각할 수 있을까? 성별분업의 문제도 다른 분업의 연장에 있다. 즉 성별분업은 모든 분업의 폐지와 더불어 폐지되는 것이지, 그것만 사라질 수는 없다. 그런 조건에서 성별분업을 좇아가야 함에도 불구하고 모성보호 조치까지 부재한다면, 북한 여성해방의 강령은 오로지 여성노동의 착취를 위한 수단에 지나지 않을 뿐이다. 그러나 북한은 사회적 노동 참여를 극대화하는 동시에 모성보호 조치를 취함으로써 여성해방을 위한 방향을 제시한 것으로 보아야 하지 않을까?

그럼에도 여전히 의문은 남는다. 성별분업이 비교적 약하게 일어나는 미혼시절을 보낸 여성들이 결혼하여 기혼여성의 지위가 되면 왜 큰 회의도 없이 전통적인 가치관을 미덕으로 갖춘 여성으로 바뀌는 것일까? 대체로 여성들이 공적 영역에서는 남자와 똑같이 일하고 있지만 사적 영역에서는 여전히 가부장제적 남성 중심적 가치관을 갖게 되는 것은 왜인가? 근대성의 실현으로서 남녀평등적 법과 제도와 남녀 평등한 노동, 전근대성의 구현의 장으로서 가정이 공존하는 현실에 대해 북한 주민들은 어떻게 인식하고 있는 것일까? 또 북한은 과연 공사분리와 성별분업을 극복하기 위한 대안을 가지고 있는 것일까?

북한 스스로는 여성이 아직 완전히 해방되지 않은 이유를 여전히 마르크시즘적 강령을 놓고 대답하고 있는 듯하다. 낮은 생산력 조건은 가사노동의 사회화를 충분히 뒷받침할 수 없고 여성들의 가사일을 사회적으로 충분히 도와주지 못하고 있다는 답변이다. 다시 말해 생산력을 높임으로써 여성을 완전히 해방시킬 수 있기 때문에 3대 기술혁명 및 경공업혁명을 잘 수행하자고 강조하였다(김일성, 1974, 118쪽; 김정일, 1984, 196쪽). 그러나 가사노동을 여성의 몫이라고 보는 시각은 최근 대중매체를 보더라도 거의 변하지 않지 않고 있음을 발견할 수 있다.

이 문제를 이해하고 대답하는 데는 이승희(1992)나 정현백(1999)의 통찰이 참으로 적절하다. 제도의 수립만으로는 가부장제 이데올로기는 극복될 수 없다. 즉 아래로부터 올라오는 자율적인 주체가 존재하고 여성해방론이 존재할 때 비로소 가부장제 의식이나 문화를 극복할 수 있다.

제도화된 북한의 조선민주여성동맹은 사실상 국가기관의 하나일 뿐, 국가와 당으로부터의 자율성을 거의 갖고 있지 못하다. 다른 사회단체들 가운데 '직장동맹'의 경우에는 4, 50년대 노동조합의 일환으로서의 직맹의 성격을 어떻게 규정할 것인가를 놓고 극심한 논쟁과 갈등, 대립이 일어났다. 그러나 여맹에서 그와 유사한 논쟁이 존재했다는 이야기를 들은 적이 없다. 처음부터 여맹은 마르크스주의적 강령과 지도자의 교시만을 가지고 활동했을 뿐 마르크스주의가 가진 한계에 대해 거의 인식하지 못한 듯이 보인다. 그러나 북한 사회와 여성이 정말 발전하고자 한다면 그 사회 안에 자율적인 흐름이 존재해야 하며, 여성해방이 사회적 조건에 따라 어떤 과제를 가져야 하는지, 그들의 희구하는 극복된 사회주의 사회, 즉 공산주의 사회에서는 여성의 조건이 어떠해야 하는지에 대한 분명한 대안이 제시되어야 할 것이다.

현실자본주의가 여성해방의 대안이 될 수 없기 때문에 사회주의는 여전히 유토피아적 전망을 간직하고 있다. 한편 70년대의 세계적인 경제위기 상황에서도 여성의 사회참여와 복지 정책을 견지하였던 것 역시 수수께끼의 사회주의 북한이었다(홀리데이, 1990). 이러한 북한에 대해서 우리는 역사적으로 인식할 수밖에 없고 북한 여성의 문제 역시 단계론적 인식과 북한 사회와의 인식을 결합시켜 설명하고 분석할 수밖에 없다. 이념이 인간을 변화시키기는 대단히 어렵지만, 현실의 변화에 의해 인간은 변할 수 있다. 북한 여성정책이 한때 진보적이고 진보적인 여성상을 만들어냈다고 영원히 진보적일 수 없듯이, 현재의 퇴행적인 모습 역시 변화의 관점에서 바라볼 수밖에 없다.

이제 실천적 관점에서 북한과 여성을 바라보면서 그 사회 내부에서 자율적인 힘과 주체가 형성되어야 할 때임을 감지한다. 그 힘이 사회주의 모순을 지양해 내며 의식의 형태로서 잔존하고 있는 가부장제 이데올로기의 허위성을 거두어내게 하리라고 본다. 또한 그러한 여성의 문제조차 90년대 악화된 북한의 경제 사정과 수십 년째 긴장과 대립으로 점철되어 온 남북관계의 산물임을 인식할 필요가 있다. 나아가 한반도에서 여성과 모든 주민들의 평등하고 평화로운 삶, 나은 삶의 질, '인간안보'[18]를 확보

---

18) 1995년 3월 코펜하겐 사회개발 세계정상회의에서 '인간안보' 개념이 도입된 이래로 신자유주의 · 세계화에 의해 도전받는 여성과 약자들의 인권을 옹호하고 공적 · 사적 폭력을 내몰아내기 위한 인식에서 '인권'의 새로운 개념으로 발전되고 있다.

하기 위해서는 분단과 냉전의 구조를 철폐하기 위한 전 민중적인 노력이 잠시라도 그쳐서는 안 된다. 2000년 6·15 남북공동선언이 철저하게 이행되도록 남북의 모든 여성들은 연대하여 감시하고 종국적으로는 한반도 분단을 철폐하고 평화의 시대를 열며 여성해방, 남녀평등을 실현할 가능성을 확대시켜 나가도록 노력해야겠다.

참고 문헌

『로동신문』 / 『조선녀성』 / 북한 소설 및 북한 영화

강능수 (1990), 「주체적인 우리 문학의 근본 특징에 대하여」, 『근로자』 1호.

강이수 (1998), 「통계로 본 한국 여성의 지위」, 『여성과사회』 9.

강정구 (1989), 『좌절된 사회혁명』, 열음사.

강정구·법륜 엮음 (1999), 『1999 민족의 희망 찾기』, 정토출판.

강정구·정대화 외 (1992), 『북한의 백문백답』, 사계절.

김귀옥 (1995), 「90년대 북한 교육 현장 엿보기」, 『명지대 대학신문』 5. 1.

______ (1998), 「북한사회 연구의 동향과 쟁점안」, 『통일문제연구』, 평화문제연구소.

______ 외 (1997), 『북한여성들은 어떻게 살고 있을까』, 대동.

김귀옥·정영철 (1996), 「북한 '인민' 생활세계 연구―1980, 90년대 대중매체를 중심으로」, 『'96 북한 및 통일연구논문집: 북한실태』 IV, 통일원.

김길환 (1988), 『전변』, 평양: 문예출판사.

김문필 (1980), 『처녀운전사들』, 평양: 문예출판사.

김보행 (1993), 『사랑의 로정』, 평양: 문예출판사.

김삼복 (1985), 『세대』, 평양: 문예출판사.

김선욱 외 (1992), 『북한여성의 지위에 관한 연구―여성관련 법 및 정책을 중심으로』, 한국여성개발원.

김선임 (1993), 「북한탁아제도의 현황과 성격변화에 대한 연구」, 『경제와사회』 여

름호.

______ 외 (1994), 「남북한 여성의 현단계」, 기사연 통일연구위원회 엮음, 『분단 50
      년의 구조와 현실』, 민중사.

김용한 (1990), 『청춘의 시작과 끝은 언제』, 평양: 금성청년출판사.

김윤식 (1989), 「주체사상에 기초한 사회주의적 문예 이론」, 『북한의 문학』, 을유문
      화사.

김일성 (1967), 『김일성저작선집』, 평양: 조선로동당출판사.

______ (1972), 『김일성저작선집』 4, 평양: 조선로동당출판사.

______ (1974), 『김일성저작선집』 6, 평양: 조선로동당출판사.

______ (1979), 『김일성저작집』 1, 평양: 조선로동당출판사.

______ (1987), 『사회주의의 완전승리를 위하여』, 평양: 조선로동당출판사.

______ (1988), 『김일성선집』 1, 대동.

김재용 (1994), 『북한 문학의 역사적 이해』, 문학과지성사.

김정일 (1984), 「인민생활을 더욱 높일 데 대하여」. (경남대극동문제연구소 엮음,
      『김정일저작선』, 경남대극동문제연구소, 1991.)

______ (1986), 「주체사상교양에서 제기되는 몇 가지 문제에 대하여」.

김현숙 (1998), 「북한 소설에 표현된 여성의 주체성과 지향」, 이화여자대학교 한국
      여성원구원, 『북한문화에 나타난 여성상』 제16회 학술세미나.

리경혜 (1990), 『녀성문제 해결경험』, 평양: 사회과학출판사.

리원만 (1986), 「주체적 문학예술을 더욱 발전시키기 위한 강령적 지침」, 『근로자』
      3호.

리태수 (1986), 「조국에 대한 문학예술작품은 사회주의 애국주의 교양의 힘있는 수
      단」, 『근로자』 9호.

림금숙 (1999), 「북한의 식량위기와 북한 여성의 경제활동」, 『북한의 식량위기와 여
      성』, 한국여성연구원 제7차 통일문제학술세미나, 12. 10.

박한식 편 (1991), 『북한의 실상과 전망』, 동화연구소.

방완주 (1988), 『조선개관』, 평양: 백과사전출판사.

백낙청 (1998), 『흔들리는 분단체제』, 창작과비평사.

백남룡 (1992),『벗』, 살림터. (평양: 문예출판사, 1988.)

변혜정 (1998),「북한 영화에 재현되는 '여성다움'과 그 의미에 대한 연구」, 이화여
　　　자대학교 한국여성연구원,『북한문화에 나타난 여성상』제16회 학술세미나.

사회과학원 (1975),「'녀성들을 혁명화, 로동계급화할 데 대하여'에 대하여」, 평양:
　　　사회과학출판사.

손전후 (1983),『우리나라 토지개혁사』, 평양: 과학백과사전출판사.

안동일 (1990),『갈라진 45년 가서 본 반쪽』, 돌베개.

앤서니 기든스 (1996),『현대 사회의 성·사랑·에로티시즘』, 배은경·황정미 옮김,
　　　새물결.

엄단웅 (1980),『령마루』, 평양: 문예출판사.

엥겔스 (1985),『가족의 기원』, 김대웅 옮김, 아침.

여성을위한모임 (1992),『일곱 가지 여성 콤플렉스』, 현암사.

윤덕희 (1996),「북한의 여성」, 숭실대통일정책대학원 엮음,『북한의 이해』, 집문당.

윤미량 (1991),『북한의 여성정책』, 한울.

이승희 (1992),「사회주의, 페미니즘, 한국의 여성 해방」,『경제와사회』여름호.

＿＿＿ (1994),『여성운동과 정치이론』, 녹두.

＿＿＿ (1998),「북한여성문화의 형성과 성격」, 이화여자대학교 한국여성연구원,
　　　『북한문화에 나타난 여성상』제16회 학술세미나.

이태영 (1988),『북한여성』, 실천문학사.

이희선 (1996),「북한 여성엘리트의 정치참여에 관한 연구」, 전남대 석사학위논문.

장하진 (1996),「남북한 가족과 여성의 지위 비교」,『분단 반세기 남북한의 사회와
　　　문화』, 경남대학극동문제연구소.

전상인 (1993),『북한 가족정책의 변화』, 서울: 민족통일연구원.

정명순 (1991),「아세아의 평화와 여성의 역할에 관한 제2차 기조보고」.

정현백 (1999),「서구 여성운동의 어제와 오늘」, 한국여성연구소 엮음,『새 여성학
　　　강의』, 동녘.

조선중앙통신사 (1970),『조선중앙년감』, 평양: 조선중앙통신사.

조주현 (1996),「여성 정체성의 정치학: 80~90년대 한국의 여성운동을 중심으로」,

한국여성학회 엮음, 『한국여성학』 제12권 1호.

진희관 (1991), 「북한근로단체에 대한 연구」, 동국대학교 정치외교학과석사논문.

최익규 (1990), 「들끓는 현실 속에 들어가 창작예술활동을 힘있게 벌리는 것은 작가, 예술인들 앞에 나서는 중요과업」, 『근로자』 5호.

통일문제연구소 엮음 (1989), 『북한경제자료집』, 민족통일.

통일원 (1986), 『북한의 여성생활』, 통일연수원.

평화를만드는여성회 (1999), 『여성의 통일의식과 태도조사 및 통일의식 함양방안 연구: 평화통일과 여성의 과제』, 대통령직속 여성특별위원회 연구용역.

하정희 (1990), 『백양나무』, 힘출판사. (평양: 문예출판사, 1972)

한국여성연구소 (1999), 『새 여성학강의』, 동녘.

홀리데이, 존 (1990), 「북한의 수수께끼」, 안드레아스 크라체크 외, 『서구마르크스주의자들이 본 북한사회』, 중원문화.

和田春樹 (1993), 「유격대국가 북한의 성립과 전개」, 『극동문제』 12월호, 경남대극동문제연구소.

Dolling, I. (1991), "Between Hope and Helplessness: Women in the GDR after the 'Turning Point'." *Feminist Review* No. 39, Winter. (이승희, 「사회주의, 페미니즘, 한국의 여성해방」, 『경제와사회』 1992, 여름호.)

Einhorn, B. (1991), "Where Have All the Women Gone?: Women and the Women's Movement in Central Europe." *Feminist Review* No. 39, Winter. (이승희, 「사회주의, 페미니즘, 한국의 여성해방」, 『경제와사회』 1992, 여름호.)

Kusinnen, O. W. (1959), *Foreign Languages Publishing House.* (한국정치연구회사상분과 편저, 『현대민주주의론』 I, 창작과비평사, 1992.)

남북정상회담과 6·15공동선언의 의미와 과제

윤덕희 | 명지대 북한학과 교수

분단 이후 처음으로 이루어진 남북정상회담과 6·15 남북공동선언은 다양한 평가에도 불구하고 8·15 이산가족상봉과 남북장관급회담이라는 가시적인 성과를 가져옴으로써, 남북관계에 새로운 전기를 마련하고 있다. 또한 남북정상회담은 북한에 대한 우리의 인식에 엄청난 충격을 주는 결과를 가져왔다. 이 글은 남북정상회담과 6·15공동선언의 의미를 살펴보고 이의 실천 가능성을 위해 검토해야 할 몇 가지 문제점을 제기하고자 한다.

1. 남북정상회담의 의의와 성과

이번 남북정상회담과 6·15 남북공동선언의 의의는 무엇보다도 우리가 동족상잔의 전쟁공포로부터 해방되었고, 남북한의 적대적 관계가 실질적으로 끝나고 화해협력과 공존의 시대가 열렸으며, 평화통일의 기반을 놓았다는 것이다. 그 의미를 구체적으로 살펴보면 다음과 같다.

첫째, 분단 반세기 만에 남북의 최고지도자가 처음으로 상면했다는 역사적 의미는 아무리 강조해도 지나침이 없을 것이다. 한국전쟁중에 남북의 최고지도자가 각각 평양과 서울을 점령자로서 방문한 것을 제외하고 최고지도자가 상대방의 수도를 방문한 것은 이번이 처음이다. 이것은 그동안 갈등과 대립관계에 있었던 남북이 협상을 통해 공존의 길을 모색한다는 것을 의미한다.

둘째, 남북정상회담은 남북이 각각 상대방의 정치적 실체와 대화상대자로서의 위상을 인정한 것이다. 김대중 대통령은 김정일 국방위원장의 국정운영 능력과 합리성을 지적하고 협상 상대자로 인정하였으며, 김정일 국방위원장은 국가원수의 영접시 제공하는 의전절차로 김대중 대통령을 맞이함으로써 남한을 정치적으로 인정하였다.

셋째, 남북정상회담이 남북의 직접접촉에 의해 성사되었다는 것도 중요한 의미를 지닌다. 북한 핵문제 이후 한반도 문제의 국제화가 진행됨에 따라 한반도 문제에 대한 국제사회의 영향력이 증대하고 있는 상황에서, 남북이 다각적으로 얽힌 문제들을 자주적으로 해결하겠다고 나선 점은 의의가 크다. 20세기 100년에 걸쳐 외세의 직·간접적 영향권에서 한 번도 벗어나지 못했던 한민족이 스스로 운명의 주인이 될 수도 있다는 것을 내외에 과시했다는 점에서, 이번 정상회담은 한반도 문제의 '한민족화'라는 새로운 전기를 만들어주었다. 남북정상회담은 한반도 문제의 당사자 원칙을 재확인하고 남북이 한반도 문제의 해결을 위해 적극적으로 주도권을 행사할 수 있는 계기가 되었다.

넷째, 남북정상회담은 최초의 남북정상회담이라는 상징성과 더불어 5개항에 대해서 남북한의 공동선언을 발표하는 실질적인 성과 또한 도출

하였다. 공동선언문은 무엇보다도 상호간의 양보와 타협의 산물이라고
볼 수 있는데, 남북 정상이 55년 만에 처음 만나 첫 회담에서 타협에 성공
했다는 것은 공동선언의 구체적 실천과 앞으로의 협상에도 긍정적인 영
향을 미칠 것이다.

2. 남북공동선언의 이행 실천 가능성

공동선언문에서 남북 정상은 한반도 문제의 자주적 해결, 통일을 지향하
는 노력, 이산가족의 상봉 및 남북경협 등에 양측이 노력할 것을 약속하
였다. 과거의 남북대화가 상호 대결과 불신의 악순환을 반복해 왔던 것을
상기할 때, 이번 정상회담에서 합의된 내용이 앞으로 차질 없이 이행되고
실천될 것인가에 대한 의구심이 남아 있다. 특히 1992년 남북기본합의서
가 실효성을 발휘하기 못하고 국민들에게 실망을 안겨준 것을 생각할 때
이러한 의구심은 당연한 것일 수 있다. 그러나 이번 남북정상회담이 과거
의 불행한 악순환의 고리를 끊는 계기가 될 가능성이 높은 것으로 보는
근거가 있다.

　우선, 이번 정상회담은 과거 어느 때보다도 오랜 기간 상호간의 탐색과
신뢰구축 과정을 거치면서 이루어진 탄탄한 합의이다. 그리고 이러한 탐
색과정을 주도적으로 이끌었던 것은 한국 정부의 대북 포용정책이었다.
남한이 1998년 이후 취한 일련의 일방적인 선제조치로, 남북 모두 시행착
오를 경험하고 학습효과를 얻음으로써 상호 불신과 편견을 실질적으로
감소시키고 신뢰를 구축하는 과정을 거쳤다고 할 수 있다. 이것이 남북대
화 국면과 남북정상회담의 성사를 유도해 낸 것이다. 남한과 북한은 이제
상대방에 대한 신뢰형성을 바탕으로 남북관계를 대결과 반목에서 공존과

협력의 국면으로 전환시키고자 하는 최소한의 의지를 갖게 된 것으로 보인다.

또한 북한 자체의 이익이라는 면에서도 북한이 진지하게 남북관계 개선에 관심을 가질 이유가 있다는 점이 남북공동선언의 실천 가능성을 높이고 있다. 이번 정상회담이 성사될 수 있었던 요인으로는 다음 몇 가지를 들 수 있다. 즉 남한 정부의 일관된 대북 포용정책에 대한 북한의 신뢰 형성, 포스트 김일성 시대에 걸맞은 김정일의 위상 제고 및 새로운 노선 정립의 필요성, 남북관계 개선과 북미관계 개선의 상호 보완적 성격에 관한 북한 지도부의 경험적 인식, 북미관계 중심의 한반도 문제 전개방향에 대한 중국 및 러시아의 우려, 북한 경제 재건을 위한 남북경협의 불가피성 등이 그것이다. 이러한 요인들은 상당 기간 북한의 정책결정에 작용할 것이다.

사실 북한은 남한 및 미국, 일본과의 관계개선과 개혁·개방 시도에서 실패를 거듭하면서 시간이 지남에 따라 점차로 유연한 자세를 갖게 되었다. 그것은 남북한의 국제적 지위 및 국력의 격차가 점점 벌어지면서 북측의 자세가 갈수록 방어적이고 현실주의적으로 변화했기 때문이다. 북한은 남한 당국을 실체로 인정하면서 평화공존 관계를 모색해야 했다. 또 이를 위해서는 군사·통일 문제에 대한 근본주의적 자세를 수정하면서 한반도에 이미 존재해 있는 현실을 점차로 인정하고 그에 적응하는 자세를 취할 수밖에 없었다.

마지막으로, 실효성을 상실한 남북기본합의서와의 차별성을 지적할 수 있다. 남북기본합의서의 경우, 동유럽 사회주의권의 대변혁에 따른 체제 생존의 보장 및 확보라는 현실적 목적을 위해 북한이 합의해 온 측면이 강하다는 점에서 남북관계 개선을 위한 실천적 수단으로서의 기능은 한계를 가질 수밖에 없었다. 게다가 남북기본합의서는 모든 분야의 남북관계를 세부적이며 확정적으로 기술하고 있다는 점에서, 환경의 변화에 따른 변용 및 적응 영역이 제한적이었다.

이에 비해 이번의 남북공동선언은 내용 자체가 정상회담에 임하는 남북의 목적을 포함하고 있으며, 내용의 구체화 과정에서 남북이 모두 충분히 유연성을 발휘할 수 있는 여지를 남기고 있다. 이런 점에서 남북공동선언은 향후 남북관계의 발전방향을 가늠할 수 있는 잣대로서의 기능을 할 것으로 보인다.

3. '통일방안' 합의의 의미

김대중 대통령은 집권 후 통일은 '먼 훗날의 일'이라면서 통일방안의 확정을 미루어왔고, 한반도 냉전구도 해체와 평화정착에 관심을 집중해 왔다. 그리고 햇볕정책과 관련하여 '흡수통일 배제'를 강조하였다. 남북정상회담에서 갑작스럽게 이루어진 통일방안 합의에 대해서는 다음과 같은 몇 가지 사항을 지적할 수 있다.

첫째, 남북공동선언의 제2항은 남북 교류협력의 본격화로 더욱 높아질 흡수통일에 대한 우려를 불식시키려는 북한의 요구로 이루어졌을 것이라는 추측을 가능하게 한다. 현재 북한 통일방안의 내용은 1991년 김일성이 신년사에서 표명했듯이 '제도통일'은 후대로 미루고 잠정적으로 '1국가 2체제' 단계를 상정하는 '느슨한 연방제'라고 할 수 있다. 김대중정부가 들어선 이후에도 북한은 남한의 대북 포용정책을 흡수통일을 겨냥하는 것으로 비난하였고, 반면에 남한은 북한의 연방제통일안을 적화통일안으로 의심해 왔다.

둘째, 통일방안 합의는 북한의 '적화통일 포기'도 의미하는 것이다. 보도가 사실이라면 이러한 맥락에서 김정일 위원장이 김 대통령과의 정상회담에서 대남 적화통일을 의미하는 "온 사회의 주체사상화와 공산주의 사회 건설"을 명시한 북한 노동당규약을 바꿀 수 있다는 뜻을 밝힌 것으로 볼 수 있다. 북한은 노동당규약의 수정 여부와는 관계없이 현실적으로 불가능한 적화통일의 포기를 남한에게 약속함으로써 현실성이 더욱 높은 남한의 흡수통일 가능성을 제거하게 된 것이다. 김정일 위원장은 '북한붕괴론'의 공포에서 벗어나 경제회생에 전력할 수 있는 기회를 갖게 되었다고 볼 수 있으며, 또 그 대가로 김 대통령은 한반도 냉전구도 해체라는 필생의 구상을 실현할 기회를 맞게 되었다.

셋째, 두 정상의 통일방안 합의는 체제공존과 한반도 냉전구도의 해체를 의미한다. 이런 의미에서 합의가 계속 존중된다면 이번 남북정상회담을 얄타체제를 종식시킨 미국과 소련의 몰타회담에 비유할 수 있을 것이다.

넷째, 개인적으로는 통일방안의 구체화를 위한 남북한의 실무작업이 시급하다고 보지 않는다. 구체화 작업에서 불거질 주한미군 철수문제나 통일정부의 형태 및 권한 운영방식 등 여러 가지 문제에서 입장차이가 나타날 것이고, 이것은 미국과의 관계 그리고 각 체제의 존속과도 직결되는 문제로서 상호신뢰와 화해협력, 공존의 과정을 꾸준히 이끌어나가면서 신중히 풀어나가야 할 것으로 생각한다. 또한 우리의 통일이 궁극적으로 자유민주주의와 시장경제를 기반으로 한다는 원칙을 고수하는 한, 북한과의 구체적인 통일논의는 시기상조일 것이다.

다섯째, 기대하지도 않았던 통일방안에 대한 합의는 우리 사회에서 통일에 대한 기대와 열풍을 불러일으키고 있다. 또 우리 사회 다른 일각에

서는 공산체제와의 공존 불가능성, 국체 등을 내세우며 이념논쟁에 불을
지피고 있다. 그러나 통일방안의 합의는 남북관계의 커다란 틀에 대한 정
상간의 의사소통과 진의파악으로 보는 것이 타당하다. 자칫 내부적으로
통일방안을 놓고 소모적인 이념논쟁에 빠지는 것은 바람직하지 않다.

4. 북한 체제의 개혁·개방 문제

북한의 개혁·개방은 향후 남북관계를 결정하는 중요한 요인 중의 하나
다. 그런데 남한 정부와 다수의 국민들은 남북관계의 진전과 더불어 특히
남북경협의 확대로 인해 북한 체제가 변화하리라는 기대를 품고 있는 듯
하다.

　동유럽에서 보았듯이 경제위기는 사회주의 체제 변화의 중요한 요소로
작용하였다. 일부 국가(중부유럽)에서는 공산권력의 주도로 경제개혁이
추진되었으나 경제개혁의 성과를 거두기도 전에 개혁은 아래로부터의 더
많은 개혁과 자유화 요구를 불러일으켰고 이미 그 정통성이 약화된 공산
권력은 정권을 내주어야 했다. 루마니아 같은 경우는 모든 개혁을 거부하
는 스탈린식 통치가 국민들의 불만을 통제하고 있었지만, 결국 이웃국가
들에서의 변혁이 사회주의 정권의 몰락을 초래하였다.

　반면에 중국이나 베트남의 경우, 위로부터의 경제 개혁·개방으로 공
산권력의 정통성이 유지되고 사회주의 체제가 존속하고 있다. 경제위기
를 타개하기 위해서 개혁·개방의 필요성을 절실히 느끼고 있는 북한 정
권은 다른 사회주의 체제의 개혁·개방의 사례와 그 결과에서 자신들 체
제의 변화에 대한 교훈을 얻고 있을 것이다.

　우선, 사회주의 체제의 개혁·개방은 공산권력이 응집되어 군과 사회

에 대한 철저한 통제가 이루어질 때 추진될 수 있다는 것이다.

그리고 그와 같은 경우에도 경제 개혁·개방은 정치적 변화를 가져올 수밖에 없기 때문에 이를 가능한 한 최소화해야 한다는 것이다. 특히 제한된 지역 내에서의 외자 및 기술 유치와 대외무역 확대가 핵심이 되는 '개방'보다는 소유제나 가격제도와 같은 구조적 변화를 의미하는 '개혁'이 정치·사회적 파급효과가 크다는 사실을 새삼 깨달았을 것이다.

남북경협은 북한으로서는 다른 여러 가지 유용성 이외에도 특히 개혁·개방의 부정적인 여파를 최소화하면서 경제회생을 추진할 수 있는 유용한 방안이 되고 있다. 다른 나라들과의 경제협력의 경우 외부정보의 유입을 통제하는 데도 한계가 있으며, 특히 이들이 투자의 조건으로 사회주의 경제체제의 보다 근본적인 개혁을 요구할 가능성도 높다. 그러나 남북경협의 경우 남북관계의 특수한 상황을 통제수단으로 적절히 활용할 경우 부정적인 여파를 최소화할 수 있다는 점에서 안전한 선택이 될 수 있다.

따라서 단기적으로 북한은 사회주의 계획경제의 근간은 훼손하지 않고 또한 체제의 정치적 안정을 해치지 않는 범위 내에서 점진적이고 제한적인 개방정책을 추진해 나갈 것이다. 즉 사회주의 계획경제를 개혁하기보다는 복원하고 재정비함으로써 경제회생에 주력할 것이다.

그러나 북한이 장기적으로 경제체제의 개혁을 고려할 가능성도 있다. 그 이유는 첫째, 북한 경제난의 구조적 원인을 고려할 때 근본적인 경제체제에 대한 상당한 정도의 개혁조치가 뒷받침되어야만 경제 활성화를 꾀할 수 있기 때문이다. 둘째, 중국과 베트남에서 보듯이 사회주의 국가들의 경제개방의 열매는 중앙명령식 계획경제의 근본적인 개혁을 수반하지 않고는 거둘 수가 없다. 셋째, 정상회담 이후 한반도의 긴장완화가 지속되고 미·일과 관계개선이 가속화될 경우 이는 북한의 변화에 우호적인 환경을 조성해 줄 것이며, 더욱이 미국과 일본은 투자의 조건으로 북한 경제체제의 개혁에 압력을 가할 것이다.

북한의 개혁·개방은 북한 지도부가 제한적인 경제개방만으로는 경제의 활성화를 기대할 수 없고 개혁 없이는 개방의 성과가 경제발전으로 연결될 수 없음을 인식할 때 비로소 이루어질 것이며, 그 수준과 범위는 권력엘리트의 응집을 해치지 않고 아래로부터의 정치적 개혁요구를 조정할 수 있는 정도에 의해 결정될 것이다. 물론 외부적 환경의 변화에 따라 개혁이 정치사회에 미치는 파급효과 역시 달라질 수 있다.

어쨌든 우리는 북한의 개혁·개방이 북한 체제의 존립과 직결된 문제라는 것을 인식하고, 인내심을 가지고 남북 교류협력에 임해야 할 것이다. 정상회담 이후, 북한의 조선중앙방송이 지난해 신년사에서 김정일 국방위원장이 한 "개혁·개방은 망국의 길이다"라는 발언을 다시 보도하고 있는 것과 정상회담 기간에 남한 언론에 방영되었던 김 위원장의 자유분방한 모습과 육성이 단 한차례도 북한 주민들에게 전달되지 않았다는 사실은 북한이 얼마만큼 체제단속에 주력하고 있는지를 보여주는 단면이다.

5. 남한의 내부적 과제

벌써부터 남한 내부에서는 남북정상회담의 성과에 대한 평가와 향후 남북관계를 둘러싸고 이념적 논쟁과 대립현상이 나타나고 있다. 보수층 일각에서는 '이데올로기 혼란' '안보 혼란' 등을 우려하는 목소리를 높이고 있다. 더욱이 남북한의 화해와 협력이 본격화되면 이러한 이념적 차이는 더욱 두드러지게 될 것이다. 또한 우리 사회가 정상회담을 수용하는 태도는 개인·부문·지역·집단적 이해에 따라 상당히 차별적으로 나타나고 있다. 따라서 정부는 사회 내의 다양한 시각의 공존과 갈등을 조정함으로써 대북정책에서 국민적 공감대를 이끌어내는 노력을 해야 한다.

한편 정상회담 기간 동안 아무런 여과 없이 전달된 북한 지도자 김정일의 모습은 우리를 혼란에 빠뜨리게 했다. 뿐만 아니라 우리 국민들은 남북관계와 북한에 대한 인식에 심각한 혼란을 겪고 있다. 이는 무엇보다도 분단 반세기 동안 국가가 북한관련 정보를 독점하고 반공교육과 신문·방송 등 언론의 냉전 반공의식 고취, 국가보안법 등 냉전법률의 억압 등으로 북한과 김정일 국방위원장에 대한 부정적인 인식과 고정관념을 주입해 온 데 그 원인이 있는 것 아닌가 하는 점을 반성해 볼 필요가 있다. 아직까지도 우리 사회에 냉전문화가 강력하게 작동하고 있어서 북한과 북한의 지도자를 객관적으로 이해할 수 없었기 때문은 아니었나 짚어보아야 할 것이다.

따라서 이제는 정부와 언론, 학계가 북한에 대한 인식을 재정비해야 한다. 과거의 체제 우월성에 기초한 안보통일 교육에서 벗어나 국민들의 고조된 관심을 북한과 남북관계에 대한 객관적 이해로 발전시킬 수 있는 교육이 필요하다.

그리고 냉전의식을 탈피하고 새로운 남북 화해협력 시대에 조응하기 위해서는 우리 내부의 북한관련 개념 및 법을 정비할 필요가 있다. 기존의 '주적(主敵) 개념'과 국가보안법의 조항들 그리고 남북교류협력에 관한 법률도 국민적 토론을 거쳐 재정비해야 한다.

이제 우리는 지금까지 체제의 우월성을 내세워 정권의 정당성을 확보하고 또한 북한과의 적대적 관계를 이유로 내부개혁을 소홀히 한 것은 아닌지 되돌아보아야 한다. 정상회담에서 합의한 통일방안이 내포하고 있

는 체제공존의 정신은 상대방만의 변화를 강조하는 관점이 아니라 서로
의 차이를 인정하는 가운데 내부적인 자기변화를 통하여 냉전주의적 질
서를 극복해 나가는 것을 의미한다.

　이와 더불어, 앞으로 활발해질 남북 교류협력에서 가능한 한 사회의 다
양한 계층·부문의 일반 국민들이 고루 참여할 수 있는 기회가 주어져야
한다. 90년대 후반 이후 남북한 민간교류가 북한에 대한 경제 교류 및 지
원 중심으로 진행됨에 따라 남북교류는 경제교류, 기득권층 교류, 남성교
류 등 특정 분야를 중심으로 진행되어 왔다. 그러나 남북 교류협력이 확
대되어 나가는 데 발맞추어 여성·노동자·학생 등 사회의 다양한 계층
이 교류를 통해 서로의 동질성을 확인하고 또한 서로의 차이를 인정하고
좁혀나가면서 상호이해의 과정을 착실히 밟아나갈 수 있어야 한다. 왜냐
하면 우리가 지향하는 남북공존의 사회가 평등과 민주를 실현하는 사회
이고 통일과 통일과정은 남과 북의 보통사람들이 더불어 지내면서 이루
어내는 것이기 때문이다.

평화교육 · 평화운동

실천적 평화교육을 위한 철학적 기초

고병헌 | 성공회대학교 교양학부 교수

노근리의 해원을 넘어 베트남 학살의 참회로!
한국군의 베트남 양민학살과 역사청산

강정구 | 동국대학교 사회학과 교수

역사를 바꾼다
북아일랜드의 평화구축

마리 피츠더프/김지항 옮김

실천적 평화교육을 위한 철학적 기초

고병헌 | 성공회대학교 교양학부 교수

평화연구, 평화운동, 평화봉사의 발전과 나란히 금세기(20세기)에 와서 평화교육에 대한 관심이 형성되었다. …(평화교육에서는) 두 개의 개념들이 특히 비중을 갖는다. 하나는 평화를 모든 교육의 지평으로서 고찰한다. 다른 하나는 거기에서 다른 것들 가운데 하나의 주제를 본다. 그것은 평화교육을 전문적 교육으로서 이해한다. 전자는 거기서 인식적이고 정서적이며 행동 지향적인 요소들을 지닌 교육과정을 보는데, 그것은 다양한 교과과정들 가운데 그 위치를 점하거나 프로젝트 교육형식을 통해서 다양한 교과목들을 묶는다. 이러한 두번째의 개념에서 비판적 계몽과 정보, 평화위협과 평화책임에 대한 경험 그리고 평화증진을 위한 행동의 능력의 배양 등이 가장 중요한 교육목표들로서 간주된다. ―『평화윤리』, 17쪽

1. 증명되지 않은 교육신화 깨기

역사적으로 인간의 태도와 품성을 변화시켜서 바람직한 행동을 유도해

보고자 했던 교육실천치고 동서고금을 막론하고 정말로 효과가 있었던 경우를 별로 찾아볼 수가 없었다. 직접 '행동'에 어떤 작용을 가하여 '의도한 행동변화'를 유도해 보겠다던 '행동주의 교육관'[1]은 그 '비인간적'인 속성으로 인해 이미 많은 비판을 받았다. 그러면 무엇이 문제인가?

인간의 가치·태도·품성의 변화 그리고 그를 통한 행동의 변화를 지향하는 기존의 교육실천들, 특히 도덕교육이나 윤리교육은 실제생활에서 '사실로 증명될 가능성이 매우 희박한 가정'에 근거하고 있는데, 그것은 '알면 행할 것이다'라는 것이다. 물론 지식이 일정 정도 축적되면, 그것이 그 사람의 행동에 어느 정도 영향을 줄 것이다. 그러나 근본적인 행동변화를 이끌어내지는 못하는 데 문제가 있는 것이다. 이는 유네스코 교육연구소(UNESCO Institute for Education)가 몇몇 회원국의 초·중등학교 학생들을 대상으로 실시한 최근 연구에서도 밝혀졌는데, 그 연구에 따르면 학생들이 어떤 사회문제에 관한 지식을 습득하는 것과 그 사회문제에 대해 실제로 어떤 태도를 갖는 것 사이에는 이렇다 할 분명한 상관관계가 없다는 것이다.

실제로 사람들은 자기가 무엇을 원하는지도 알고 그 원하는 것(목표)을 어떻게 이룰 수 있는지도 알고 있지만, 여전히 그 목표달성을 위한 구체적인 실천을 하고 있지 않은 경우가 많다. 즉 '무엇을 해야 한다는 것을 아는 것'이 그 목표달성을 위한 구체적인 '실천'과 전혀 연결되지 않은 경우를 개인적으로도, 사회적으로도 늘 목격하고 있는 것이며, 바로 여기에 '평화'와 같은 추상적인 가치를 실현하기 위한 교육이 직면하게 되는 어려움이 있는 것이다.

---

1) 인간의 성격·지능·지식은 모두 행동을 통해 나타나기 때문에, 행동기준을 만들어 상벌 등의 방법으로 의도적으로 훈련시키면 인간행동을 변화시킬 수 있다고 보는 견해이다. 흔히 왓슨과 스키너로 대표된다.

사실 ‘규칙적으로 운동하기’나 ‘금연’처럼, 실천이 곧 개인의 득(得)이 되는 경우에도 실천이 쉽지 않은 판에, 나와 직접적인 관계도 없는 일들, 예를 들어 코소보 난민이나 동티모르 난민을 위해서 돈과 시간을 들인다는 것이 어찌 쉽겠는가! 전쟁이 개인적으로나 사회적으로 나아가 인류 전체에 얼마나 엄청난 해악을 끼쳐왔는가를 너무나도 잘 ‘알면서’, 지금 이 순간에도 전쟁은 계속되고 있다. 그것이 분명 군인뿐만 아니라 어린이와 부녀자들까지도 죽일 것이라는 것을 ‘알면서’도 많은 나라들이 할 수만 있다면 더욱 가공할 무기들을 가급적 많이 만들어 수출하려고 안간힘을 쓰고 있다. 그것이 돌이킬 수 없을 정도로 환경을 훼손할 것이라는 것을 잘 ‘알면서’도 생활하수나 쓰레기, 공장폐수를 함부로 방류하고 또 산을 깎아 골프장을 만든다. 오존경보가 자주 내려지는 것을 ‘알면서’도 여전히 ‘나홀로 차’는 줄어들지 않고, 빈발하는 이상기온이 지구 곳곳에 엄청난 재해를 낳고 있는 것을 ‘알면서’도 환경보존은 여전히 개발논리에 밀리고 있다. 또 우리 민족이 바로 그런 식으로 당해 왔다는 것을 잘 ‘알면서’도, 우리는 외국인 노동자를 차별하고 학대한다.

이러한 상황에서 이미 실패가 증명된 학교의 도덕교육·윤리교육의 방식을 평화교육마저도 답습한다면, 도덕교육·윤리교육이 다 사람 만들자는 것인데도 우리 사회는 날로 살벌해지고 있듯이, 평화교육도 사회변혁과는 무관하게 겉으로는 사회적 관심을 받지만 이내 곧 사라지거나 아니면 ‘박제된 앎’이 차곡차곡 쌓여 있는 우리 머릿속 ‘지식박물관’의 한구석을 차고 들어앉아 버리게 될 것이다. 따라서 살맛나고 평화로운 사회 건설을 꿈꾸는 교육은 무엇보다도 매우 영향력 있는 그러나 개인적으로도 사회적으로도 결코 증명되지 않은, ‘가르쳐준 대로 행동할 것’이라는 교육 신화에서 깨어날 때 비로소 목적지에 도달할 수 있는 올바른 길을 찾을 수 있을 것이다.

그러면 '가르쳐준 대로 행동하는 것'이 아니라면, 어떻게 해야 하는가? 무엇보다도 자신과 전혀 관계가 없어 보이는 것이 사실은 자신의 이해와도 근본적으로 연결되어 있음을 스스로 깨달을 수 있는 능력을 길러주어야 한다. 타자(Otherness)[2]의 입장에 대해 공감할 수 있고 사랑할 수 있는 마음과 태도를 길러주고, 그들과 함께 실천할 수 있는 힘을 갖게 해주는 것, 이것이야말로 반평화적 문제에 대한 지식과 정보의 습득보다 선행되어야 할 것이다. 그리고 미래에 대한 '꿈'을 함께 나누는 것이 이 모든 것의 전제조건이다.

2. 미래에 대한 꿈이 교육에 선행한다

학생들은 가능하고 바람직한 대안적인 미래를 연구해야 한다. 학생들은 어떠한 대안이 더 정의로우면서도 덜 폭력적인 세계를 만들어낼 가능성이 가장 높으며, 새로운 세계를 위해서 어떠한 변화가 일어나야 하는지를 이해해야 한다.[3]

그러면 이론적이고 관념적이지 않은 평화교육은 어떻게 가능할 수 있을까? 앞에서 언급한대로 특별 수업시간이나 기존 교과목을 통해서 미리 정해진 내용(지식)을 가르치는 것은, 그 내용이 아무리 평화와 관련된 것일지라도 그와 같은 방식은 "학생들에게 재개념화하고 창의력을 발휘하게 하기보다는 동화와 수용을 요구"(고병헌 옮김, 1993, 292쪽)한다는 점에서 학생들의 자발적이고 능동적인 참여와 실천을 유도할 수 없다. 자신과는

---

2) 여기서 타자(他者)란 넓게는 '나' 이외의 모든 존재(Otherness)를 포함하지만, 구체적으로는 여성이나 빈민, 이주노동자, 장애인 등 사회적 약자(弱者)를 의미한다.

3) 학교에서 '미래'를 교육해야 하는 이유에 관한 좀더 자세한 논의는 고병헌 옮김(1993, 291~310쪽 리차드 슬래터의 "미래" 부분) 참조.

직접적인 관련이 없어 보이는, 사회적 차원에서의 평화문제에 대해 학생들이 뭔가 자발적인 참여와 지속적인 실천을 할 수 있기 위해서는 자신이 포함된 사회의 공동 목표와 목적이 무엇인지 인식하고 그 성취를 위해서 함께 일하려고 하는 의지가 전제되어야 하는데, 이러한 의지는 '미래에 대한 생동하는 전망'이 있어야 한다고 리차드 슬래터는 말한다.

"인간 중심의 미래에 대해 신중하게 연구할 때, 학생들은 자신의 능력에 대해서 좀더 자신감을 갖게 된다. 자신감과 통찰력을 키움으로써 학생들은 원래 하나인 동시에 서로 연관되어 있는 세계 속에다가 인위적으로 만들어놓은 다양한 분열들을 거부할 수 있게 된다." 그리고 어떠한 분열도 거부할 수 있게 될 때, 첫째로 갈등의 다양한 원인들을 제거할 수 있게 된다. 우리가 '한배'에 타고 있다는 사실을 깨닫게 된다면, 심각하게만 보였던 갈등의 원인들이 하찮게 보일 것이다. 둘째로, 우리 각자는 '이기심'이라고 하는 좁은 울타리를 벗어나서 세계 각지의 에너지와 식량이 유통되고 관계가 다양해지며, 따라서 사물에 대한 의미도 변화하게 되는 그런 넓은 관계 속, 세계 속에 존재하는 우리를 깨닫게 된다.

요약하면 미래연구는 앞날을 내다보며 하는 다양한 종류의 활동들에 대한 토대를 제공하며, 평화교육의 한 중요한 요소를 이룬다. 미래연구는 지역적 범위에서 세계적 범위에 이르는 모든 차원에서의 사회적·문화적·경제적 기술적 과정들을 개관한다. 미래연구는 중요한 문제들을 찾아내서 그 문제들에 대한 광범위한 표본적인 해결책들을 강구해 나간다. 미래연구는 제대로만 이해된다면, 현상적으로 나타나는 기술적 변화의 이면으로 파고 들어가서 세계관의 기본적인 문제들(특정한 이해관계에의 집착이나 삶의 방식들을 포함하여)을 정밀조사한다. 상징적 차원에서는, 미래연구는 사회질서에서의 변화에 대한 전조로서의 다양한 시각·견해·전망 들을 제공한다. 그러므로 미래연구는 우리가 피하고자 하는 종류의 세계와 이루고자 하는 유형의 세계에 대한 전망과 구상을 할 수 있도록 해준다. 마지막으로 미래연구는 비판적인 개념과 기술에 접하게 해줌으로써 학생들과 교사가 함께 변화에 대한 근거 있고 건설적인 태도를 지닐 수 있도록 만들어준다. 이것들이 미래연구를 성공적으로 수행했을 때 얻을 수 있는 결과들이다. 이러한 점들을 염두에 두면서 우리는 근본적인 사회의 흐름에 대해 전체적으로 이해하고, 평화교육의 맥락 위에서 미래연구를 위한 확고한 기초를 세워야 한다. (같은 책, 292쪽, 303~304쪽)

지금 우리 학교는, 교사는 그리고 부모는 우리 아이들에게 어떠한 '바람직한 미래'를 삶을 통해 '보여주고' 있는가? 아니면 그저 정보화니 세계화니 하는 거대담론에 휩쓸려 별 생각 없이 '예측 가능한 미래'에 대해서만 말하고 있는 것인가? 만약 우리가 진정 평화롭고 지속할 만한 가치가 있는 미래를 원한다면, 그러한 미래를 지금부터 우리 모두가 함께 꿈꾸고 만들어가야 할 것이다.

그러면 어떻게 '미래에 대한 생동하는 전망'이 일상생활에서의 우리의 구체적인 실천으로 연결되도록 만들 수 있는가? 〈그림〉은 '미래에 대한 전망'과 '현실에 대한 비판적 · 변혁적 참여'의 관계를 시각적으로 정리한 것이다.

〈그림〉의 특징은 계획을 짤 때 흔히 하는 것처럼 '현재에서 시작해서 미래로' 나아가는 방식과는 정반대로, 개인이 꿈꾸는 미래, 인류가 나아가야 할 미래를 먼저 그려보고 그 '꿈'을 실현하기 위해서 지금 '내'가 그리고 우리 '사회'가 '무엇을 해야 하는가'를 찾아내는, '미래에서 현재로'[4] 단

---

4) 현재와 미래에 대한 이러한 접근 방식은 원래 리차드 슬래터가 그의 글에서 주장한 것이며, 〈그림〉은 미래연구에 대한 그의 접근방식을 적용하여 '미래에 대한 공동의 꿈'과 '개인의 실천'의 관계를 도식적으로 설명한 것이다.

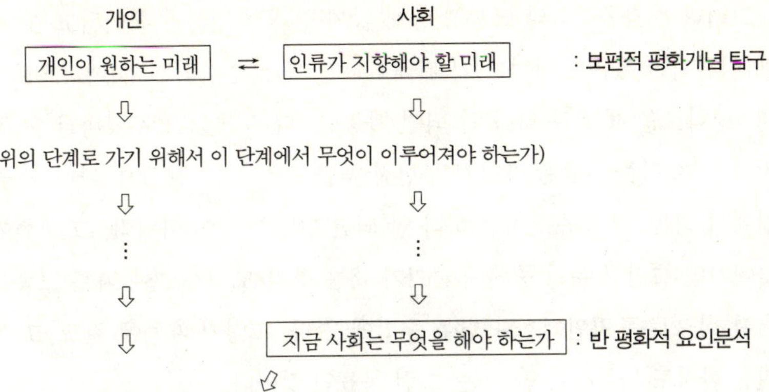

〈그림〉 우리의 미래, 나의 실천

계적으로 내려오는 방식이다. 언뜻 보아 별 차이가 없어 보이지만 양자간에는 다음과 같은 차이가 있다.

전자의 방식은 미래의 '내용'도, 그 미래에 이르는 길의 선택도 온전히 그 미래를 설계한 사람(실천가)에게 달려 있다. 그러나 후자의 경우에는 '나의 꿈'은 처음부터 '우리의 꿈' 속에 녹아 있기 때문에 지향하는 미래가 이미 공동체적이고 '내가 지금 무엇을 해야 하는가'는 실천가의 주관적 판단에 의해서가 아니라 현실에 대한 올바른 인식과 비판적 사고를 통해 '해야 할 일'을 정확히 인식하고 성실히 수행하는 것, 다시 말해 개인이 역사적으로 주어지는 과업을 성실히 수행하는 과정에서 알게 된다는 점이 전자와 근본적인 차이를 이룬다.

흔히 미래에 대한 계획을 짤 때면, 현재 여건이나 능력, 관심, 이해관계 정도 등등을 고려해서 무엇을 할 것인지를 '선택'한다. 또한 애초 계획대로 잘되지 않으면, 목표달성의 시기를 늦추거나, 다양한 '선택 가능한 미래상' 중에서 좀더 실현 가능하다고 '판단되는' 것으로 대치하게 된다.

그러나 신자유주의의 파상적 공세 앞에 절대적 빈곤이 확산되고 삶 자체(인간적인 삶은 고사하고)가 위태로워진 지금, 인류의 오랜 이상으로서의 '평화로운 세상'은 하다 안 되면 가능한 '다른 세상'으로 맞바꿀 수 있거나 그 실현을 가능할 때까지 무한정 늦출 수 있는 그런 것이 아니다. 공장에서 하는 '생산목표'처럼 하다 안 되면 그만인 것이 아니라, 그 실현이 늦어지면 그만큼 우리 중에 누군가가 혹은 우리 모두가 그에 따른 고통을 어떤 식으로든 필연적으로 받을 수밖에 없다. 그렇기 때문에 결코 그 실현을 한시도 늦춰서는 안 되는, 그런 목표인 것이다.

그래서 '평화로운 세상 건설'을 '목표'로 하였을 경우에는, 우리가 그래왔던 것처럼 현재의 재정상태를 따져본다거나 인맥·학연·지연 등을 고려한다거나 할 필요가 없으며, 오히려 '평화로운 세상을 꿈꿀 수 있는 능력'과 그 '꿈을 이루어보겠다는 의지와 성실한 실천' 그리고 그 실현과정에서 함께해야 할 '이웃, 같은 공동체 구성원들에 대한 신뢰'가 중요해진다. 따라서 목표달성을 위해서는 전자에서는 일사불란한 지도력이 중요하지만, 후자에서는 구성원 모두가 목적지를 향해 함께 걸어가는 것이 중요하다.

'미래에서 현재로'의 방식의 최대 장점은 '지금 내가 무엇을 해야 하는가'를 분명하게 말해 준다는 것이다. 이 방법은 무엇보다도 먼저 '나의 꿈'이 녹아 있는 '우리가 함께 지향해야 할 미래'를 구체적으로 그려보는 것으로 시작해서, '우리의 미래'가 실현되기 위해서 바로 그 전단계에서 반드시 이루어져야 할 혹은 만족되어야 할 일들이 무엇인가를 생각해 보는 식으로 진행된다. 이렇게 최종적 단계로서의 '미래'에서 출발하여 '현재'로 내려오면서 각 단계별로 반드시 이루어져야 할 일들이 무엇인가를 찾아내고, 그렇게 함으로써 마침내는 '현재'에 이르러 '지금 내가 무엇을 해야 하는가'를 결정하는 것이다. 이때 '지금 내가 해야 하는 일'은 '지금

할 수 있으면 좋고 안 해도 할 수 없는' 그런 것이 아니라, 그것이 만족되지 않고는 다음 단계로 넘어갈 수 없는, 그런 것이다.

〈그림〉에서는 편의상 개인과 사회를 나누었지만, 앞서 지적한 대로 '사회가 지향해야 할 미래'를 생각해 보지 않은, '개인이 바라는 미래'는 이기적인 삶이 되기 십상이고 개인의 욕구가 반영되지 않은 미래는 전체주의적일 수 있다. 따라서 '건강한 미래'는 처음부터 개인적 가치와 사회적 가치가 하나로 조화롭게 녹아 있는 미래이어야 하는 것이다. 또한 현재 단계에서 '사회가 지금 무엇을 해야 하는가'는 결국 그 사회 구성원 개개인의 참여와 실천을 통해서만 가능하다는 것을 전제로 할 때, 이것은 궁극적으로 '지금 내가 무엇을 해야 하는가'로 귀착된다고 하겠다.

이렇듯 먼 미래가 지금 현재의 구체적인 '실천과제'로 다가오고 미래와 현재가 유의미하게 연결되는 것을 매개로 나와 별 관계가 없었던 사회문제가 '나'의 문제로 느껴질 때, 비로소 우리는 인권과 평화와 같은 추상적인 가치를 위한 구체적인 실천을 할 준비가 되었다고 하겠다.

3. 평화교육은 평화를 통해서만 가능하다

앞에서 지적한 대로 평화교육은 한편으로는 마음만 먹으면 언제든지 쉽게 할 수 있을 것 같기도 하지만, 막상 구체적인 작업으로 들어가다 보면 혼란스럽고 마음먹은 대로 쉽게 풀어나갈 수 없는 때가 많다. 그리고 그 이유로 흔히 평화나 평화교육의 개념이 잘 정립되어 있지 않다는 사실을 떠올리지만, 사실 평화의 개념이 다양하게 이해될 수 있다는 그 자체가 문제가 되는 것은 아니다. 예를 들어 시·공간적으로 평화에 대한 이해가 매우 다양하다는 사실(고병헌, 1994; 서울평화교육센터 편, 1995; Gordon and Grob, 1987)은 우리가 평화를 이해하는 데 장애로 작용하는 것이 아니라, 평화 그리고 그 평화에 근거한 평화교육은 그것이 필요하게 된 맥락에서 이해되고 정의되어야 한다는 점을 일깨워줄 수 있는 배경이 되기도 하기 때문이다. 오히려 한마디로 정의 내려진 특정한 평화의 개념을 배타적으로 고집하는 평화교육은 그 자체가 이미 반(反)평화적인 것이 될 수 있다. 다양한 평화관 혹은 평화교육관이 존재한다는 것이 문제가 아니라, 자신의 것만을 절대화하여 남의 것을 인정하지 않으려는, 다양함을 수용하는 데 있어서의 경직된 태도가 문제인 것이다. 그러기에 우리는 '평화를 위한 교육'이 시기별로 또 지역별로 매우 다양한 이름으로 부단히 행해져 왔음을 목격한다(고병헌, 1994, 34~47쪽 참조).

평화교육이 생각만큼 쉽지 않은 근본 이유는 아마도 성격상 심리학적으로 폭력적이고 반인권적인 학교와 사회환경 속에서 평화와 인권의 가치와 태도를 형성시켜야 하는 '역설의 교육'[5]이라는 사실에서 찾아져야 할 것 같다. 또한 평화교육 프로그램은 학생들이 생활에서 경험하는 사회적 현실과 매우 가까워야 하는데, 학생들을 등급 매기는 데 대부분의 시간을 소비하고 전체 학생의 2/3를 '능력부족'이라고 판정할 수밖에 없는 학교 구조가, 학생들이 자신의 삶을 비판적으로 '읽고 쓸' 수 있게 허용할 리가 만무하다. 우리 교육의 핵심적인 문제가 되어버린 학원폭력[6]도 우리 사회

---

5) 이는 학교나 사회는 원래 폭력적일 수밖에 없다는 뜻이 아니다. 학교나 사회 분위기가 평화스럽고 교육적인 경우도 있다. 그러나 전체적으로 현재 우리 학교나 사회 분위기는 매우 폭력적이며, 따라서 지금상태로 평화교육을 하게 될 경우 그것은 폭력적인 학교(혹은 사회)가 평화교육을 한다는 역설적 의미가 된다는 뜻이다.

6) 여기서 학원폭력이란 학생들간 혹은 학생과 교사 사이에서 벌어지는 물리적 폭력을 의미한다. 그러나 우리나라 최고 명문대학에 교환교수로 와 있던 중국의 어느 교수는 대학원에서 교수와 학생의 관계가 견딜 수 없을 정도로 폭력적이었으며, 물리적 폭력보다 더 심각하다고 지적하였다.

의 분위기와 결코 무관할 수 없다. 한마디로 우리는 학교에서나 사회에서 지금과 같이 폭력적인 삶말고는 보여준 것이 없다.

미국 사회에서의 학교폭력은 이미 도를 넘어서 총기난사 사건이 잇따르고 있다. 우리의 경우도 단지 총기를 사용하고 있지 않고 있을 뿐이지, 빈도나 피해 정도는 이미 우려의 수준을 넘어섰다. 그리고 이에 대해서 미국 사회가 학교에 금속탐지기를 설치하고 지역경찰을 학교에 배치하고 교복을 강제로 입게 하고 마약거래나 폭력과 같은 비행을 가혹하게 처벌할 수 있는 법을 제정하는 방식으로 대응하고 있듯이, 우리도 담당 검사를 배치하거나 지역경찰과 연계하여 방범을 강화하는 방식으로 대응하고 있다.

그러나 이러한 대응방식은 근본적인 한계가 있다. 왜냐하면 이러한 강경 대응방식은 '학교에서 왜 폭력이 발생하는가' 하는 가장 기초적인 질문을 하지 않고 있기 때문이다. 흔히 이러한 강경 대응방식을 지지하는 교장이나 교사, 학부모 들은 비행 충동을 단호하게 진압함으로써 학교를 정상적으로 운영할 수 있게 되고 결과적으로 모든 학생이 이익을 보게 된다고 생각하는 경향이 있는데, 이제까지 학교에서 총기난사 사건으로 희생된 학생들의 숫자를 다 합한 것보다 더 많은 희생자를 냈던 미국 덴버 지역에 있는 콜럼바인 고등학교에서 발생한 사제폭탄 투척과 총기난사 사건 그리고 계속되는 유사한 사건들은 이러한 생각이 얼마나 무책임한 것인가를 단적으로 증명하고 있다. 이러한 사고방식은 대개 학교폭력은 절대적으로 나쁜 학생들이 저지르는 것이라는 가정에 근거하는데, 가령 '나쁜 학교' '나쁜 사회'가 더 큰 문제일 수 있다는 가능성은 별로 고려하지 않는 경향이 있다.

그런데 과연 그런가? 소위 비행 청소년이라는 아이들의 행동유형을 보면, 보통 성인들의 일상적인 생활내용과 꼭 닮았다. 사회는 폭력과 인권침해의 온상이 되어가며 부모는 아이들에게 '총'이나 '칼' 같은 무기류 장난감을 사주는 상황에서는 '싸우지 말고 사이좋게 놀기'를 바라는 역설은 결코 실현되지 않으며, 남에게 양보하고 착하게 살면 결국 자기만 손해보는 것이 우리의 일상적인 경험인 한 평화교육은 '늘 듣는 소리' 그 이상이 될 수 없다.

실로 평화교육은 평화 안에서, 평화의 문화 속에서 실천될 때 그 목적을 가장 효과적으로 달성할 수 있다. 공중파를 통해서 "2등은 기억하지 않는다"는 주문(呪文)을 매일같이 외워서 우리 아이들에게 경쟁 이데올로기를 조직적으로 세뇌시키고 있는 우리 사회에서, 특히 모든 사람이 경쟁력 강화만이 살길이라고 굳게 믿고 있는 IMF시대에 교육만이라도 경쟁이 초래하는 "심리적 손실과 대인관계에 있어서의 손실"[7]로부터 우리 아이들을 보호해야 한다. 경쟁을 거부하는 교육을 지향하는 것은 개인적으로는 올바른 품성과 전면적 발달을 도와주는 것이지만, 사회적 차원에서는 공동체 실현을 위한 정신적 기초를 쌓는 작업이며 새로운 평화교육의 실천이라는 의미가 있는 것이다.

그러면 어떻게 반평화적이고 폭력적인 학교와 사회분위기에서 우리 아이들에게 평화를 경험시켜 줄 것인가? 축적된 경험이나 참고할 자료가 별로 없는 상황에서는, 이 문제는 근본적으로 평화교육을 실천하려는 교사

---

7) 알피 콘, 1999, 308쪽. 알피 콘에 따르면, 경쟁옹호론은 대체로 네 가지 신화(神話, myth) 위에 구축되어 있다고 한다. "경쟁은 삶의 피할 수 없는 현실이며, 인간성의 일부"라는 신화, "경쟁이 우리로 하여금 최선을 다하도록 만든다"는 신화, "경쟁은 즐거운 시간을 갖기 위한 유일한 방법은 아닐지라도 가장 좋은 방법을 제공한다"는 신화, "경쟁이 인격을 키우고 자신감을 얻는 데 좋다"는 신화가 바로 그것이다(같은 책, 14~15쪽). 알피 콘은 경쟁옹호론의 토대를 이루는 이 네 가지 신화를 매우 체계적으로 분석·비판하고 있다.

나 부모의 평화실현에 대한 강건한 의지와 개척자적 실천으로 타개해 나갈 수밖에 없다. 그러기에 실천과정에서 반드시 겪을 수밖에 없는 어느 정도의 '시행착오'의 가능성이 '실천' 그 자체를 가로막지 않도록 하는 것이 중요하다.

우리는 실천과 이론의 관계에 대해서 이중적인 사고를 한다. 관념적으로는, 실천이 올바른 이론을 낳고 그 이론이 다시 더 실천을 가능하게 한다는 사실을 안다. 그러나 현실에서는, 일단 많이 '해봐야' 어떻게 하면 될지를 알게 되는데도 '어떻게' 해야 하는지(즉 이론)를 모른다고 해서 무언가 하는 것(실천)을 자신없어 한다. 평화교육에 적합한 학교와 사회분위기는 오히려 평화를 위한 교육실천 과정에서 창출되는 것이다.

평화교육 프로그램은 학생들의 일상적인 삶과 접목되어야 한다는 사실을 이미 지적한 바 있다. 그런데 학생들이, 우리의 아이들이 가정에서 교실에서 사회에서 겪는 반평화적 · 반인권적 경험은 그 종류와 내용 면에서 각양각색일 수밖에 없다. 나이에 따라, 사는 지역에 따라, 가정형편에 따라, 성에 따라 개개인이 겪는 갈등은 서로 다르며 또 같은 종류의 경험에 대해서도 같은 형제 · 자매가 느끼는 감정이 서로 다르다.

이러한 상황에서, 이제 우리 아이들에게 (그리고 궁극적으로는 우리 사회에) 앞으로 절대적으로 필요하게 될 평화교육을 실천하려는 교사나 부모에게 소위 평화교육 · 인권교육 전문가의 일목요연한 지시나 처방이 과연 얼마나 도움이 되겠는가? 평화교육에서는 가르치는 사람 모두가 그대로 '전문가'이어야 한다. 평화교육은 학문적 관심의 대상일 수 없으며, 가르치는 사람이나 배우는 사람의 삶이 실려야 하는, 그런 교육인 것이다. 그리고 개인적 · 사회적 삶의 내용은 나 이외의 그 어느 누구도 대신해서 결정할 수 없는 것이기에, '바람직한 미래'의 나의 삶, 우리의 삶을 결정할 수 있는 최고 전문가는 바로 우리 자신밖에는 없는 것이다. 자신의 현재와 미래의 삶을 스스로 주관할 수 있는 능력이 없는 사람은 결코 올바른 평화교육을 할 수 없다.

그래서 역설적으로 들릴지 모르겠지만, 평화교육 프로그램을 실천해보려는 교사나 부모들이 느끼는 처음 단계에서의 막막함은 바로 그 프로그램 혹은 교육이 시행될 맥락을 가장 잘 알고 있는 현장교사와 부모들의 과감한 실천을 통해서 타개하는 것이 가장 바람직하며, 또 그것만이 유일한 타개책이라는 결론이 나온다. 이는 외국의 경험에서도 확인된다. 다만 예기치 못한 시행착오가 학생들에게 돌이킬 수 없는 피해를 주는 것을 막기 위해서 사전준비가 철저해야 하는데, 이는 소위 전문가의 의견에 따라서가 아니라 현장과 이론이 함께 만나, 실천할 교사나 부모가 교육목표 설정과 교안을 준비하는 단계에서부터 모든 과정을 주도하고 이론가나 전문가들은 그러한 교육과정에 비판적으로 참여하는 방식으로 평화교육을 함께 만들어가야 한다. 결국 평화교육의 성패는 초기단계일수록 그 교육을 진행하는 사람의 자질[8]에 달려 있다[9]고 말할 수 있다.

---

8) 그런데 여기서 '자질'을 방법적인 측면, 기술적인 측면으로 환원하여 생각하는 경우가 많다. "존재 의의를 아는 사람은 존재하는 방식도 안다"는 니체의 말처럼, '어떻게'는 '무엇을 왜'와 떨어뜨려 생각해서는 안 된다. 오히려 무엇을 왜 가르쳐야 하는지를 아는 교사, 부모가 되는 것이 무엇보다도 필요하다.

9) 이는 참으로 중요한 문제다. 왜냐하면 현실적으로 볼 때, 우리의 교사나 부모는 평화교육을 하기에는 너무나 멀다. 교사, 부모 자신들부터 평화나 인권이 무엇인지 이해하지 못하고 있고 별 관심도 없으며, 오히려 우리 아이들은 학교에서는 '교사'와 가정에서는 '부모'와 가장 심한 갈등을 겪고 있기 때문이다. 특히 평화교육을 담당할 사람이 기존의 것과는 다른 대안적 가치에 기초하여 미래에 대한 희망적인 전망을 제시할 수 있는 능력을 결여했을 때는 평화교육은 결코 사회변혁적 힘을 갖지 못하게 된다.

4. 평화교육은 사회변혁을 지향한다

평화교육은 기본적으로 정치교육과 가치교육의 성격을 갖는다.[10] 평화교육이 정치교육의 성격을 갖는다 함은 평화교육이 다루어야 할 세 가지 학습목표인 '지식' '기술' '태도'(혹은 가치)[11] 중에서 지식과 기술은 넓은 의미의 정치의 마당인 삶에서 겪게 되는 현실적 갈등을 분석하고 합리적인 근거에 의해서 비판할 수 있는 능력을 키워 자율적으로 자신의 의사를 결정할 수 있는 인간을 육성하는 것을 지향한다는 의미이다. 평화교육이 가치교육의 성격을 갖는다 함은 자율적 비판의식을 통하여 인식된 문제에 특정한 해결방향을 주는, 특히 환경·핵·전쟁과 같은 인류를 근본적으로 말살시킬 수 있는 총체적 위기상황에서 개인적·집단적 이기주의를 벗어나서 인류의 지속적인 삶과 미래세대의 생존권을 보장하는 방향으로의 공동노력을 가능하게 해주는 대안적 가치를 모색하고 교육한다는 의미이다. 그리고 바로 이 사회변혁 지향성에서 평화교육이 다루어야 할 주제들이 나온다.

약간 과장하여 표현하자면, 평화교육의 역사는 인류사와 궤를 같이한다고 할 수 있다. 우리가 기억할 수 있는 한 인간의 역사가 전쟁과 폭력으로 점철되었다고는 하지만 아무리 소수에 의해서라도 평화로운 사회에 대한 '꿈'은 단 한 순간도 포기되지 않았기 때문이다. 그래서 역사가 긴 만큼 그리고 인류가 겪은 문제가 시·공간적으로 다양한 만큼, 평화교육이 다루고 있는 주제 역시 매우 다양하고 광범위하다.[12]

---

10) 이에 관한 좀더 자세한 논의는 고병헌(1994) 참조.

11) 평화교육의 학습목표인 지식, 기술, 태도에는 어떠한 것이 있는가에 관해서는 고병헌 옮김(1993); 고병헌(1994) 참조.

12) 물론 이외에도 많은 주제들이 평화교육에서 다루어지고 있다. 예를 들어 성차별이나 군

　　20세기로 국한하여 큰 줄기만 잡아보더라도 서구에서의 평화교육은 크게 유네스코의 국제이해교육[13]과 6, 70년대 독일을 중심으로 발전한 비판적 평화교육을 중심으로 하여 다양한 이름으로 전쟁과 인권·상호이해 등의 문제를 다루었고,[14] 냉전체제가 맹위를 떨치는 시기에는 반전과 반핵이 평화운동이나 평화교육이 다루는 중심 주제였으나[15] 1989년 이후로는 환경문제가 최우선의 관심사로 부각되었다. 90년대 후반에 들어서는 인종과 민족·종교적 갈등, 전쟁, 개발, 성장과 같은 문제들도 함께 심각하게 다루어지기 시작했다. 특히 경제적 세계화와 정보화, 신자유주의 그리고 그로 인한 부의 불균등한 분배와 빈곤의 문제, 생명공학의 발달과 인간복제 등의 문제들이 사회적으로 주목을 받으면서 직업교육이나 노동조합교육과 같은 주제들도 평화교육에 포함되게 되었다(Dufour, ed., 1990 참조).

　　제3세계 평화교육 내용은 서구의 것과는 약간 다르다. 환경이나 전쟁, 핵문제 등은 전세계적으로 공통의 관심사이지만, 역사적으로 강대국에 정치·경제·군사·문화적으로 종속된 경험이 있고 지금도 그 영향으로 삶이 뒤틀려 있는 만큼 제3세계 평화교육은 전통적으로 '민족해방교육'의 성

사문화, 소비문화 등의 주제는 오래 전부터 평화교육의 중심 주제이었고, 아직은 미미하지만 '동물권(animal rights)'이나 동성애, 언어적 폭력, 대중매체를 통해 사회적으로 재생산되는 폭력문화 등 매우 많은 문제들이 평화교육의 주요 주제로 다루어지고 있다. 계간지인 *Peace Review*는 최근 세계적으로 어떤 평화관련 주제들이 어떻게 다루어지고 있는가를 알아보는 데 도움이 된다.

13) 국제이해교육에 관해서는 유네스코한국위원회 편(1996)을, 유네스코의 국제이해교육의 역사와 성격에 관해서는 고병헌(1996) 참조.

14) 평화교육의 역사에 대해서는 고병헌(1994, 34~47쪽) 참조.

15) 볼프강 후버와 로이터(1997, 14쪽)에 따르면, "50년대 이래로 핵무장에 대한 반대투쟁, 60년대 말 이래로 미국의 베트남전 반대운동, 70년대 말 이래로 핵무기 경쟁의 새로운 단계에 대한 반대 등이 새로운 평화운동의 도상에 나타난 특성"이라고 볼 수 있다.

격을 띠었고 여기에 군사문화, 인권, 개발, 구조적 폭력(Toh & Floresca-Cawagas, 1990, p. viii) 등의 문제가 되었다. 그리고 세계화 시대에 접어들어서는 개발과 신자유주의, 소비주의(Sulak, 1992, 참조), 빈곤, 공동체 등의 문제를 아시아 지역연대를 통하여 평화운동과 평화교육 혹은 대안운동과 대안교육이라는 이름으로 다루기 시작했다.

우리의 경우에는 일제 식민지하에서는 민족해방교육이, 해방 이후에는 생활야학과 노동야학, 진보적 교사들에 의해서 주도되었던 '의식화 교육'과 통일교육[16]이 평화교육의 주축을 이루었고, 따라서 실질적인 의미에서 볼 때 평화교육의 취지에 걸맞은 교육실천의 역사가 결코 짧지 않다. 그러나 세계적으로 사용되고 있는 의미에서의 평화교육은 90년대 후반에 들어서야 일부 교사·시민단체에 비로소 알려지기 시작하는데, 비슷한 정치·경제적인 조건에 놓여 있는 사회에 비하면 매우 늦은 것이다. 이는 그만큼 우리 사회가 사상적으로 매우 경직되었음을 반증하는 것이고, 한국 평화교육의 앞날이 매우 지난할 것임을 예고하는 것이기도 하다.

사상의 경직성은 필연적으로 사회의 폐쇄성으로 연결되는 만큼, 그 동안 사회문제가 제대로 정직하게 노출되어 본 적도 또 그러한 문제들을 해결하기 위한 건강한 노력이 사회적으로 경험된 적도 거의 없는 우리의 경우에 한국적 평화교육의 정체성을 확립하기까지는 상당한 노력과 시간이 걸릴 수 있으며, IMF 체제 이후에 노골화되고 있는 사회의 보수화·경직화·분극화 현상이 지속·확대된다면, 대처정부 시절에 영국의 평화교육이 경험했던 것처럼 우리 사회의 기득권층의 강력한 견제와 반대로 평화교육이 뿌리조차 내리지 못할 가능성도 분명히 있다.

---

16) 여기서 말하는 통일교육은 과거 정부나 관변단체가 주도한 반공교육으로서의 통일교육과는 구별할 필요가 있다. 이에 관한 좀더 자세한 논의는 고병헌(1998) 참조.

평화교육의 발전 가능성은 늘 그 속에 내재한 사회변혁적 힘과 정비례한다. 따라서 평화교육이 정치적인 이유 혹은 정부의 재정지원이라는 이해관계 때문에 그 사회의 근본모순을 비켜서 주변적인 것들만 다루게 된다면, 이는 사회변혁적 힘을 약화시킴으로써 자신의 존립근거를 스스로 해치는 결과를 낳게 된다. 평화교육은 그것이 사회교육 차원이든 학교교육 차원이든 반드시 그 사회의 근본모순을 최우선적으로 다루어야 하는 것이며, 바로 이러한 이유 때문에 서구 국가들에서조차도 평화교육의 위상은 늘 불안했던 것이다.

그러면 사회변혁을 이루기 위한 우리의 평화교육은 어떠한 주제를 다루어야 하는가?

평화의 의미는 지역에 따라, 상황에 따라 다양하게 이해되기 때문에 평화를 위한다는 미명하에 서로 싸우고 죽이는 일을 피하고 평화로운 세계를 다 함께 만들어가기 위해서는 평화에 대한 보편적 이해 노력이 반드시 필요하지만, 평화의 보편적 개념 정립에만 과도하게 집중하게 될 경우에는 그러한 노력과정이 오히려 평화교육의 사회변혁적 기능을 대체해 버림으로써 그 생명력을 잃는 경우가 발생할 수 있다. 따라서 평화교육이 사회변혁적 힘을 유지하기 위해서는 그 사회의 고유한 구체적인 문제들을 인식하고 해결하려는 노력도 균형 있게 하여야 한다.

우리 사회의 반평화적 요소(혹은 모순)는 중층적으로 누적되어 있고, 무질서하게 표출되고 있으며, 그 유형을 대충 짚어봐도 아래와 같다.

첫째, 분단, 군사문화 그리고 이와 연관된 문제들(군비, 군대 내 의문사, 대인지뢰… 등)[17)

____

17) 한국 사회에서의 평화논의는 주로 이 유형에 집중되고 있다. 예를 들어 국내 평화문제 관련 주요 시민단체들이 참가한 "한반도 냉전청산과 평화정착을 위한 국제대회"(1999년 8월 12~14일)에서 다룬 주제들을 보더라도 '동북아 평화체제 구축과 다자간 안보협력

둘째, 경제적 세계화와 그에 따른 외채, 실업, 빈부격차의 심화 등

셋째, 생태계 파괴와 환경오염, 특히 식량자급률의 급격한 하락

넷째, 성차별, 지역차별, 학력차별, 인종차별(이주노동자와 조선족에 대한 차별), 장애인차별… 등

다섯째, 가족과 전통의 해체

여섯째, (과)소비문화의 확산

일곱째, 자본과 과학의 결합, 정보화에 따른 부작용(유전자 복제, 유전자 조작 식품… 등)

여덟째, 교육의 파행과 공교육의 실종(교육의 공적 기능의 현저한 약화)

아홉째, 국가와 개인, 집단과 개인, 개인과 개인 혹은 종(種)과 종(種) 사이에 나타나는 인권탄압, 인권침해 혹은 권리침해(불심검문, 족쇄사용, 사회적 약자를 상대로 한 의학 임상실험, 동물을 상대로 한 임상실험, 죽

체제의 미래', 한반도 냉전구조와 아시아 주둔 미군의 문제, 대인지뢰 등이 주축을 이루고 있다. 이는 서구에서 발전한 '평화연구'의 영향을 받은 결과이기도 하다. 서구의 평화 연구 목표는 "여러 연구분야의 학문적 연구를 평화라는 공동의 과제들과 연관짓는 것이다. …전쟁원인들의 분석, 위협의 효과들에 관한 연구와 그것의 가능한 실패의 결과들에 대한 연구, 국제적 정책의 새로운 모델들의 탐구와 비폭력적 행동의 기회들에 대한 물음이 가장 중요한 주제들에 속한다"(볼프강 외, 1997, 14쪽). 그러나 평화연구가 다루는 주제의 폭이 지역적으로나 내용적으로 훨씬 더 넓어질 필요가 있다. 예를 들어 서구의 평화 연구는 물리적 전쟁, 핵무기, 군비경쟁 등의 문제가 국제정치학적 관점에서 매우 조직적으로 다루어지고 있지만, "제3세계에서의 전쟁위협은 주변국가들이 아니라 빈곤으로부터 '오며' …다국적기업이 지배하는 세계질서야말로 전쟁의 근본 원인'이고' …결국 이들 모두는 세계화한 자본의 질서 속에서 다국적기업, 국제금융기구, 군수산업체 들과 결탁한 강대국들의 경제적 이익을 위한 희생양이 되고 있는 것"(자주평화통일민족회의, 1999, 147쪽)에 대해서 별로 말하고 있지 않다. 평화교육의 방향이 평화연구의 성과에 상당한 정도로 의존하고 있는 현실을 감안한다면, 서구의 국제정치학적 평화연구의 관점을 넘어서는 것이 한국의 올바른 평화교육 정착을 위해 매우 필요한 일이라고 하겠다.

은 자의 인권… 등)

　1999년 5월 네덜란드 헤이그에서는, 100년 전 헤이그 만국평화회의를 기념하고 전쟁의 세기였던 20세기를 마감하면서 다가오는 21세기를 평화의 세기로 만들기 위한 대규모 '헤이그 평화회의(The Hague Appeal for Peace 1999)'가 열렸다. 그리고 회의 결과로서 "정의로운 세계질서를 이룩하기 위한 열 가지 기본 원칙"을 요구하고 있는데,[18] 그중에 "9. 평화교육이 전세계의 모든 학교에서 의무적으로 실시되어야 한다"는 조항이 포함되어 있다. 따라서 어떤 식으로든 우리 교육현장에서도 이전보다 훨씬 더 평화교육에 대한 요구가 있을 것이며, 이상의 문제들을 교육적으로 다룰 준비가 그만큼 시급하다고 하겠다.

　그런데 이러한 문제들을 교육할 때 주의해야 할 점은 그 성격에 따라, 교육대상 연령층에 따라 교육방식이 융통성이 있어야 한다는 것이다. 예를 들어 고학년을 대상으로 한 '생태계 파괴'에 대한 교육은 사례 중심, 과학적 지식 전달 중심의 교육방식이 무방하지만, 저학년을 상대로 한 '분단' 문제는 이제까지처럼 분단의 책임논쟁이나 통일의 당위성 주장의 방식으로는 효과가 없고 교실에서 서로 다른 가정환경, 서로 다른 성장배경을 가진 친구들이 서로 잘 화합하고 협동하며 공존할 수 있는 기술과 태도를 길러주는 방식의 대안적 '통일교육'이어야 한다. 그리고 똑같은 통일교육이라도 성인을 대상으로 하는 것이라면 북한에 대한, 분단의 원인과 갈등의 본질에 대한 정확하고 균형 잡힌 정보와 지식을 제공하는 것과 함께 '더불어 사는 삶, 공동체적인 삶'을 실제로 경험할 수 있는 기회를 제공하는 것이 중요하다. 즉 사회적인 쟁점을 교육대상에 맞게 교육적 언어로 바꾸어서 가르치는 것, 이것이 평화교육 방법의 핵심인 것이다.

---

18) 이에 대한 자세한 내용은 자주평화통일민족회의(1999, 148쪽) 참조.

5. 시민단체가 평화교육의 주체로 서야 한다

세계적으로 분쟁은 끊이지 않고 있다. 베를린장벽이 무너지던 날, 세계는 '이제 비로소 평화가 찾아왔다'는 희망을 나누었지만 그것도 잠시뿐, 냉전 이데올로기가 떠나간 자리에 이전보다 더욱 잔혹한 민족과 인종, 종교적 분쟁이 들어섰다. 그러나 그러한 지역에 분쟁을 극복하고 희망을 만들려는 평화교육도 함께 생겨났다.

그런데 분쟁과 갈등이 한창 진행중이거나 그 후유증이 매우 강하게 남아 있는 지역에서의 평화교육은, 사회적으로 상대적인 안정을 누리고 있는 서구의 평화교육과는 접근방식이 여러 가지 면에서 다르다. 특히 평화교육의 주체 면에서 그렇다. 서구의 평화교육은 사회교육이나 시민교육 차원에서보다는 상대적으로 제도교육에서 주로 시도되면서 각 사회운동단체는 각각의 주요 주제에 집중하고 있다. 이에 비해 갈등이 진행되고 있는 지역, 분쟁의 후유증이 강하게 남아 있는 지역에서의 평화교육은 학교보다는 주로 시민단체가 주도하는 사회교육 · 시민교육 차원에서 활발하게 진행되어 거꾸로 학교에 영향을 주게 되고 사회운동단체도 각각의 주요 문제영역을 넘어서 공통적으로 평화교육에 관심을 갖게 되는 경향이 생긴다는 차이가 있다. 즉 분쟁지역일수록 역설적이게도 학교보다는 시민단체가 평화교육을 훨씬 더 활발하게 추진하는 것을 알 수 있다.

예를 들어 오랜 동안 민족간 갈등을 겪고 있는 팔레스타인과 이스라엘 분쟁지역에서는 '아담연구소'[19)와 같은 시민단체들이 이스라엘과 아랍 국가들의 교사와 학생들이 서로 만나서 이해할 수 있는 기회를 만들고 있고,

---

19) 아담연구소(The Adam Institute for Democracy and Peace)는 *Kol Adam*이라는 소식지를 발간해서 연구소가 주관하고 있는 "아랍-이스라엘 만남"이라는 성인과 아동을 위한 다양한 평화교육 프로그램에 대해서 소개하고 있다.

종교간 분쟁의 형태를 띤 북아일랜드 지역에서는 '코리밀라 공동체
(Corrymeela Community)'와 같은 민간단체들이 북아일랜드 교육부,
BBC방송국, 북아일랜드 퀸스 대학교 등과 협력하여 지역사회 교육 프로그
램[20]을 개발하여 평화교육을 실천하고 있다. 인종간 갈등으로 엄청난 비극
을 겪었던 크로아티아의 경우에도, 지금은 거의 모든 시민단체들이 크로아
티아 전쟁이 발발했던 해인 1991년에 설립된 '크로아티아 반전 캠페인
(Antiwar Campaign Croatia)'의 회원으로 가입하여 평화교육 프로그램을
운영하고 있으며(Baranovic, 1999, p. 1), '국제지뢰금지운동(International
Campaign to Ban Landmines)'과 이 단체의 책임자인 조디 윌리엄스(J.
Williams)가 인터넷을 통한 국제 네트워크를 형성해서 전세계적으로 대인
지뢰금지운동[21]에서 엄청난 파장을 불러일으킴으로써 1997년 노벨평화상
을 수상한 것은 잘 알려진 사실이다.

이외에도 이름은 다르지만 환경, 인권, 반(反)성차별, 반인종차별, 반핵
등 평화와 관련된 많은 영역에서의 교육 프로그램들 대부분이 학교보다

---

20) 북아일랜드의 대표적인 평화교육으로는 EMU(Education for Mutual Understand)'라
고 하는 '상호이해 교육'이 있다. 현재 북아일랜드에서는 학령아동의 약 95%가 카톨릭
계의 '정부보조 학교(maintained school)'와 프로테스탄트계의 '정부관리 학교
(controlled school)'에 다니고 있고, 단지 3% 정도만이 양쪽 학생들을 통합교육하는
'통합학교(integrated school)'에서 공부하고 있다. 따라서 제도교육에서의 평화교육은
아직도 요원하다고 할 수 있으며, 실제로 양쪽 종교지도자들이나 교사, 학부모 들은 통
합교육의 필요성을 별로 느끼지 못할 뿐더러 오히려 반대하는 분위기가 팽배하다. 그나
마 양쪽 아이들이 얼스터 민속박물관에서 함께 합숙하고 공부하면서 서로를 이해하는
연수 프로그램이나 EMU 프로그램이 사회교육적 차원에서뿐 아니라 제도교육으로도 조
금씩 확산되고 있는 것은 민간단체들의 헌신적인 평화교육 실천노력의 결실이라고 볼
수 있다. EMU 프로그램에 관한 좀더 자세한 정보는 이병곤(1998) 참조.
21) 대인지뢰금지운동에 관한 정보는 한국기독교회문제연구원 편(1998) 참조.

는 시민단체에서 주도하고 있음을 볼 수 있다. 이것은 사회적으로 논쟁의 여지가 있는 주제들을 다루기에는 '학교'라는 기관이 매우 경직되어 있다는 점을 의미하기도 하지만, 동시에 각 사회 부문운동들의 운동목표가 사실은 시민을 상대로 한 평화교육(혹은 여러 가지 이름의 평화를 위한 교육)을 통해서도 효과적으로 달성될 수 있음을 증명하고 있다고 해석[22]할 수도 있다.

전세계의 모든 문제를 다 끌어안고 있다고 하는 한국 사회에서는 반(反)성차별 교육과 환경교육 그리고 최근 들어 인권교육 영역에서 시민단체의 역할이 활발해지고 있으나 평화교육을 전문으로 하는 곳은 아직 없다. 물론 모든 것이 평화교육으로 수렴될 필요는 없다. 그러나 환경이나 차별, 인권 등 각 부문별 주제를 접근할 때 각 부문영역들이 지향하는 가치들간에 발생할 수 있는 충돌을 피하기 위해서 '부문'을 넘어서는 '전체'적 관점에 서야 한다는 필요성과 운동은 주체의 변혁을 통해서 그 목표를 효과적으로 달성할 수 있기 때문에 모든 사회운동은 개인적 차원과 사회적 차원에서 '실질적 변화'를 만들기 위한 교육적 작용에 기초해야 한다는 필요성은 한국 시민단체들이 평화교육의 역할과 가능성에 새롭게 관심을 가질 것을 요구하고 있다.

6. 시민단체에 대한 몇 가지 제안

앞에서 지적했듯이, 사고가 경직된 사회에서는 학교보다는 시민단체가 평화교육의 정착과 발전에 훨씬 더 큰 공헌을 할 수 있다. 다행히 우리 사

---

22) 이는 학교교육보다 사회교육을 통해서 평화교육을 더 효과적으로 달성할 수 있다는 것을 주장하는 것이 아니며, 단지 교육하면 '학교교육'을 넘어서지 못하는 경향에 대해서 사회교육의 가능성에 대해서 새롭게 강조하려 함이다.

회에서도 환경·인권·여성 분야에서의 시민단체의 역할이 커지고 있고, 아직 사회적 주목을 받고 있지는 못하지만 평화라는 이름으로도 간간이 모임이 꾸려지고 있다. 이제 이 땅에 평화교육을 건강하게 실천하기 위하여 '평화를만드는여성회' '한국대인지뢰대책회의' '자주평화통일민족회의' 등과 같은 평화운동·평화교육 관련 단체들이 다음과 같은 사안에 관심을 보일 것을 제안한다.

첫째, 평화교육을 통해서 실현하려고 하는 미래에 대한 구체적인 전망을 제시하여야 한다. 평화관련 시민단체들은 그들이 꿈꾸는 미래가 어떤 모습인지 구체적으로 제시함으로써 더욱 많은 사람들의 관심과 협력을 이끌어낼 수 있다. 아울러 시민단체 활동가들, 평화교육 교사들은 평화교육을 통해서 가르치고 싶은 '바람직한 삶'을 먼저 살도록 해야 한다. 평화관련 교육이나 운동이 소기의 목적을 달성하는 것이 그토록 힘든 이유 중의 하나가 '가르치는 사람'이 '가르칠 삶'을 살아본 적이 없다는 사실이다. 평화교육과 같은 교육은 교사 앞에서가 아니라 '뒤'에서 이루어진다. 공동체적인 삶, 나누는 삶을 가르치고 싶은 사람이 먼저 그 삶을 사는 것, 이것이 바로 평화교육적 교육방식이다.

둘째, 기존의 것과는 다른 통일교육을 해야 한다. 반공교육도, '북한 바로 알기'도 통일을 담보하지 못한다. 대안적 통일교육은 '공존교육'적 성격을 지녀야 할 것이다. 정치·경제적 통일에 앞서 나와 다르게 생각하는 사람, 나와 이해관계가 다른 사람, 출신지역이 다르고 학연이 없는 사람과 함께 살아갈 수 있는 능력과 자세를 먼저 갖추어야 한다는 말이다. 그래서 남과 북의 '함께 살기'는 남쪽에서의 함께 살기부터 시작해야 하며, 이러한 삶을 만들어낼 수 있는 교육이야말로 진정 대안적인 통일교육이라고 할 수 있겠다. 지역간, 계층간, 종교간, 서로 다른 성과 인종간의 공존, 이주노동자들을 보살펴주고 사회적 약자들의 삶을 보호해 주려는 마음이 사회적 운동으로 일어나야 하며, 이것이 바로 대안적 통일교육의 시작이다.

셋째, 제도교육의 교육이념이 평화로 대치될 수 있도록 사회적 압력이 행사되어야 한다. 그리고 제도교육을 견인하기 위해서는 종교기관부터 신자교육이나 성직자 양성교육 과정에 평화교육을 도입해야 한다. 종교기관은 한국 사회에서는 실질적인 의미에서 가장 영향력 있는 사회교육 기관이라고 할 수 있다. 따라서 종교인, 종교기관이 평화교육 실천을 위한 의지와 안목을 갖추게 되면 한국 평화교육은 생산적으로 발전할 수 있다.

넷째, 평화박물관 건립운동을 전개해야 한다. 박물관은 '기억의 댐'이다. 그런데 우리는 기억의 댐에 어떤 기억을 보관해서 우리 아이들에게 전하고 있는가? 부끄럽게도 우리 사회에는 인간이 인간을 어떻게 죽였는지, 한 집단이 다른 집단의 삶과 가정·문화를 어떻게 파괴했는지 하는 기억을 담고 있는 박물관이 대부분이며, 우리 사회를 더 나은 사회로, 평화가 더 충만한 사회로 만들려는 작지만 귀한 실천들을 보관하는 박물관은 거의 없다. "읽는 것보다는 보는 것이 훨씬 더 중요한 교육수단"[23]이기에 평화박물관 건립운동은 지금으로서는 전체 시민을 상대로 하는 가장 구체적인 평화교육이 될 수 있다.

다섯째, 비무장지대에 '평화학교'를 건립하자는 운동을 전개해야 한다. 반평화의 가장 큰 상징을 평화의 상징으로 바꿈으로써 우리 사회의 평화운동·평화교육의 실천 원동력이 되게 하는 것이다. 또한 평화학교를 건립한 후에 일정 수의 남북 어린이들이 교대로 2~3일씩 혹은 일주일씩 함께 기숙하면서 생활하게 함으로써 새로운 세대에게 우리 민족의 비극적

---

23) 김동춘(1998)은 세계적으로 추진되고 있는 평화박물관 건립운동의 경과와 의의에 대해서 좀더 보충적인 그림을 제공할 것이며, 이에 관한 영문자료로는 *Exhibiting Peace*가 있다.

과거를 건설적으로 극복할 수 있는 지혜와 능력을 길러주고, 남북 어린이들이 넓혀가는 이러한 공동체적 삶으로부터 실질적인 통일을 가꾸어갈 수 있게 될 것이다. 아울러 비무장지대를 평화를 위한 교육의 장으로 사용할 수 있게 된다면, 그것은 아시아, 세계의 중심적인 평화센터로도 기능할 수 있게 될 것이다.

이상의 다섯 가지 과제는 평화교육에서 결코 유일한 것도, 가장 중요한 것도 아니다. 다만 늦게나마 우리 사회에서 교육을 통한 평화실현이 효과적으로 실천되도록 하기 위한 그리고 현재 우리 역량으로서도 실천 가능한 사업들 가운데 일부를 시민단체의 관점에서 정리한 것에 불과하다. 궁극적으로는 교육이념으로든지 아니면 기존의 도덕교과·윤리교과를 대체하는 독립 교과로든지, 제도교육에 평화교육이 시급하게 도입되어야 할 것이다. 그러나 경험적으로 보면 제도교육에서의 제대로 된 평화교육은 시민단체들의 평화교육적 실천이 어느 정도 수준에 도달했을 때 비로소 기대할 수 있는 것이다. 교육이 진정 우리 아이들에게, 우리 사회에 희망일 수 있기 위해서는 시민단체들이 평화교육을 새롭게 이해하는 것이 무엇보다도 절실하다.

참고문헌

고병헌 (1994), 「평화교육의 성격에 관한 연구」, 고려대학교 교육학과박사학위논문
______ (1996), 「평화문제와 국제이해교육」, 『국제사회와 국제이해교육』, 유네스코 한국위원회 편, 정민사.
______ (1998), 「통일을 만드는 평화교육」, 『처음처럼』 9/10월호, 통권 제9호.
______ 옮김 (1993), 『평화교육의 이론과 실천』, 서원.

김동춘 (1998), 「세계평화박물관 학회에 다녀와서」, 역사문제연구소 회보 38.

박보영(1998), 「평화교육에 관한 연구」, 연세대학교 교육학과석사학위논문.

볼프강 후버, 한스-리하르트 로이터 (1997), 『평화윤리』, 김윤옥 · 손규태 옮김, 대한
기독교서회.

서울평화교육센터 편 (1995), 『평화, 평화교육의 종교적 이해』, 내일을여는책.

알피 콘 (1999), 『경쟁을 넘어서(No Contest)』, 비봉출판사.

유네스코한국위원회 편 (1996), 『국제사회와 국제이해교육』, 정민사.

이병곤 (1998), 「북아일랜드의 상호 이해를 위한 교육」, 『처음처럼』, 9/10월호, 통권
제9호.

자주평화통일민족회의 (1999), 『한반도 냉전청산과 평화정착을 위한 국제대회 자료
집』, 서울.

한국기독교회문제연구원 편 (1998), 『대인지뢰금지, 현실과 과제』, 민중사.

Baranovic, B. (1999), "Peace Education in Croatia," *Peacebuilding* Vol. 2, Issue 2,
Feb.

Dufour, B. ed. (1990), *The New Social Curriculum*, Cambridge: Cambridge
University Press.

Elias, R. ed. (1998), *Peace Review*, Oxfordshire: Carfax Publishing Ltd.

Gordon, H. and L. Grob eds. (1987), *Education for Peace*, New York: Orbis
Books.

Sulak, S. (1992), *Seeds of Peace*, California: Parallax Press.

The Organizing Committee of the Third International Conference of Peace
Museum (1999), *Exhibiting Peace* July 10, Kyoto, Japan: Ritsumeikan
University.

Toh Swee-Hin and Virginia Floresca-Cawagas (1990), *Peaceful Theory and
Practice in Values Education*, Quezon City: Phoenix Publishing House,
Inc.

노근리의 해원을 넘어 베트남 학살의 참회로!

한국군의 베트남 양민학살과 역사청산

강정구 | 동국대학교 사회학과 교수

1. 머리말: 극단의 시대가 남긴 상흔

20세기는 극단의 시대라고 한다. 그 극단의 대표적인 경우가 전쟁이었고, 그 전쟁 가운데 반인륜성의 극치가 전쟁중의 양민학살이다. 『전쟁의 슬픔』을 쓴 베트남 작가 바오닌이 말한 것처럼 "총을 들지 않은 사람을 쏜다는 건 이미 전쟁이 아니고 살인이다." 그것도 대체로 집단적이고 조직적인 살인행위이다. 이와 같은 전쟁중의 양민학살은 그 학살의 규모나 질에서도 전율할 정도이지만, 전쟁이라는 '불가피'하다는 핑계로 인류사적 쟁점화가 제대로 되지도 않거니와, 쉽게 면죄부를 안겨준다는 점에서 더욱 가증스런 현상이다. 더구나 21세기를 맞은 오늘날 군산복합체에 의한 가공스런 전쟁무기의 개발로 인해 전쟁을 마치 즐기는 게임 정도로 생각하는 경향이 있어 전쟁중의 양민학살은 더욱 심화될 전망이다.

50년 전 한국전쟁중에 저지른 미군의 노근리 양민학살이 1999년 가을에 세계적으로 쟁점이 되었다. 이를 계기로 이제까지 남몰래 원한곡을 절

규할 수밖에 없었던 유가족들이 이제야 공식적인 진혼곡을 부를 수 있게
되었다. 그러나 21세기의 과제는 공식적인 진혼곡 정도가 아니라 앞으로
우리 민족사는 물론이거니와 인류역사에서 더 이상 이러한 전쟁 양민학
살이 발생하지 않도록 경고하는 계기를 만드는 것일 터이다. 역사로부터
의 이러한 깨달음과 더 높은 역사로의 진전은 우리 자신의 노래에만 머물
지 말고 지구촌 곳곳에서 아직도 숨죽이며 절규하는 다른 이들의 원한을
우리 자신의 것으로 받아들일 때가 되었다. 코소보, 보스니아, 체첸, 동티
모르, 이라크, 웨스트 파푸아, 르완다, 스리랑카, 집시, 세계 수많은 소수
민족 등의 원한의 노래를.

   이러한 더 높은 역사 발돋움의 출발은 무엇보다 노근리와 같은, 한국전
쟁 동안에 저질러진 일체의 양민학살에 대한 사무치는 원한을 바탕으로
우리 한국군이 저지른 베트남 학살에 대한 참회로 승화시키는 것일 터이
다. 곧 우리가 겪었던 그 뼈저린 아픔에 대한 철저한 한풀이에 앞서 우리
자신이 저지른 베트남 양민학살에 대하여 그들의 한맺힘을 푸는 일에 먼
저 임하는 것이다.

2. 한국과 베트남 사이에 놓인 골 깊은 상처

제3세계 여러 국가들 가운데 우리와 가장 유사한 근·현대사적 경험을 겪
은 국가를 꼽는다면 그것은 단연코 베트남일 것이다. 두 나라는 중국의
지속적인 침략과 유교문화권에 속하는 유사한 역사적 경험에서부터 시작
하여 1860년대 나폴레옹 3세 치하의 프랑스 제국주의 팽창정책에 의해
조선은 병인양요를 겪었고 베트남은 식민지로 전락하였다. 이후 2차대전
이 끝나는 시점까지 조선은 일본의 식민지로, 베트남은 프랑스의 식민지
와 짧은 기간의 일본 식민점령을 겪는 유사한 식민지배를 경험하였으며,

해방 이후 미국의 일방적인 결정에 의해 북부 베트남은 중국의 점령을, 남부 베트남은 영국의 점령을 받는 지리적 분단을 다같이 경험하였다. 그리고 똑같이 남에는 자본주의 체제, 북에는 사회주의 체제를 지향하는 분단정권이 형성되어 서로 적대적인 관계를 지속하다 궁극적으로는 한국전쟁과 베트남전쟁이라는 동족상잔까지 치르게 되었다.

베트남의 경우 분단에서 전쟁과 통일에 이르기까지 패권주의 미국이 '공산주의 대 자유진영'이라는 단순 양분도식을 명분으로 지속적인 개입을 자행했고, 우리의 경우도 분단에서 전쟁 및 IMF 경제신탁에 이르기까지 미국의 절대적인 영향력이 행사되어 왔다. 단적으로 한국전쟁에서 미국은 그 역사상 최초로 패배한 또는 최소한 무승부로 끝낼 수밖에 없었던 뼈아픈 상처를 입었고, 베트남전쟁에서는 완전히 패배하여 미국이 누리던 세계의 경찰이라는 직분을 한때나마 포기하고 야경꾼 정도로 스스로의 역할축소를 시도할 수밖에 없었다.

이러한 역사행로의 유사성, 외세인 미국의 결정적 영향력, 동시대의 사회경제적 연계성, 민족통일에 대한 유용한 역사적 지침 등을 볼 때, 베트남과 한국은 상호유대를 강화하고 역사와 삶을 공유하여 이웃사촌이 되어야 할 사이이다.

그러나 베트남과 한국 사이에는 너무나 깊은 골의 상처가 놓여 있다. 그것은 바로 한국군이 베트남전쟁에 참여하고 또 엄청난 베트남인에 대한 양민학살을 저질렀다는 역사적 비극이다. "베트남전 참전은 우리의 진의가 아니었다"라는 초대 주베트남 한국군 사령관인 채명신의 말처럼 같은 제3세계인 우리가 베트남의 민족해방전쟁에 미국의 용병으로 참전하였고, 또 "도대체 이해할 수가 없어. 한국군들은 단지 미국의 용병일 뿐이었는데, 왜 미군보다 더 잔인하게 사람들을 죽였는지"라는 원성을 들을 정도로 야수 같은 양민학살을 저질렀던 것이다. 이러한 학살을 저지른 지

30여 년이 지난 오늘까지 우리 정부는 이에 대한 역사적 진상규명과 사죄를 거부하고 있다. 그래서 베트남과 우리는 비록 공식적인 외교관계를 수립하였지만 여전히 양자 사이에는 어둡고 두터운 장막이 드리워져 있는 것이다.

1965~73년 9년여 동안 청룡 · 백마 · 맹호 부대 등 총 31만 2853명의 한국군이 참전하였고, 그중 4687명이 전사하고, 1170회의 대대급 이상 대규모 작전과 55만 6천 회의 소규모 작전을 수행하였으며, 4만 4100여 명의 적군을 사살하였다 한다. 그리고 10억 달러를 벌어들였다고 한다. 한미 공동작전시에는, 미군은 주로 후방에서 포를 쏘고 한국군은 직접 마을에 들어가 작전을 펼치는 등의 역할분담이 이루어졌다.

『한겨레21』의 구수정 통신원에 따르면, 이 과정에서 한국군 지휘부는 작전시 "깨끗이 죽이고 깨끗이 불태우고 깨끗이 파괴한다" "놓치는 것보다는 오인사살이 낫다" "보이는 것은 모두 베트콩이다" "물(인민)을 퍼내서 고기(베트콩)를 잡는다" "어린이도 첩자다" "땅굴이 있는 집은 모두 베트콩이다" 등의 전술지침을 가지고 있었다. 구수정 통신원의 지적처럼, 총구는 양민들을 향해서도 열려 있었던 것이다. 이 결과 아직 불확실하다는 단서를 붙인 베트남 문화통신부의 통계는 약 5천 명의 집단 양민학살이 있었다고 보고 있다.

그러나 이 공인된 수치의 배를 넘는 수치를 현지 지역주민들이 주장하고 있어 실질적인 양민학살 숫자는 수만에 이를 수도 있을 것이다. 베트남전투는 게릴라전투임을 고려한다면, 한국군 전사자의 10배가 넘는 게릴라가 전투중에 한국군에 의해 사살되었다는 것은 납득이 가지 않는다. 정상적인 게릴라전투에서는 일반적으로 정규군의 전사자가 많게 마련이다. 그런데도 한국군 전사자보다 게릴라 전사자가 10배 가까이 많았다는 사실은 바로 양민학살에서 비롯되었을 것이라는 강한 의구심을 자아내게 한다.

한국군에 의해 저질러진 양민학살이 이 정도임을 감안한다면, 미군에 의해 저질러진 미라이 양민학살, 고엽제에 의한 살해, 북베트남에 대한 무차별 폭격에 의한 집단적 양민학살 등 미군의 양민학살이 어느 정도일 것인지는 짐작이 갈 만하다. 여기에다 프랑스의 괴뢰정부였던 남베트남의 바오 다이와 미국의 괴뢰였던 고 딘 디엠과 그 이후 미국의 하수인(American boy)이었던 남베트남 군부정권에 의해 자행된 양민학살은 불교사원의 불도들에 대한 집단학살 등 한국전쟁에서 이승만정권의 학살에 버금가는 것이었다. 최소한 200만 명 이상이 미국과의 제2차 베트남민족해방전쟁에서 죽임을 당하였고 그 가운데 반수 이상이 민간인이었다. 그래서 두 전쟁 다 인류의 양심을 시험한 '더러운 전쟁'이었다.

무엇 때문에 이 두 전쟁에서 이런 끔찍한 양민학살이 자행되었는가? 우리는 두 전쟁의 성격과 제2차 세계대전 이후 세계의 경찰이 되어 독선과 오만에 가득 찬 제국주의 미국의 개입이라는 특징에서 그 단초를 찾아야 할 것이다. 세계패권을 위한 미국의 독선으로 그 이전까지 한나라, 한땅덩어리, 한민족, 한형제 들이었던 두 나라가 하루아침에 두 쪽으로 분단되었으며, 그 결과 외세에 의해 강요된 분단체제를 거절하고 이를 스스로 무너뜨려 본래의 통일체제로 되돌아가려는 너무나도 자연적인 움직임 그것이 바로 전쟁으로 나타난 것이었다. 이러한 점에서 두 전쟁은 반(反)제국주의 전쟁, 민족해방전쟁, 사회주의 혁명전쟁, 통일전쟁이라는 공통의 성격을 지녔다. 이에 대한 논의는 좀더 심층적인 분석이 요구되므로, 여기에서는 한국군에 의한 양민학살의 참모습을, 구수정 통신원의 보도를 근거로 일부나마 살펴보기로 한다.

베트남 사람들에게 한국군은 너무나도 잔인하여 못하는 짓이 없는 군대로 이름이 널리 알려졌다. "청룡이 지면 꼭 학살이 일어난다" "미군의 꼭두각시들 중에서 한국군들이 가장 극악했다는 건 세 살배기 아이들도

안다." 한국군의 잔혹한 대량학살 때문에 남베트남민족해방전선(NLF)조
차 가급적 직접적인 교전은 피하려 할 정도였다고 전해진다.

구수정 통신원이 전하는 한국군의 학살만행 일부를 소개하면 다음과
같다. 1965년 12월 22일, 한국군 작전병력 2개 대대가 빈딘 성의 퀴년 시
에 있는 몇 개 마을에서 "깨끗이 죽이고 깨끗이 불태우고 깨끗이 파괴한
다"는 작전 아래 12세 이하 어린이 22명, 여성 22명, 임산부 3명, 70세 이
상 노인 6명, 즉 대부분 노약자인 양민을 학살했다.

랑은 아이를 출산한 지 이틀 만에 총에 맞아 숨졌다. 그의 아이는 군홧발에
짓이겨진 채 피가 낭자한 어머니의 가슴 위에 던져져 있었다. 임신 8개월에 이
른 축은 총알이 관통해 숨졌으며 자궁이 밖으로 들어내져 있었다. 남한 병사는
한 살배기 어린아이를 업고 있던 찬도 총을 쏘아 죽였고 아이의 머리를 잘라 땅
에 내동댕이쳤으며 남은 몸통은 여러 조각으로 잘라내 먼지구덩이에 버렸다.
그들은 또한 두 살배기 아이의 목을 꺾어 죽였고, 한 아이의 몸을 들어올려 나
무에 던져 숨지게 한 뒤 불에 태웠다. 그리고는 열두 살 난 융의 다리를 쏘아 넘
어뜨린 뒤 산 채로 불구덩이에 던져넣었다.

한국군들이 마을에 들어가 주민을 체포하면 남자와 여자를 따로 나눴다. 남
자는 총알받이로 데리고 나갔다. 여자는 군인들 노리갯감으로 썼다. 희롱하고
강간하는 것은 물론 여성들의 가장 신성한 부분에 불을 지르기도 했다.

한국군들의 양민학살 행위유형은 무차별 기관총 난사, 대량살육, 임산
부 난자살해, 여자들에 대한 강간살해, 가옥 불지르기 등이었고, "아이들
의 머리를 깨뜨리거나 목을 자르고 다리를 자르거나 사지를 절단해 불에
던져넣고" "여성들을 돌아가며 강간한 뒤 살해하고 임산부의 배를 태아가

빠져 나올 때까지 군화발로 짓밟고" "주민들을 마을의 땅굴로 몰아넣고 독가스를 분사해 질식사시키는" 것 등이었다.

이렇게 인간으로서는 감히 상상이 되지 않는 천인공노할 죄악을 저지른 장본인이 바로 한국군이라는 사실은 도저히 믿어지지 않지만 엄연한 역사적 현실이었다. 이러함에도 불구하고 학살현장을 취재하는 한국인 구수정 통신원에게 베트남 사람들이 보여준 순박함과 정감 어린 미소에 우리는 옷깃을 여미지 않을 수 없다.

3. 상황논리, 면죄부 안 된다

한국군이 저지른 베트남 양민학살에 대하여 참회와 사죄로 부끄러운 과거사에 용서를 비는 움직임이 우리 사회에서 활발히 전개되고 있다. 노근리 양민학살에 대하여 진정한 뉘우침 없이 또다시 역사를 덮어버리려는 미국의 반(反)역사적인 모습에 울분을 토하던 우리에게 베트남에서 부끄러운 우리 자신의 과거사에 진정한 용서를 빌고 있는 우리 시민사회의 모습은 한결 자긍스럽다. 노근리의 원한과 고통이 밑바탕이 되어 베트남 학살에 대한 참회라는 숭고한 발돋움으로 진전되기를 바란다.

그러나 이러한 역사의 진전을 위해서는 정부와 참전군인 일부의 옹졸한 몇몇 역사인식과 논리가 극복되어야 한다. 첫째는 상황논리이다. 곧 베트콩과 양민을 구별할 수 없는 특수상황이었고 어차피 전쟁에서 어느 정도의 양민학살은 불가피하였고, 그래서 우리의 과거사는 면죄부를 받을 수 있다는 논리이다. 둘째는 '사죄'는 참전군인들의 명예를 더럽히는 것이므로 사죄를 하지 않고 어정쩡한 '화해'를 모색하여 어물어물 넘기자는 인식이다.

첫째의 상황논리는 적군과의 직접적인 교전 가운데 의도하지 않게 양민이 희생되는 경우가 있고 따라서 어느 정도 불가피한 상황이 인정되어야 한다는 주장이다. 마치 과실치사와 같은 것이다. 그러나 이러한 과실치사도 지구상의 모든 나라에서 형사처벌하고 있다는 점을 우리는 주목해야 한다.

더 문제가 되는 것은 베트남 학살은 과실치사 수준이나 직접적인 교전 중에 발생한 것이 아니라 의도적이고 체계적이며 조직적인 수준에서 대거 이루어졌다는 의혹을 사고 있다는 점이다. 다시 말해 농사지으러 가는 농부, 어린이, 노인, 임산부, 스님, 아내와 어린 자식 등 무장을 하지 않은 이들이 학살의 주요 대상이었다.

학살유형은 작전을 나온 한국군이 마을에 들어와 마을사람들을 불러모아 음식을 나눠주어 안심을 시킨 후 집단학살을 자행하는 것이었으며, 적과의 교전중에 양민들이 사살된 것이 아니라 작전지구 근처나 교전과는 상관없는 마을이 통째로 학살되는 경우가 대부분이었다는 점이다. 대부분의 경우 베트콩인지 아닌지를 제대로 확인하는 절차도 없이 집단적 학살이 이루어졌다.

설사 확인하는 절차가 있었다 하더라도 그것은 통역도 없는 상황에서 한국말로 묻는 경우가 대부분이었다고 한다. 일부 베트남 사람들에게는 '베트콩'이라는 낱말 정도가 한국군 입에서 나온 것을 인지할 정도였다. 이러한 행위는 상황논리의 불가피성으로 설명될 수 없으며 더 이상 전쟁이 아니라 무차별 살인행위로 평가되어야 한다. "군인들이 아무리 긴박한 상황에 처했다고 해도 민간인들에게 총격을 가하는 것을 용납한다면 전쟁과 야만행위가 구별 안 되는 암흑의 경지에 빠지게 된다."

또 베트콩과 양민의 구분이 되지 않는다는 상황논리는 억지에 불과하다. 한국전쟁에서도 북한군과 민간인은 인종적으로 전혀 구분되지 않았다. 민간인 대열에 북한군이 섞여 있을 가능성은 얼마든지 있었다. 그렇다고 해서 미군이 한국 양민을 살상하는 행위를 우리는 상황논리라고 면죄부를 주는가? 노근리 학살 등에 우리 자신이 그토록 분노하면서 우리가 저지른 비슷한 행위에 대해서 우리에게 면죄부를 주자는 이중잣대를 댈 수는 없다. 민간인 대열에 적군이 잠입해 있을 가능성은 어느 전쟁에서나 있는 일이지 베트남전쟁에만 해당하는 특수 상황은 아니다.

뿐더러 한국전쟁에서 북한군과 민간인, 남한군과 민간인이 인종적으로 구분이 되지 않는다는 사실은 미군에게나 중국군에게 모두 해당하는 경우이었지만, 중국군의 양민학살은 한 번도 제기된 적이 없다. 그리고 스페인내전에 참전한 인민전선 의용군들은 수십 종의 인종으로 이루어졌는데도 양민학살은 없었다. 이는 양민학살의 불가피성을 역설하는 상황논리가 경험적으로 반증되는 대표적인 경우이다. 이들은 자신들이 참전한 전쟁의 성격에 대한 이해와 참전명분을 뚜렷하게 가졌기 때문에, 학살을 저지를 수 없었던 것이다.

그러나 우리 파월장병은 민족해방전쟁이고 통일전쟁인 베트남전쟁의 성격을 전혀 이해하려 하지도 않았고 이해할 수도 없었다. 이러한 몰이해는 파월장병을 위문한 바 있는 김영삼 전 대통령의 회고록에도 잘 나타난다. "한국 헌병이 비행장 안까지 들어와 앞뒤로 요란스럽게 호위하고… 경적을 울리며 거리를 질주하면 다른 차들은 운행을 중단하고 기다려야 했다."

베트남 주권을 짓밟는 이러한 한국군, 아니 박정희 독재정권과 세계의 깡패국가인 미국의 오만은 원천적으로 양민학살을 잉태하였던 것 같다. 이 결과 게릴라전쟁인 베트남전에서 한국군은 아군 전사 5천여 명에 적군 사살 약 4만 7천여라는 무려 10배 가까운 전과를 올리는, 이해되지 않는 전쟁기록을 남겼다. 무릇 게릴라전쟁에서는 게릴라군보다 정규군의 피해가 높은 것이 보편적 현상인데도 불구하고, 한국군의 10배가 넘는 전과를 어떻게 해석해야 할까? 이 예외적인 전과와 베트남 양민학살이 직접적으로 연결되어 있지 않았을까 하는 의혹을 제기하지 않을 수 없다.

4. 노근리의 해원을 넘어 베트남 학살의 참회로

한국전쟁이 끝난 지 거의 반세기가 가까워온다. 베트남전쟁이 끝난 지도 이미 4반세기가 지났다. 그러나 아직까지 그 원혼들은 구천을 떠다니면서 안착을 못하고 있다. 살아남은 유가족 역시 사무치는 원한을 가슴에 안은 채 쌓이고 쌓인 한을 풀지 못하고 있다. 또 일제 식민지하에서 우리 조선인들이 겪은 쓰라린 과거와 분노는 한 주도 빠짐 없는 종군위안부대책위원회의 수요집회에서 여전히 되살아나고 있다. 우리의 분노는 노근리를 계기로 미국에게 향하고, 종군위안부에 이르러서는 일본으로 향하고 있다.

그러나 박정희가 그토록 침이 마르게 칭송한 한국군 청룡부대가 무고한 양민들을 수없이 학살한,『머나먼 쏭바강』의 무대이기도 한 푸옌성 투이호아의 쏭바강 근처에 베트남 주민들이 세운 증오비(憎惡碑)와 한국군이 저지른 양민학살의 곳곳에서, 그들은 멀고 먼 한국을 향하여 한을 삭이려고 진저리치고 있다. 이제까지 우리의 가슴속엔 우리의 한만 자리잡고 있었지, 그 수많은 베트남 사람의 기막힌 한을 받아들이지 못하는 편협하고 수치스런 우리의 가슴이 아니었던가?

우리는 이제까지 일본이 저지른 야수적 행위에 대하여 진정한 사죄를 갈구해 왔고, 그것이 이루어지지 않자 일본에 대하여 원초적 배신감을 가지게 되었다. 그러나 친일파와 그 후예들이 아직도 이곳 남한 땅에서는 절대권력을 휘두르고 있다는 사실에 대하여는 애써 눈을 감는 이중적인 모습을 보여왔다. 노근리에 대해서도 우리는 미국에게 진정한 사죄와 배상을 요구하고 있다. 당연히 우리는 노근리에 국한하지 않고 한국전쟁중에 저질러진 미군의 모든 양민학살에 대하여, 북한 지역까지도 포함하여 공식적인 사죄와 배상을 받아야 한다. 동시에 이 원칙은 우리의 남북한 정권에 의해 저질러진 양민학살에도 그대로 적용되어야 한다.

그러나 그 이전에 우리가 해야 할 일이 있다. '전선이 없는 전쟁'이란 구실로 총을, 무기를 들지 않은 여자와 노인 들, 젖먹이와 아이 들까지 무참히 학살한 한국군의 베트남 양민학살 행위에 대하여 일본이나 미국에 앞서서 정부, 참전군인 그리고 우리 시민이 다 함께 진정으로 사죄하면서 과거의 쓰라린 역사를 청산하는 일이다. 더구나 종군위안부로 상징되는 전쟁의 잔혹성에서 보여지듯이, 전쟁으로 인해 얼마나 많은 여성들이 전장에서 짓밟히고 숱한 성폭력을 당하였는가 또한 혼혈아를 낳아 기르는 가운데 얼마나 무수한 고통을 겪었는가 하는 현실을 직면하고 우리는 그 책임을 묻고 우리 스스로도 책임을 다해야 한다. 이렇게 할 때 비로소 우리는 노근리의 원한을 바탕으로 베트남 학살의 참회로 나아갈 수 있는 것이다.

"지난날에 구애되어 앞날에 장애가 되어서는 안 된다"는 이승만 식의 역사인식이나 "과거를 닫고 미래로 나아가자"는 베트남 정부의 반역사적인 고육지계는 우리가 취할 바는 아니다. 오히려 이제는 "불행했던 역사가 전진을 가로막는 족쇄가 되지 않도록 하기 위해서는 그 불행했던 역사에 대한 청산이 전제되어야 한다"는 이 역사적 진리를 베트남 학살의 구체적 역사 속에서 실천할 때이다. 이러할 때 비로소 우리는 극단의 20세기에 인류가 인류를 향해 저지른 각종의 폭력을 청산하고 한반도에 평화를 가져오고 평등하고 자유로운 평화의 21세기로 나가는 문을 열 수 있다.

베트남 학살 관련자료

Baldwin, F., "The American Utilization of South Korean Troops in Vietnam," *America's Rented Troops: South Koreans in Vietnam*, American Friends Service Committee.

Jones, D. and M. Jones, "Allies Called Koreans: A Report from Vietnam," *America's Rented Troops: South Koreans in Vietnam*, American Friends Service Committee.

Betrand Russel Peace Foundation (1968), *Against the Crime of Silence: Proceedings of the Russel International War Crimes Tribunal Stockholm-Copenhagen*, John Duffen, ed., O'Hare Books.

Evans, G. (1983), *The Yellow Rainmakers: Are Chemical Weapons Being Used in Southeast Asia?*, Verso.

Hess, M. (1993), *Then The Americans Came: Voices from Vietnam*, Four Walls Eight Windows.

Hayslip, le Ly (1990), *When Heaven and Earth Changed Places: A Vietnamese Woman's Journey from War to Peace*, A Plume Book.

역사를 바꾼다

북아일랜드의 평화구축

마리 피츠더프 | 김지항 옮김*

1998년 4월 10일 화창했던 금요일, 저무는 일광을 가르고 비틀거리며 스터먼트(Stormont) 문을 걸어나오는 북아일랜드 정치인들 거의가 눈물을 글썽이고 있었다.[1] 협상초안이 만들어지는 동안 며칠 밤낮을 계속된 긴장과 흥분, 수면부족에 분명 모두가 지쳐 있었다. 시위대들은 저지되었고, 무장해제 등 도저히 넘어설 수 없으리라 예상되었던 여러 문제들이 해결되었다. 지난 며칠간 영국과 아일랜드의 수상이 지지차 방문했고, 클린턴

---

* 마리 피츠더프(M. Fitzduff)는 분쟁학(Conflict Studies) 교수이자 현재 INCORE(Initiative on Conflict Resolution and Ethnicity)의 의장을 지내고 있다. INCORE은 연구, 훈련, 정책개발 등의 통합적인 접근을 통해 갈등을 조정하고자 하는 얼스터(Ulster) 대학과 UN대학의 협동분과이다. 이전에는 정부, 법정단체, 노동조합, 회사 그리고 북아일랜드의 갈등문제와 관련된 프로그램을 개발하는 공동체집단 등과 협력하는 북아일랜드 공동체교섭협의회(Community Relations Council)의 의장으로 활동하였다.

옮긴이 김지항은 이화여자대학교 대학원 여성학과 석사 수료하였음.

1) 스터먼트는 벨파스트 끝에 있는 북아일랜드의 전통적인 정가이다.

대통령도 격려전화를 아끼지 않았다. 국민들은 희망과 절망이 교차하는 긴장된 호흡을 거듭하며 결과를 기다리고 있었다.

희망은 실현되고 기적이 일어났다. 벨파스트 협정(Belfast Agreement)이 이루어진 것이다. 30년 동안의 유혈 시민전쟁 이후, 북아일랜드의 정당들은 마침내 의정(議政)적 · 정치적 · 문화적 관점으로 분리되어 있는 사회를 통치하는 데 필수적인 원칙과 경우에 따라 시행할 몇 가지 실천에 대해 합의를 이루어낸 것이다. 근본주의적 민족주의자들과 통합론자들의 거센 반대에도 불구하고, 6주 후 71%가 넘는 투표율에 의해 협정안이 승인되었다. 평화로 가는 길이 확보된 것이다.

무엇이 북아일랜드로 하여금 이 특별한 전환점에 이를 수 있게 하였는가? 결과적으로 평화를 이룩하는 데 중요한 진전은 무엇이었는가? 이런 진전과정에 대한 논의는 분명 수십 년 동안 계속될 것이다. 다음 내용은 긍정적인 정치적 해결의 맥락을 창조하는 데 중요하게 작용했던 노력들과 그 성과에 대한 것이다.

1. 대화와 협조의 새로운 가능성
: 공동체 내의 개발, 공동체간의 교섭활동

1969년 북아일랜드에서 시민 폭력사태가 발발했을 때, 특히 그해 8월 벨파스트와 데리/런던데리[2)]에서 폭동이 일어난 직후 영국 노동부장관 제임스 캘러헌(J. Callaghan)은 정부 내에 공동체 교섭을 위한 부서를 마련하고 공동체 관계를 향상시킬 정책의 추진을 담당하는 공동체교섭위원회

---

2) 일반적으로 구교도들은 이 도시를 데리(Derry)라고 부르며, 대부분의 신교도들은 런던데리(Londonderry)라는 명칭을 선호한다.

(Community Relations Commission)를 수립할 것이라고 발표하였다.

그후 이 위원회는 주요 전략으로 북아일랜드 전역에 지역공동체 개발 프로그램을 도입할 것을 결정하였다. 이 결정은 자신감을 결여한 공동체들이 다른 지역들에 비해 더 공격적인 태도를 취하기 쉽다는 생각에 기초한 것이었다. 나아가 권력구조와 관련하여, 특히 사회적으로 더 주변화되어 있는 공동체 사람들의 문제는 무력감과 분노를 일으키고 이것은 다시 공동체의 긴장을 낳게 된다고 보았다(Hayes, 1972).

공동체교섭위원회는 1974년 4월 북아일랜드 의회의 새로운 권력수립을 내용으로 하는 서닝데일 협정(Sunningdale Agreement)이 체결되기 전까지 존재하였다. 북아일랜드의 새 의회는 서닝데일 협정을 수행하면서, 앞으로는 정치인들이 공동체 발전과 공동체 관계의 문제에 책임을 져야 한다는 근거 아래 공동체교섭위원회를 폐지하였던 것이다. 그러나 아이러니컬하게도 새 의회 자체는 협정의 일부였던 절충적 단체(cross-border body)들의 활동범위를 둘러싼 정치인들간의 의견차이와 북아일랜드를 마비시킨 왕당파 노동자들의 파업으로 불과 5개월 만에 붕괴되어 버렸다.

그럼에도 불구하고 공동체 개발과정은 공동체들간, 그리고 정부와 공동체들 간의 소통을 활성화시키는 중요한 방법으로 남아 있다. 이런 과정은 그후 잇따른 여러 프로그램에 의해 이어졌고, 20년 동안 자금지원도 받아왔다.

이로부터 10년쯤 지난 1985년에 인권에 관한 상임권고위원회(the Standing Advisory Commission on Human Rights)가 공동체 교섭업무의 현상황과 앞으로의 개발 가능성에 대한 보고서를 의뢰하였다(Frazer & Fitzduff, 1986). 이 보고서는 공동체 교섭노력의 많은 부분에서 자원부족과 개발수준의 저급성, 전략부재 등이 드러난다면서, 개발에 관한 이론적 틀을 비롯하여 정부가 이 문제를 심각하게 수용하고자 할 때 고려해야 할 몇 가지 실천적 구조를 제안하고 있다. 구체적으로 정부 내에 전문적 공동체 교섭단위를 설치할 것과 공동체 교섭활동에 관련된 정책과 훈련·기금 문제를 제기할 독립적인 공동체 교섭단체를 마련할 것을 제시하였다. 이에 따라 1987년에는 중앙공동체교섭단위(the Central Community Relations Unit, CCRU)가 정부의 핵심 단위로 설립되었으며, 1990년에는 정부와 독립되어 있는 공동체교섭위원회(the Community Relations Council, CRC)가 발족하였다.

공동체 교섭(1990~98)

CRC는 초기에 전략계획을 수립하면서 중재집단의 개발에 집중하지 않기로 결정했다. 대신 활동범위를 확대하여 그 동안 평화구축 노력에 적극적으로 참여하지 않았던 집단들(기업, 교회, 스포츠집단, 건강과 교육 관련 단체 등)과 자원활동가들, 그외 지역공동체 내의 여러 집단들을 포괄하는 데 중점을 두었다. 또 80년대 이래로 노동현장에서 일어나고 있던 협박과 분리에 반대해 온 노동조합과도 긴밀한 관계를 맺고 활동하였다.

이로써 평화구축을 위해 일하는 집단이 양적으로 계속 확장되는 의미 있는 결실을 맺었는데, 이러한 성장의 상당 부분은 이 활동에 대한 재정적 투자가 큰 폭으로 증가한 데 힘입은 바 컸다.[3] 1998년까지 관련업무에 참여하는 민간집단의 수가 크게 늘었으며, 정치적 대화와 중재활동뿐 아니라 인권, 문화적 다양성, 사회·경제적 문제에 대한 협력, 정체성 확립 활동, 중립적 공간 확보 활동, 분파주의 및 폭력 반대활동 등[4]에 관한 개

---

3) 1990년 분기당 100만 파운드에서 1997년까지 연간 거의 700만 파운드로 증가하였다.

4) 정체성 확립 활동(single identity work)은 교류와 협력적 활동에 앞서 공동체 내의 자신감을 향상시키기 위해 추진된 활동이다. 중립적 공간 확보 활동(neutral venue work)은

발 프로그램 및 훈련횟수 또한 1986년 40건에서 1996년 140건으로 증가하였다.

한편 이론적 틀이 확장됨에 따라, 이 활동은 더 광범한 스펙트럼의 사람들과 관계를 맺기 시작했다. '평화와 비둘기' 식의 전형적 이미지를 냉소적으로 바라보던 사람들이 포함되기 시작했고(Fitzduff, 1989), 따라서 이해와 협력 같은 '상대적으로 온건한' 문제들을 표방하는 개인 및 집단뿐 아니라 불평등, 권리, 정책·정치·의회상의 차이 같은 '상대적으로 급진적인' 문제들을 표방하는 개인·집단들과도 연대를 쌓아나갈 수 있었다.

그뿐이 아니었다. 공동체 개발에 좀더 실질적인 자원을 제공하기 위해 70년대부터 추진되었던 프로그램이 정치적으로 상당한 효과를 발휘하기 시작했던 것이다. 즉 지역민주주의가 부재한 상황에서 분산되어 있던 지역공동체들이 사회적·경제적·정치적 문제들에 관한 정부활동에 참여하게 된 것이다. 90년대에 들어와서는 이 같은 프로그램들이 한편으로 친영주의나 공화주의, 페미니즘 사고를 발전시켜 온 공동체 중심의 새로운 정치가집단을 만들어내는 데 일조하기도 했다.

이와 같은 세력들이 성장함으로써 결과적으로 벨파스트 협정에 서명할 수 있었던 정당들의 정치연합이 다양하게 이루어지는 것도 가능했다. 급

양 공동체가 이용할 수 있는 모임장소의 개발 문제를 다루는 것으로, 대부분의 지역이 분파적으로 나뉘어 있는 북아일랜드에서 매우 필요한 것이었다. 반분파주의 활동(anti-sectarian work)에서는 다른 집단에게 가해지는 배제와 차별적 과정들을 조사하였으며 이런 현상들을 다룰 수 있는 프로그램(개인이나 다른 공동체를 소외시키는 기관들 내의 직원·경영자·고객의 입장이나 휴일선택, 문화적 관행 등에 관한 각 공동체의 특성을 검토하는 일 등)을 개발하였다. 반폭력 활동(anti-intimidation work)은 깃발 게양 혹은 차별 같은 문제가 되는 사안들이 종종 폭력을 유발하고 때때로 살인까지 이어지는 분리된 작업장의 어려움을 다루는 활동으로서, 직원방침의 시행, 그러한 위협을 다루는 훈련 등을 포함하고 있다.

진통일당(PUP), 북아일랜드여성연합(NIWC), 신페인당(Sinn Fein) 같은 정당들은 모두 자신들이 기반하고 있는 공동체와 사회 정치학에서 상당한 경험을 가지고 있다.[5]

이 정당들은 지역사회의 문제를 다루어온 집단적 경험으로부터 풍부한 교섭력을 갖출 수 있었으며, 또 이러한 경험은 새 의회의 대표로서 직면하게 될 사회적 · 경제적 과업을 예측할 수 있는 좋은 계기가 되었다.

유럽연합(the European Union, EU)의 외적 도움 또한 중요한 역할을 하였다. 1994년 정전이 선포되었을 때, EU는 북아일랜드의 경제성장과 평화정착을 위해 2억 5천만 파운드를 지원하기로 결정하였으며, 이 기금은 분배를 위한 기준 마련에 각 공동체들의 요구를 포함시킴으로써 유용하게 사용될 수 있었다. 이 과정에서 공동체들은 서로 다르게 표출되는 사회 · 경제적 요구를 깨달을 수 있었으며, 미래의 협력적 정부를 실현하는 데 유용한 훈련을 쌓았다.

2. 정치가 분리되어 있는 상황에서도 계속된 대화

자동차로 전지역을 다 돌아보는 데 세 시간도 채 걸리지 않는 작은 땅, 북아일랜드에서, 정치적 대화의 실현이 얼마나 어려운지를 이해하기란 그리 쉽지 않은 일이다. 그것은 부분적으로 공동체 사이에 존재하고 있는 침묵의 문화 때문이다.

이런 분위기 속에서는 문화적 혹은 정치적 차이에서 비롯되는 문제를 제기하는 것이 상황에 따라서 무례하거나 위험한 행동으로 여겨진다. 공

---

5) 급진통일당(the Progressive Unionist Party)과 북아일랜드여성연합(the Northen Ireland Women's Coalition)은 지역공동체 활동에 기반을 두고 있으며, 신페인당(Sinn Fein) 또한 지역공동체 활동으로부터 대부분의 지지를 이끌어내고 있다.

동체의 차이를 대표하고 있는 정치가들조차 공식적인 대화를 제외하고 그 어떤 만남을 갖는 것(대화라는 것이 일반적으로 적대적인 특징을 가지는 것으로 이해되기 때문이다)은 거의 불가능한 일이다. 그리고 대부분의 갈등 상황에서 정부와 정당이 신페인당과 대화를 하는 것 역시 거의 불가능하다. 신페인당은 어떤 식으로든 IRA와 준군사적 폭력에 관련되어 있다고 생각하기 때문이었다.[6]

이런 상황에서, 정치적 대화를 촉진시키고 결과적으로 통합을 향한 대화를 이끌 수 있도록 정당들간의 충분한 동의를 얻어내는 데는 대단히 정교한 노력이 요구된다.

90년대 초반에, 퀘이커교도들이 일부 정치인들과 함께 이런 대화과정을 주도하여 줄다리기를 거듭하는 가운데 대화의 문을 열기 시작했다. 학계 역시 정치가를 비롯한 여러 사람들을 위한 워크숍을 조직하는 데 매우 유용했다. 워크숍은 흔히 아일랜드에서 개최되기보다, 국내보다 만남을 갖기 쉬운 워싱턴이나 남아프리카 같은 곳에서 열렸다. 이러한 회합은 참가자들에게 갈등을 해결하기 위한 보다 넓은 관점을 얻을 수 있는 기회를 제공했을 뿐 아니라, 정치가들에게는 친선을 도모할 수 있는 기회가 되었다. 사실 이런 관계는 사회적·정치적으로 제한되어 있던 북아일랜드의 상황에서는 불가능한 것이었다.

또 하나 효과적이었던 활동은 소수의 개신교 성직자집단이 중심이 되

---

6) 이런 상황에서 영국 정부가 마침내 IRA와 대화하기 시작하였으며, 또 80년대 말부터 90년대 초반까지 사회민주노동당(Social Democratic and Labour Party, SDLP)의 지도자 존 흄이 다른 정당들의 비난을 받으면서도 게리 애덤스와의 대화에 나서는 과정이 잇따랐다. 이런 대화에서, 몇몇 구교 성직자들의 노력으로 성사된 신페인당과 아일랜드 정부의 대화뿐 아니라 아일랜드 통일이라는 공통의 목표 성취에 가능한 한 범민족주의적·비폭력적 방식으로 접근한다는 점이 제기되었다.

었다. 대부분의 정당이 대화를 심각한 치욕으로 여기고 있었을 때, 이들은 신페인당과 은밀한 대화창구를 열어 신페인당이 신교도/연방주의 공동체가 지니고 있는 희망과 두려움의 실체를 이해하고 이에 답할 수 있는 유용한 맥락을 제공하였다. 그리고 더블린 외곽에 있는 '화해를 위한 글렌크리 센터(Glencree Centre for Reconciliation)' 같은 집단도 1994년 정전 후에 워크숍을 통해서 정치가들과 관계를 맺었다. 공동체 내의 노동자들 역시 공동의 사회적·공동체적 관심을 키워나갔다. 이들은 자신이 속한 공동체와 외부의 적대적 공동체 모두로부터 가해지는 위협에도 불구하고 대화와 우호적 관계를 형성하는 데 참여하는 창조적인 방법들을 찾아가기 시작했다.

이상과 같은 과정들에서 중요한 것은, 대부분의 과정이 은밀하게 이루어졌으며 또 정치적인 공포와 소망을 발전적으로 표명할 수 있는 보다 안전한 맥락을 제공했다는 점이다. 결과적으로 정부와 정당들 사이에서 개발된 대화 이외에도 이런 대화의 과정이 가능성의 축적이라는 무한한 가치를 지니고 있으며, 하다 못해 몇몇 정치가의 충분한 이해와 신뢰 같은 미약한 진전이 진정한 평화를 향한 발걸음을 내디딜 수 있게 한다는 것을 증명한다.

평화수립에 긍정적인 영향을 미친 것으로서, 대화과정 자체가 아니라 특정한 정치적 위치에 함몰되지 않는 정당의 출현을 빼놓을 수 없다. 북아일랜드여성연합(the Northern Ireland Women's Coalition)은 1996년 정치적 대화를 위한 북아일랜드 포럼의 선거가 실시되기 바로 6주일 전에 결성되었다. 이 조직은 기존 정당들이 북아일랜드 정치에 여성도 참여해야 한다는 요구[7]를 무시한 데 대해 많은 여성들이 느꼈던 분노의 응답으

---

7) 북아일랜드 의회에는 여성이 한 명도 없으며 다만 지방의회의 의원의 11%가 여성이다.

로 만들어졌다. 북아일랜드여성연합은 민족주의자와 통합론자 양쪽을 다 포괄했을 뿐 아니라 두 관점의 여성을 공동대표로 세웠다. 조직은 노동자, 전문직 종사자, 학자, 수녀, 노동조합원 등 모든 계급의 사람들로 구성되었으며, 공동체를 뛰어넘은 접근방식을 통해 선거에 맞섰다. 이들은 평등과 통합의 원칙을 강조하면서 협상 테이블의 한 자리를 획득했다. 성차별과 다른 정당들, 특히 통일당(Unionist)의 적대적인 태도에도 불구하고, 마침내 죄수의 사면이나 무장해제 같은 어려운 문제에 대한 정당들간의 대화를 촉진시키는 중요한 역할을 해내었다.

평화 수립과정에 새롭게 등장한 또 하나의 세력은 90년대 초부터 폭력종식을 위해 나섰던 비즈니스 공동체였다. 이전까지만 해도 이들의 활동은 폭력사태가 경계지역의 비즈니스에 미치는 영향에 대해 불평하는 정도에 머물러 있었다. 그러나 이제는 노동조합과의 연대를 통해 공화주의자와 연방주의자가 대립을 끝내고 협정구축으로 나아가도록 양쪽에 다 압력을 가할 수 있는 보다 전략적인 접근 가능성을 타진하고 있다.

상공회의소, 경영자연구소, 영국산업연맹, 거대 노동조합 등의 집단이 결연하여 전쟁종식과 진지한 정치적 협상을 촉구하는 선언을 공표하였다. 1994년 정전이 선언되기 전부터 신페인당을 포함한 모든 정당과의 대화에 관여해 온 이 비즈니스 공동체는 매우 효과적인 영향력을 행사해 왔는데, 진지한 정치적 대화에 참여하라는 이들의 압력에 대응할 필요성을 느끼기 시작했던 통일당에게 특히 그러했다.

90년대 들어서 미국 역시 대화와 평화를 위해 실질적인 지원을 보냈다. 미국은 점차 민족주의자뿐 아니라 통합론자들의 요구와 두려움을 고려할 수 있는 관점을 키워나가는 한편, 미국 내 광범한 아일랜드계 유권자들의 이해에 의해 추동되면서, 폭력종식에 대한 방법을 고민하기 시작했다. 브루스 모리슨 하원의원이나 빌 플라인과 찰스 피니 같은 사업가들이 아일랜드를 방문하여 IRA에게는 군사작전을 중단할 것을 설득하고, 통일당 쪽의 공동체들과도 교섭에 나섰다. 또 클린턴 대통령은 IRA가 여전히 도시를 포격하고 사람들을 살해하고 있던 1994년에 해결방법을 모색하고 있는 것으로 알려진 신페인당 당수 게리 애덤스의 미국 입국을 허락했다. 초기에는 이러한 행동들이 영국 정부로부터 의혹을 사기도 했지만, 곧 이러한 개입이 제공할 수 있는 지원에 대한 이해가 뒤따르게 되었다. 이런 지원은 특히 조지 미첼 상원의원의 조력에 힘입은 바 컸다. 그는 거의 2년 동안 대화과정을 이끌었으며 그의 노력은 대화의 성공에 귀중한 밑거름이 되었다.

3. 권력과 자원에의 평등한 접근을 보장하다
: 그 노력과 경제개발

1969년에 발생하여 3500명의 삶을 희생시킨 북아일랜드 폭력사태는 상당 부분 1921년에 발효된 북아일랜드 평등정책이 실패한 데 그 원인이 있었다. 새롭게 형성된 연합왕국(UK, 대브리튼과 북아일랜드를 합친 왕국을 지칭함-옮긴이)의 영토에는 북아일랜드에서의 불평등한 지위로 인해 고통을 받는 상당수의 구교도들이 포함되고 있음에도 불구하고,[8] 새로 들어선 통일당정부는 분리되어 있는 사회의 통치와 관련된 책임에 상응할 만한 노력을 거의 기울이지 않았다. 이에 따른 불평등한 양식들, 불평등한 투표체계, 정책에서의 비대표성, 교육·주택·일터의 게토화, 소수집단의 심각한 소외를 빚어낸 정책적 실패는 결국 내전이 발발하게 되는 맥락을 만들어냈다.

---

8) 1921년 현재 전체 인구 중 카톨릭교도의 인구구성비가 세번째로 높다.

1972년에 영국 정부는 북아일랜드의 통일당정부를 해산하였고, 북아일랜드의 정치와 사회안전에 대한 런던의 직접적인 통제가 시작되었다. 그러나 런던의 뒤늦은 관심은 결과적으로 북아일랜드가 보다 공정하고 문화적으로 민주적인 사회로 발전하는 데 도움이 되었다.

평등입법

1969년 8월, 영국 정부는 북아일랜드의 모든 시민이 UK의 일원으로서 평등한 대우를 받을 것과 차별받지 않을 자유가 있음을 선언하였다. 또 북아일랜드 의회는 기존의 불평등을 개선하기 위한 일련의 개혁법령을 입안하였으며, 이 개혁안들은 1972년에 영국 의회에서 통과되었다.

1969년의 입법활동은 정부 부서의 실정에 대한 불만을 조사하는 것으로 시작되었으며, 1972년에는 지방의회의 인사 공정성을 촉구하기 위한 위원회가 설립되었는데 이 위원회의 활동을 통해 인사상의 차별 문제가 여실히 드러났다. 이어 1973년의 북아일랜드 헌법은 입법의회가 종교와 정치적 신념에 대한 차별을 해결할 것을 규정하는 조항을 마련하였으며, 차별에 대항하는 법의 효력을 감시하기 위해 인권에 관한 상임권고위원회(the Standing Advisory Commission on Human Rights)가 설립되었다.

특히 주요한 불만사항으로 제기되어 오던 주거지에 대한 차별과 관련하여 모든 공공주택의 할당권한이 지방의회에서 주정부로 이전되었으며, 투표권에 대한 개혁도 이루어졌다. 이로써 구교도들을 효과적으로 차별하는 방식이었던, 자가주택 소유 여부가 투표권의 필요조건으로 간주되지 않게 되었으며, 사업주들의 복수투표권도 폐지되었다. 또 지방자치단체는 그 관할범위가 실제 구성원들을 적절하게 대변할 수 있도록 다시 규정되었으며, 민족주의계에 대한 지지가 높은 곳에서는 민족주의계가 권력을 획득하여 의회를 장악할 가능성이 커질 수 있도록 비례대표제를 도입하였다.

고용평등

1969년의 시민권 소요에 이어 북아일랜드의 고용 불평등이 입증되었다 (Cameron, 1969; Rose, 1971) 1971년 신교도 남성의 6.6%가 실업상태인데 비해 구교도 남성은 17.3%가 실업상태인 것으로 집계되었다. 그리하여 1976년에 종교나 정치적 신념을 이유로 한 고용차별을 불법화하는 평등고용법이 통과되었고, 고용차별과 관련한 신고를 접수하여 불평등이 있었는가를 심사하는 평등고용협회가 만들어졌다. 1989년 이 협회는 평등고용위원회(Fair Employment Commission, FEC)로 대체되었는데, FEC는 정부로부터 일터의 종교적 구성을 파악하고 간접적인 차별을 불법화하는 등 업무추진 면에서 별도의 자원과 권한을 부여받았다.

사회적 요구의 해결

그러나 정부가 북아일랜드의 불평등문제 해결을 시도한 지 20년이 지난 90년대 초반, 여러 지역의 구교도 공동체들에 심각한 불평등 양상이 남아 있음을 보여주는 지표들이 제시되었다. 예를 들어 북아일랜드 내 고실업지역 50군데 중 46군데가 구교도들이 밀집한 지역인 것으로 나타났다. 주변화된 게토 지역(주로 구교도 지역으로 신교도 지역은 소수에 불과)이 계속 남아 있고 이들 지역과 준군사적 폭력이 상호 결합되는 문제에 직면하여, 정부는 이와 같은 소외문제를 해결하는 것이 급선무라고 판단하였다(Poole, 1990). 이러한 판단에 따라 정부의 정책과 프로그램을 이런 지역, 즉 불평등과 박탈로 고통받는 공동체에 좀더 직접적으로 집중시킴으로써 이 지역들의 사회적 · 경제적 수준을 향상시키는 것을 목적으로 한 TSN(Targeting Social Need) 프로그램이 수립되었다.

TSN 프로그램이 실시되면서 좀더 나은 훈련기회가 제공되고 토착산업의 개발 노력이 증진되었으며, 그 밖에도 불평등의 정도가 가장 심각한 지역의 일자리 마련 기관을 보장하는 등 별도의 집중적 노력이 이루어졌다.

정책과 공정한 대우

1994년에 정부는 평등의 문제를 정부활동의 모든 영역에 해당하는 정책 결정과 집행의 조건으로 하고, 평등·공평·비차별에 대한 고려(종교 적·정치적 관계뿐만 아니라 다른 영역의 불평등까지도 망라하여)가 정 책제안의 출발에서부터 마무리에 이르기까지 입법과 정책시행을 위한 전 략계획 및 서비스 실행을 포함하여 적용되도록 보장하는 새로운 활동을 시작하였다. PAFT(Policy Appraisal and Fair Treatment)라 불리는 이 지 침은 현재 북아일랜드 정부의 모든 부서와 기관에 적용되고 있다.

런던의 직접적인 관할 아래 들어간 20년 동안 여러 가지 불평등이 해소 되었다. 북아일랜드에서는 부정한 투표체제라든가 주택할당의 불공정성, 교육기금의 불평등에 대한 불평이 더 이상 들리지 않는다. 다만 지역 차 원에서는 실업문제를 해결하기 위해 다양한 법적·사회적 장치들을 설치 했음에도 불구하고 구교도 남성의 장기실업 인구가 신교도 남성들의 그 것보다 2배로 높다는 점이 중요한 문제로 남아 있다. 전반적인 개선상황 은 통일당정권하에서 구교도들이 느꼈던 분노가 더 이상 폭력에 대한 계 속적인 지지 요인으로 기능하지 않을 것임을 의미했다.

4. 상호 교류와 이해의 가능성을 제공하다: 교육활동

북아일랜드의 대부분의 체계와 마찬가지로 교육체계 역시 분리되어 있었 다. 대개 아이들은 정체성에 따라 구분되어 있는 학교를 다녔다. 그러다 가 1981년에 구교와 신교 가정의 아이들 모두를 수용하는 통합학교가 처 음으로 문을 연 것을 시작으로 해서 30여 개의 학교가 학부모들의 어려운 노력의 결실로 설립되었다.[9] 통합학교에 다니는 학생 수는 여전히 소수에 불과하지만(전체 학생의 3%), 이 통합학교는 기존 교육체계의 변화를 이끄는 데 매우 중요한 역할을 하고 있다. 통합학교의 압력으로 마침내 일부 기존 학교들이 다른 공동체의 학생들을 받아들이는 문제를 기꺼이 고려하고 있다.

또 기존의 분리학교 내에서도 학생들에게 기존의 문화와 정치적 분리를 이해할 수 있는 기회를 제공하기 위한 중요한 노력을 수행해 오고 있다.

1990년대 초반, 공동체들 사이의 잘못된 이해와 분리를 해결하기 위한 학계와 교사들의 노력으로 모든 학교는 어린이와 청소년의 이해 증진을 목표로 하는 프로그램(문화적 유산, 상호이해와 친교 프로그램 등)을 교과과정에 포함시키는 것을 의무화했다. 그리고 1990년 전까지만 해도 구교도 학교에서 흔히 완전히 다른 식의 역사를 가르쳐왔으나, 이 무렵부터 모든 학교에서 북아일랜드의 역사를 공통 역사과목으로 가르치게 되었고 1994년에는 공통 종교 교과과정이 개설되었다. 이런 시행들을 통해 공동체간의 불신과 편견을 조성하고, 유지시켜 왔던 교육의 문제가 해결되기 시작한 것이다.

5. 모든 집단들간의 갈등 해결을 모색하다
: 지방의회 개선 프로그램

북아일랜드에는 26개의 지방의회가 있는데, 이들 지방의회는 다양한 수준에서 북아일랜드의 공적 생활에 배어 있는 적대감을 공공연히 표출해

---

9) 이런 통합학교의 설립과 재정확대는 자발적으로 혹은 사적인 기반에서 이루어졌다. 학교가 적정선의 학생 수를 확보할 때, 정부는 몇몇 경우에 한해서 학교에 대해 재정지원을 했다.

왔다. 어떤 의미에서 이들 지방의회는 1969년 사회불안의 직접적인 도화선이 되었던 차별적인 관행에 상당한 책임이 있었다. 지방의회의 권력남용은 너무도 명백하였기 때문에, 중앙정부는 지방의회에 집중화되어 있던 주택·의료보건·사회 서비스에 대한 권한 대부분을 제한하기에 이르렀다. 그러나 이렇게 권한이 제한되었을 때조차도 이들 지방의회의 행태는 신랄함, 적의, 나아가서는 물리적 폭력이 그 특징을 이루고 있었다.

마침내 중앙 공동체교섭 단위는 이런 지방의회들을 공동체 교섭활동에 참여토록 하는 결정을 내렸으며 1990년에 지역공동체 교섭 프로그램이 개발되었다. 이 프로그램은 지방의회들의 강력한 저항에도 불구하고 모든 의회 내에 자리잡게 되었다. 현재 각 지방의회는 최소한 한 명 이상의 전일제 공동체 교섭 책임자를 두고 있으며 이들은 지역 내에서 공존을 위한 요구들을 처리하고 있다. 이 프로그램은 지방의회들이 서로 분리되어 있는 교섭노력을 상호 보조하고 총괄할 수 있게 해주기 때문에, 프로그램의 존재 자체가 공동체 교섭의 실질적인 진전을 의미하는 것이었다.

이 프로그램에는 공동체 교섭활동, 공동체들간의 협력적 경제개발 프로그램, 연주회나 문화적 차이를 보여주는 연극 등 문화행사와 중재, 문제해결, 정치적 토론회 등이 포함되어 있었다. 이런 관계형성에 대한 노력이 적어도 2년 동안 적극적으로 이루어지면서 공동체들간의 관계는 상당히 개선되었다(Knox and Hughes, 1994).

6. 문화적 차이를 드러내고 인정하다
: 프로그램과 언론매체 활동

북아일랜드가 존재해 온 세월 내내 문화적·정치적 정체성에 대한 표현은 끊임없이 논쟁적인 사안이 되었다. 깃발 게양, 아일랜드어의 사용, 언어와 통합주의/민족주의의 대립 등 모든 것이 정치적 현실이라든가 그것과 입장이 다른 사람들의 열망을 위협하는 것으로 간주되었다. 특히 정체성이 경합하고 있는 영역 내에서의 이런 표현은 사회적 혼란을 불러일으킬 가능성까지 내포하고 있었다.

1921년 이래로 북아일랜드 민족주의 진영의 정체성 표현은 불법으로 간주되었다. 몇몇 입법조항(1951, 54)은 아일랜드 깃발의 게양을 금지하였는가 하면, 거리간판에 아일랜드어 사용을 금지하고(1949) 법정에서 영어를 제외한 모든 언어의 사용을 금지하는(1739) 법안이 통과되기도 하였다. 정부의 모든 업무는 영어로 수행되어야 했다.[10] 이와 같은 법들은 당연히 공동체 내에 긴장과 저항을 불러일으켰는데, 예를 들어 1992년에 민족주의 지역에서는 법에 대한 저항의 의미로 아일랜드어로 표기한 거리간판이 550개 이상 세워졌으며, 많은 민족주의자들이 통치권에 도전하는 문화적 무기로서 아일랜드 언어를 사용하기 시작했다.

현재는 이런 식의 분위기가 많이 변화되었다. 이런 변화는 주로 학계와 활동가, 정책수립자 들이 중심이 되어 조직한 문화전통단체(Cultural Traditions Group, CTG)의 노력에 힘입은 바 크다. 민족주의 공동체와 통합주의 공동체가 함께 설립한 CTG는 공동체교섭위원회의 후원 아래 활동하고 있다.[11] CTG에 참여하고 있는 사람들 상당수가 아일랜드어에 대한 정부의 부정적인 반응은 근시안적이고 불필요하다는 것을 인식하였다. 그후 이들은 아일랜드어를 발전시키고 지원하는 비분리주의적 기반조직인 Ultacht Trust를 위한 정부기금을 설립하고 이를 획득하였다. 정부

---

10) 그러나 인구의 10%가 아일랜드 언어에 대한 지식을 얻기 원하고 있다(Census Report, 1990).

11) 공동체교섭위원회는 1990년에 공동체 교섭을 촉진하기 위해 만들어진 독립적인 기관이며 CTG는 이 위원회 산하조직이다.

는 중급 아일랜드어를 가르치는 학교에 대해서 다른 학교들과 마찬가지로 재정을 보조해 주고 아일랜드어 신문에 대해서도 재정적 보조를 하는데 동의하였다.

마침내 1992년, 북아일랜드 국무장관은 지역의 요구가 있으면 아일랜드어의 거리표지판을 영어 표지판과 함께 설치할 수 있다고 공표하였다. 현정부는 아일랜드어로 씌어진 서한도 취급하고 있다. 아직 공식적인 기록을 아일랜드어로 발표하는 정책은 수립되지 않은 상황이지만, 벨파스트 협정이 아일랜드어로 발표된 것처럼 필요한 경우 이 또한 불가능하지는 않으리라 본다.

방송에서도 민족주의적 소수집단과의 마찰을 일으키는 갖가지 문제가 존재하였다. 스포츠를 포함하여 소수집단의 문화적 문제를 다루는 보도가 배제되었고, 북아일랜드주가 지속되어 온 55년 동안의 거의 대부분의 시기에 TV와 라디오에서는 아일랜드어를 사용하는 것이 금지되었다.

시민권 캠페인에 이어 새롭게 부각된 민족주의 공동체의 문화적인 완강함은 BBC가 라디오 프로에서 부분적으로 아일랜드어를 사용하기로 결정한 70년대 초반부터 조금씩 성공을 거두어나가기 시작했다. 많은 통합론자들의 거센 저항이 있었음에도, BBC는 실험적인 방송을 계속 추진하여 1981년에는 정규 아일랜드어 프로그램을 실시하였으며 1985년에는 몇몇 학교에서 아일랜드어의 교내방송이 이루어졌다. 그리고 1991년 BBC는 아일랜드어로 제작한 최초의 TV 프로를 방영하였다. 전체적으로 아일랜드어 방송시간은 여전히 미약한 수준이지만, 스코틀랜드의 게일어나 웨일즈의 웨일즈어와 비교해 볼 때, 방송에서 아일랜드어 사용에 대한 제한은 실질적으로 사라지고 있다고 볼 수 있다.

이처럼 CTG는 언어사용과 관련된 활동 이외에도 문화적 다양성의 표현과 정치적·문화적 사안에 대한 논쟁을 활성화하는 활동을 펴나갔으며

기금을 적립하여 방송사들의 활동을 발전시켜 나갔다. CTG의 이런 활동
들은 다양성의 맥락과 보다 더 건전한 결과를 꾀하고자 하는 도전들을 지
원함으로써 마침내 벨파스트 협정과 곧 이은 의회수립에서 직면하게 되
는 문제들을 토론할 수 있는 새 장을 열었던 것이다.

　이제 아일랜드어의 사용과 아일랜드 정체성의 표현은 더 이상 정치적
긴장을 유발할 만한 원인이 되지 않는다. 바야흐로 공동체는 라디오나 TV
에서 아일랜드어로 된 정규 프로를 접하는 데 익숙해 있으며 삼색기는 공
식적인 충돌 없이 일상적으로 자유롭게 펄럭이고 있으며 아일랜드어로
된 거리이름은 우편 서비스를 받을 수 있는 배달주소로 인정되고 있다.
다양성의 가치가 인정되는 토대가 마침내 만들어졌으며, 이를 통해 벨파
스트 협정에서 이루어진 문화적 다원주의에 대한 동의가 더욱더 적극적
으로 펼쳐질 수 있는 훨씬 튼튼한 상황이 조성되고 있는 것이다.

7. 북아일랜드의 평화구축이 주는 교훈

시민사회의 참여

주(州)로서 일관되고 명시적인 정부조직을 갖추고 있는 북아일랜드 같은
상황에서 입법, 자원분배 그리고 적절한 정책을 통해 공정하고 통합적인
양식을 성립시키는 정책개발 등 평화구축을 위한 갈등해결 과정에 주정
부가 스스로 개입하는 것은 중요하다. 그러나 북아일랜드에서 일어났던
갈등의 많은 경우가 그러했듯이, 지금까지 정부는 시민사회의 압력 혹은
지지 없이는 평등, 통합, 정치적 대화와 협의 그 어느 것에도 스스로 나서
지 못했다.

　민족적·정치적 갈등을 해결하고 변화를 추구하는 데 상의하달식의 위
계적인 접근은 여러 가지 이유로 성공하기 힘들다. 소수집단들이 보기에

는 정부 자체가 문제의 하나이다. 북아일랜드의 경우처럼 정부는 특정 집단에 정당성을 부여해 주고 자원을 지원해 주면서 그와 다른 집단의 요구를 무시하거나 배제하기 때문이다. 또 정부는 다양성을 다루는 데 있어서 융통성을 결여하기 쉽다. 사실 북아일랜드나 남아프리카·중동의 경험은, 다양성에 대한 훈련이 처음에는 관료적인 성격이 약한 NGO나 집단들의 독립적인 과정을 통해 개발되며 때로는 독립적인 재정이 이 문제에 대한 훨씬 개방된 접근을 가능하게 한다는 것을 보여주고 있다.

그러나 근본적으로 정부는 정치적 협정을 실행하기가 어려운데, 그것은 일반적으로 자기 지역구의 유권자를 의식할 수밖에 없는 정치가들이 다양성과 관련된 정책을 개발하기란 매우 어렵기 때문이다. 따라서 정치가들이 이와 같은 정책을 추진하도록 힘을 실어줄 수 있는 유권자들의 지지가 필요하다. 이 점에서 NGO를 비롯한 세력이 중요한 역할을 담당할 수 있다. 북아일랜드에서는 대화과정을 조직하고 훈련모델을 마련하고 평화 수립과정에서 협정 이전 단계와 이후 단계에 적극적인 지지 캠페인을 펼쳐 정치적 협정의 지지층을 형성해 내는 데 NGO의 활동이 중요했다.

평화구축을 위한 다양한 접근

안타깝게도 다양한 갈등해결 노력의 우선순위를 둘러싸고 이론가와 실천가들 사이에 존재하는 근본적인 불일치가 해결노력 자체의 발전을 제약해 온 것은 사실이었다. 북아일랜드의 경우 7, 80년대의 상당 기간 동안 구조적 접근을 일차적인 것으로 보았던 사람들과 정신·문화적인 접근을 더 근본적인 것으로 요구했던 사람들 사이의 불일치가 중요한 문제였다(Ross, 1971). 구조적인 문제를 해결하는 데 중점을 두었던 집단(북아일랜드 문제를 공동체 구조에서 비롯되는, 양립 불가능한 이해관계의 하나로 파악했던 사람들)은 정의, 권리, 공평, 정치적 문제 같은 주제에 집중했다. 정신 · 문화적 관점에서 평화구축 활동에 접근하는 쪽(갈등하는 집단들간의 관계 발전을 강조하는 사람들)은 공동체들이 각기 고유의 역사 · 종교 · 문화 · 두려움에 대해 서로 교류하고 협력하게 함으로써 다른 공동체에 대한 공포 · 무지 · 적대감을 없애는 데 집중하였다.

물론 이 두 가지 접근방식 모두 한계를 지니고 있으며, 집단 또는 단체들의 이런 접근방식의 우선순위에 대한 긴장은 제한적이고 불필요한 것이었다. 결국 관계구축을 강조하는 집단은 관계구축의 한 부분인 구조적 문제에 대한 대화를 열정적으로 포함시키게 되었으며, 구조적인 차원에서의 해결노력에 참여하는 이들 역시 그들의 대화가 실현되도록 생산적인 맥락을 제공할 수 있는 관계구축의 기술들을 이용하기 시작했다.[12]

해결 가능한 방식으로 문제의 재구성

대화와 협상의 장애를 제거하기 위해, 익숙하고 공인된 상태에서만 문제를 제기하는 방식에서 벗어나고자 시도하였다. 이렇게 해서 쓸데없는 것 같거나 피하고 싶은 대화라든가 몇몇 경우 비합법적인 것으로 여겨지는 대화를 용이하게 할 수 있도록 '권위적이지 않고' '거부할 수 있는' 만남을 개발하였다. 구체적으로 벨파스트의 왕당파와 공화파 공동체 노동자들이 대화할 수 있도록 모두가 공감하는 사회적 쟁점을 제시하는가 하면, 모든 정당이 토론에 참여할 수 있도록 사소하지만 상호의견을 같이할 수 있을 만한 사안과 대화방식을 채택하는 등, 어려운 상황에 유용한 우회적인 방식들을 찾아냈다.

---

12) 북아일랜드에서 종종 볼 수 있는, 정치인나 사업가들과 협력하는 NGO를 통해 이루어지는 EU평화기금 분배의 사례가 이를 가장 효과적으로 보여주는 것이라 할 수 있다. 초기의 평가는 이런 모델의 효율성을 확인해 주고 있다.

또 여러 정당들간의 대화석상에서 매우 논쟁적인 문제가 발생하여 대화가 더 이상 진전되지 않고 답보상태에 머무르고 있을 때, 쟁점이 되고 있는 사안을 논의하는 데는 중립적이고 독립된 모임을 이용하는 것이 매우 효과적이다. 이에 대한 훌륭한 예는 무장해제나 정책수립을 다루는 독립 위원회들이다. 이와 같은 방식을 개발함으로써 어려운 문제들이 다양한 대화과정에서 제외되어 버리는 일이 없도록 하였다.

아마도 가장 창조적이고 중요한 성공은 다름아니라 벨파스트 협정일 것이다. 벨파스트 협정은 민족적·문화적 특성을 중층적으로 연결시켜 주는 의정구조를 발전시키고 북아일랜드에서 특정 정체성이 주도권을 갖는다는 생각을 효과적으로 제거할 수 있는 계기가 되었다. 모든 시민은 이제 합법적으로 영국 또는 아일랜드 여권을 가질 수 있었다. 사람들은 문화적 정체성과 유산에 근거하여 런던, 더블린 혹은 북아일랜드를 선택할 수 있게 되었다. 벨파스트 협정은 민족의 이동이 날로 증가하고 있는 오늘의 세계에서 국가·민족·영토 등이 필연적으로 합법적으로 또는 통치구조상으로 일치해야 한다는 낡은 생각을 거부한다.

8. 북아일랜드의 미래

사실 아직 끝나지 않은 갈등 그 속에서 일하고 있는 사람들이 굳게 믿고 있는 것은, 그 갈등이 변화한다는 것이다. 분명히 의미 있는 도전들이 남아 있다. 예상할 수 있는 가능성 가운데서 무엇보다 절실한 것은, 그간 갈등의 중심에 있었던 준군사적 운동과 뜻을 달리하는 하위 소집단들의 발전과 좀더 구체적이고 협력적인 태도로 이런 도전들을 다루어낼 연합정당의 출현이다.

쟁점이 되고 있는 사안들은 여전히 해결되지 않은 채로 남아 있고, 비타협적인 의원들의 성장으로 의회는 아직 안정을 찾지 못하고 있으며, 민족주의자들에게 보다 유용한 정책 및 서비스의 개발은 어려움에 놓여 있다. 그러나 지금까지 수행되어 온 노력과 벨파스트 협정에 힘입어, 앞으로 필연적으로 발생하게 될 어려움들을 다룰 수 있는 다양하고 유용한 메커니즘이 존재한다. 실제로 전쟁은 종결되었다. 무기는 위원회의 보고서로 대체되었다. 영국의 공직자나 영국 수상과의 만남이 과거 신페인당/IRA나 왕당파 활동가들에게도 일상적인 것이 되었다. 이제 이들은 주정부나 지방정부에서 정규직 혹은 임시직으로 일하고 있으며, 지역 혹은 전체적인 차원의 무수한 문제들을 해결하는 데 무력보다 정치력이 더 힘이 있음을 믿고 정치적 유용성에 입각하여 판단해서 활동하는 것을 공동체적인 사명으로 여긴다.

이 협정으로 가는 길은 멀고 복잡했으며, 때로는 유혈을 요구했다. 30년 동안 3500명이 넘는 주검이, 평화를 향한 공동체와 정부의 행보를 제약해 왔던 공포와 차별, 비타협과 분노, 폭력의 결과였다. 평화가 오는 길은 멀고 평화를 만들기는 어렵다. 그러나 결국 북아일랜드를 새로운 정치학과 비폭력이 가능한 미래로 이끌기에 충분한, 많은 사람들의 노력과 용기 그리고 대화와 건설적인 해결점을 향한 창조적인 접근이 있었다. 그것은 분명 북아일랜드의 새로운 시작이 될 것이다.

참고문헌

Cameron Report (1969), *Disturbances in Northern Ireland: Report of a Commission Appointed by the Governor of Northern Ireland*, Belfast: Her Majesty's Stationery.

Committee on the Administration of Justice (1992), *Adding Insult to Injury*, Belfast: CAJ.

Fitzduff, M. (1989), *A Typology of Community Relations Work and Contextual Necessities*, Belfast: Policy and Planning Unit, Northern Ireland Office.

Frazer, H. and M. Fitzduff (1986), *Improving Community Relations*, Belfast: Standing Advisory Commission on Human Rights.

Hamilton, A. (1995), *Policing a Divided Society*, Coleraine: Centre for the Study of Conflict, Uni. of Ulster.

Hayes, M. (1972), *The Role of the Community Relations Commission in Northern Ireland*, London: Runnymede Trust.

Knox, C. and J. Hughes (1994), *Community Relations and Local Government*, Coleraine: Centre for the Study of Conflict, Uni. of Ulster.

McCartney, C. (1994), *Clashing Symbols?*, Belfast: Institute of Irish Studies, Queen's Uni.

Poole, M. (1990), *The Geographical Location of Violence in Northern Ireland' Political Violence*, Belfast: Appletree Press.

Rose, R. (1971), *Governing without Consensus: An Irish Perspective*, London: Faber.

Ross, M. (1993), *The Management of Conflict*, Yale Uni. Press.

______ (1998), "Why Do They Do What They Do? Theories of Practice in Conflict Management," paper presented to the European Conference on Peace and Conflict Resolution, Belfast.

평화를만드는여성회

'평화를만드는여성회(이하 평화여성회)'는 분단 이후 최초로 남북한 여성들이 일본 여성들과 함께 만난 '아세아의 평화와 여성의 역할 토론회' 한국실행위원회 후신으로서 1997년에 창립되었다. 여성주의 관점에서 평화로운 21세기를 일구고 여성의 힘을 모아 한반도의 통일과 평화를 실천하고 나아가 아시아와 전세계의 평화를 만들어가는 것을 지향하는 여성평화운동단체이다.

구체적으로 평화여성회는 통일을 만들어가고 통일과정에서의 여성의 지도력을 향상시키기 위하여 포럼을 꾸준히 개최하고 있으며, '평화'를 사회의 보편적 가치로 만들기 위한 평화교육 · 평화기행 등의 대중사업을 다양하게 펼치고 있다. 그 밖에 국내 운동단위 및 국제 여성평화운동조직 들과의 연대활동을 진행하고 있으며, 평화통일 정책을 제시하는 데도 힘을 기울이고 있다.

현재 평화여성회 사무실에는 정현백, 이김현숙, 김윤옥 공동대표를 비롯하여 정경란 정책국장, 김화숙 교육부장, 김은희 총무부장이 일하고 있다.

또 평화여성회는 평화 · 통일에 관한 전문성을 갖추기 위해 병설기관으로 한국여성평화연구원을 운영하고 있으며, 한국여성평화연구원에는 정현백 원장과 김현미 · 윤덕희 · 이금순 · 차인순 · 김귀옥 · 박현선 · 강남식 연구위원이 활동하고 있다.

평화여성회는 올곧고 내실 있는 단체가 되기 위해 올해의 중점 사업을 회원확대로 설정하고 있으며, 이와 더불어 SOFA · 매향리 등 평화관련 이슈에 대한 운동, 여성평화통일포럼, 여성평화아카데미, 평화기행, 아셈 2000 민간포럼, 평화교육 심포지엄 등을 진행하고 있다.

여성과평화 2000년 창간호

지은이/한국여성평화연구원
펴낸이/김종삼
펴낸곳/도서출판 당대

제1판 제1쇄 인쇄 2000년 9월 8일
제1판 제1쇄 발행 2000년 9월 18일

등록/1995년 4월 21일(제10-1149호)
주소/서울시 마포구 연남동 509-2, 3층 121-240
전화/323-1316 팩스/323-1317
전자주소/dangbi@chollian.net

ISBN 89-8163-057-7 04300
      89-8163-056-9 (세트)